青岛科技大学传媒学院

艺术·传媒书系

圣贤气象
——二程理学美学思想研究

SHENGXIAN QIXIANG:
ERCHENG LIXUE MEIXUE SIXIANG YANJIU

王鹏英 著

人民出版社

责任编辑：侯俊智

助理编辑：许亚鑫　高叶儿

责任校对：秦　婵

封面设计：王春峥　王佳鑫

图书在版编目（CIP）数据

圣贤气象：二程理学美学思想研究 / 王鹏英著 .

北京：人民出版社，2024. 11. -- ISBN 978 - 7 - 01 - 026689 - 3

Ⅰ. B244.6；B83-092

中国国家版本馆 CIP 数据核字第 2024Z6B620 号

圣贤气象

SHENGXIAN QIXIANG

——二程理学美学思想研究

王鹏英　著

人民出版社 出版发行

（100706　北京市东城区隆福寺街 99 号）

中煤（北京）印务有限公司印刷　新华书店经销

2024 年 11 月第 1 版　2024 年 11 月北京第 1 次印刷

开本：710 毫米 ×1000 毫米 1/16　印张：17.75　插页：2

字数：227 千字

ISBN 978 - 7 - 01 - 026689 - 3　定价：75.00 元

邮购地址 100706　北京市东城区隆福寺街 99 号

人民东方图书销售中心　电话（010）65250042　65289539

像 道 明 程

程颢画像

程伊川像

程颐画像

出 版 前 言

　　青岛科技大学前身系英国基督教长老会于 1876 年 2 月在沈阳设立的第一所教会学校"文会书院"，1956 年迁往青岛，1958 年经山东省人民政府批准组建为山东化工学院，2002 年经教育部批准更名为青岛科技大学，现为山东省属多学科重点大学。

　　近年来，青岛科技大学传媒学院秉承"素质为本，责任为魂，实践为根"的办学理念，坚持"高筑台，广聚才，不虚妄"的发展方略，以多层次、多形式的国际化办学为特色牵引，已建设成为区域高水平传媒学院。学院现设有广告学、编辑出版学、汉语言文学、动画等 4 个本科专业，拥有戏剧与影视学一级学科硕士授权点、广播电视领域艺术硕士授权点和出版硕士专业学位授权点等 3 个硕士点，艺术硕士、动漫本科等 2 个教育部批准的中外联合办学项目，建有国家动漫创意产业基地人才培养与研发基地、教育部中外人文交流产教融合基地等。

　　为提升学院的学术影响力，推助学院一流学科建设，我们从本院教师的研究成果中遴选出一批优秀书稿，组成"青岛科技大学传媒学院艺术·传媒书系"，予以陆续推出。

　　谨此对关心支持这项工作的各位领导、专家，以及各位师友致以衷心的感谢！

青岛科技大学传媒学院

2022 年 3 月

序

　　王鹏英的这部著作，围绕着宋代理学家程颢、程颐兄弟的美学思想进行了全面研究。从二程的审美本体论、审美主体论、审美发生论、人格美论、艺术哲学论等进行了系统分析，并对二程美学的历史地位、思想影响、局限性、现代意义进行了综合论述。全书语言畅达、概念逻辑清晰，具有无可争辩的理论说服力。作者对所涉及的中国古代哲学、文学、美学的每一个概念、范畴的产生、流变，细加梳理，详加考辨，并对历代论者的表述进行综合考察、源流梳理，然后通过辨析取舍，以为己用。作者将二程兄弟的理学观点置于中国古代思想的总框架下，从儒、道、佛等思想背景上加以辨析，并常与当代学者的研究成果比照对应，从而得出自己的、有说服力的判断结论。

　　王鹏英于21世纪第一个十年曾在山东师范大学文艺学专业攻读研究生学位。她的导师杨存昌教授现已过世，于是她把书稿送我一阅，嘱我为她写序。按照教研室的分工，当时我的主要任务是讲授西方美学，特别是马克思的美学思想。我主讲的课程为"马克思1844年《经济学哲学手稿》研究"。因此，对于中国古典美学领域的诸多问题，本人是不便细加评阅的。

如果说这本书还有什么不足之处，依我看来，在中西美学对比研究方面尚需加强；如能运用毛泽东《实践论》《矛盾论》等哲学著作的观点、方法加以研究分析，本书则会大大提高一步。

当代世界处于前所未有的思想文化变革的时代。具有五千年源源不断的思想传承的中华文化思想，正在以前所未有的光辉映照着世界。作为全球唯一独立传承的思想文化理应大踏步走向世界，从而打破几千年来西方文化思想笼罩全球的旧传统。这种历史变革的大潮，促使中国古代哲学、美学、文学思想具有了前所未有的广博意义。王鹏英的这本著作，正是这一学术大潮中的一个具体展现。希望王鹏英继续努力，为中华文化走向世界作出更大贡献。

是为序。

山东师范大学 夏之放

2024 年 3 月 17 日于济南

（本文作者系山东师范大学教授，中华美学学会理事）

目　录

导　论

第一节　二程理学概述

一、二程生平

程颢（1032—1085 年），字伯淳，世称明道先生。程颐（1033—1107年），字正叔，世称伊川先生。程颢、程颐是宋明理学承前启后的重要人物，他们提出的"天理"一词成为宋明理学确立的标志。二人思想同中有异，其后遂分别形成了宋明理学中的陆王心学和程朱理学两大学派。程颢、程颐都出生在父亲程珦所任职的黄陂县（今湖北省黄陂区），他们童年和少年时代随父任辗转。程颢在十岁时即能作诗赋，表现出超人的才能。在程颐、程颢十四五岁时，二人承父命受学于周敦颐，开始了他们的求学之路："先生为学：自十五六时，闻汝南周茂叔论道，遂厌科举之业，慨然有求道之志。未知其要，泛滥于诸家，出入于老、释者几十年，返求诸《六经》而后得之。"（《明道先生行状》，《二程集·文集》，卷第十一）

程颐此处对程颢求学道路的概括也是一种夫子自道，这种求学的道路是非常曲折的，他们在受学于周敦颐之后，有了求道的志向，但求道的过程是在泛滥百家、出入释老后，吸收了其中有益的思想资料，以六经为据，创立了自己的学说体系。宋仁宗嘉祐二年，程颢中进士，次年步入仕途生涯，历任京兆府鄠县（今陕西省户县北）主簿、江宁府上元县（今江苏省南京市）主簿、泽州晋城（今山西省属）令、签书镇宁军节度判官、西京洛河竹木务、监汝州酒税、知扶沟县事等地方官吏，在三十八岁时，程颢作为属官参与王安石的新法讨论。此间，程颢由御史中丞吕公著推荐任太子中允权监察御史里行，由地方官吏成为中央官吏，也因此有更多的接触皇帝和参与政策讨论的机会，就君道、王霸、养贤、取士等问题上疏十余章。程颢的频繁上疏引起了宋神宗的反感和冷淡。在对王安石变法的具体政策如"青苗法"上，程颢写了《谏新法疏》，站到了与王安石对立的立场，与王安石意见的不和让他在朝廷难以立足，只好请辞到地方上去。之后，程颢虽然继续担任地方官吏，但其主要的精力则放在了读书和讲学上，与其弟共同创立了洛学学派。

与程颢兼任政务和从事讲学不同，程颐的生平相当简单，一生主要从事读书讲学活动。程颐在十八岁时就以布衣的身份写了《上仁宗皇帝书》，就当时的社会弊病提出改革方案，但其论并未引起当权者的注意。二十四岁时，程颐游太学，在《颜子所好何学论》的答卷中就心、性、情的关系论述被当时的太学主持人胡瑗发现。当时的权贵吕公著的儿子吕希哲于此时从学于程颐，很多人也慕名前来从学于程颐。在此后的三十余年，程颐在中央和地方进行讲学和学术研究。宋神宗熙宁二年，程颐与张载通过书信的形式就修养论问题进行了探讨，在《答横渠先生书》《再答》中程颐表达了自己与张载在修养问题上的不同观点。程颐作为处士很少有参政的机会，但还是在一些代权贵的奏章中表达了自己的政治观点。与程颢一样，程颐主张通过身心性命的修养而不是王安石的兴利之道来改革社会的弊病。程颐在五十四岁时，在司马光、吕公著的推荐下先后被授予西京国子监教授、崇政殿说书等官职。程颐在任哲宗皇帝讲官之际写了《论经筵第一札子》《论经筵第二札子》《论经筵第三札子》，从陪侍讲官的选人、内侍公人的选择、为培养尊儒重道要求坐讲三个方面提出充任侍讲的条件。在担任哲宗皇帝讲官期间，程颐对哲宗皇帝严格要求。出于对皇帝健康的考虑，夏季炎热期间皇帝可以罢读，但程颐为此两次写《上太皇太后书》，建议改在宽凉处讲读而不必罢读，也因此引起了哲宗皇帝的不满，再加上与朝臣意见不同，终于被罢免崇政殿说书之职，回到洛阳。宋哲宗绍圣四年春，新党执政，程颐被放归田里，在被管制的情况下潜心学问、著书立说，学术思想臻于成熟，于宋哲宗元符二年完成《二程集·周易程氏传》，并作《易传序》。二程居住洛阳，讲学洛阳，他们创立的学派因而被称为洛学。

　　二程的著作由后人整理辑为《二程集》。它包括《河南程氏遗书》《河南程氏外书》《河南程氏文集》《二程集·周易程氏传》《河南程氏经说》《河南程氏粹言》等六个部分的内容。其中《河南程式遗书》（以下简称《遗书》）是二程的弟子们对二程生平语录的记录，由朱熹整理编辑而成，共二十五卷，后附附录一卷，从第一卷到第十卷题为"二先生语"，程颢程颐二人语录的绝大多数在第一卷到第十卷中是混杂在一起的，只有部分在其语录下注明"伯淳""明道"或"明"字样，表示为程颢的语录，注明"正叔""伊川""正"或"侍讲"字样的则是程颐的语录；从第十一卷到第十四卷为程颢的语录，由刘绚所录；第十五卷到第二十五卷为程颐的语录。《河南程式外书》（以下简称《外书》）是对《遗书》的补充，也是由朱熹整理编辑而成，共十二卷，与《遗书》相比，材料的可靠性相对较差。《河南程氏文集》（以下简称《文集》）是二程平生诗文杂著的合集，共十二卷，后附《遗文》《附录》。《河南程氏经说》（以下简称《经说》）是二程（主要是程颐）对部分儒家经典的阐释和发挥，共八卷。以上四种在宋代都曾单独刊行，也有人将其合在一起刊行，称为《程氏四书》。《二程集·周易程氏传》是程颐对《易经》的注释，包括《易传序》《易序》《上下篇义》以及《周易》上下经四卷。《河南程氏粹言》（以下简称《粹言》）是二程的弟子杨时用比较文雅的语言将二程（主要是程颐）的语录加以改写，由张栻重新编次而成。这两种在宋元均曾单独刊行。明清两代，人们将以上六种合并刊行，称为《二程全书》，亦即《二程集》。

二、二程理学的基本内容

二程所创立的思想学说即理学作为中国封建社会后期占统治地位的哲学思想，它将儒家的"仁"所确立的伦理内容和价值取向上升到宇宙本体的高度加以论证，建立了以儒为本，融合佛老的精致、严密的思想体系。

儒家的创始人孔子为建立起一个以孝悌为本的尊卑有序的社会等级秩序，将"仁"作为处理人与人之间关系的基本准则。孔子的弟子孟子继承发展了孔子的"仁学"，从内在心性的角度对"仁"进行了解释，为"仁"寻求到了心理的依据。到了西汉武帝时期，推行了"罢黜百家，独尊儒术"的政策，董仲舒将孔子的儒学与黄老"贵无"思想和阴阳五行学说结合起来，建立了一套"天人感应"论来达到维护封建统治的目的。到了魏晋南北朝时期，玄学和佛老思想风行，玄学以老庄思想为基础，建立起以"无"为本，崇尚自然、无为的思辨哲学体系。而当时的佛教大乘般若的"性空"观受到上层统治者的支持，在外大建佛寺、大造佛像，在内则从"因果报应"等观念上迎合了老百姓的需要，又由于其思辨性远超过玄学，因而得以迅速盛行。儒家思想在玄学和佛学的冲击下已经失去了西汉儒学独尊的地位。隋唐时期，儒、道、佛三家思想并行，虽然唐代的韩愈尚儒排佛，但由于儒学本身在严密思辨和逻辑论证方面的缺陷，并没有真正确立起儒家思想的主导地位，这种状况一直持续到北宋。北宋初年社会动乱，社会风气日益腐坏，唐五代道、佛思想的泛滥对儒家伦理造成强烈的冲击，儒家伦理纲常失去了其应有的地位，为加强中央集权，稳定人心从而达到稳定社会的目的，必须为儒家思想找到能在与佛、道思想的竞争中制衡的思辨因素，中国传统思想中最具有思辨特征的《周易》因而被用来作为与佛道抗衡的最有力武器。在儒道佛三家思想中，有一些共同使用的范畴如心、性、理、气、阴阳等，这些与天道人性相关的范畴为儒家思想对佛道思想的吸收融合提供了可能。二程要建立一种能与佛道制衡的思想体系，就要从佛道关心的天道人性入手，而先秦儒家的"仁"学关于人性思想的学说自然地成为二程建构理学体系的基本营养，由此，二程以先秦儒家的"仁"为基础，吸收了佛教禅宗心性为体的思想，将儒家的伦理纲常本体化，为儒家"仁"找到了形而上的依据，建立了以人性为本的抽象的超自然的本体"理"。在本体与现象的关系上，二程理学以充满理性精神的《周易》为其学说的理论框架，吸收道家关于道生万物的思想，借鉴了佛教华严宗关于本体世界和现象世界融合无碍的理事说，建立起关于理与象、道与器、形上与形下的关系，解决了作为最高本体的"理"和具体事物"象"之间的关系问题。在心性修养论上，佛家禅宗认为任何外在事物都是不真实的，因此就没必要执着于外物，只要反照内心，通过禅定的修行达到心中不乱，就能豁然顿悟，亦即见心成佛。佛家的心性修养论和道家虚静以达道的思想给二程的心性修养论从方法和思路上以启示。二程以儒家"敬"的态度为基础，吸收道家虚静的思想和佛教禅宗的禅定观，建立了"主敬""格物"的修养论。二程的理学将儒家仁"理"上升到本体的范畴，并将其推之于自然界，由此建立了融天道、地道、人道于一身的严密性、思辨性、体系化的集儒道释之大成的理学体系，成为中国哲学中最有代表性的思想之一。

二程理学的"天理"本体的确立成就了其作为宋明理学奠基者的地位，但在宋明理学中，张载从"气"本体的高度建立了宇宙本体论，周敦颐则吸收了道家的阴阳思想，建立了太极宇宙观，将儒学变成系统的哲学思想，邵雍则将《周易》中的八种符号抽象化，建立了象数学的思想，这些都给二程的天理论哲学体系以思维和内容方面的启发。在借鉴他们思想的基础上，二程建立了以"理"为本，通过心性修养以达致天理的理学思想体系。二程由心达理的修养工夫暗含了"心"与"理"的矛盾，由此发展为后世的朱熹理学和陆王心学。程颐建立了"理"本体，朱熹作为程颐的弟子，则将程颐关于"心""性""情"的关系、"理"与"气"的关系、"格物致知"等思想进行了更加严密化的论证，由于其关于性情理气的思辨和严密论证，"心"和"理"的关系被淹没在朱熹庞大严密的体系中未得到应有的关注；而陆九渊和王阳明则从"心"与"理"的关系入手，探讨了关于宇宙本体的问题。陆九渊提出"宇宙便是吾心，吾心即是宇宙"[1]，但陆九渊在认"心"为本体的同时，又给"理"本体以合理的肯定，"'一阴一阳之谓道'，乃泛言天地万物皆具此阴阳也。'继之者善也'，乃独归之于人。'成之者性也'，又复归之于天，天命之谓性也"。[2]"道""独归之于人"的意思是说，"道"在人心中，这就承认了"心"是本体，但陆九渊又说，"性""归之于天"，亦即，认为人心之外还有一个本体"天"，此"天"

---

① 《陆九渊集》卷二十二《杂著》，中华书局1980年版，第273页。
② 《陆九渊集》卷三十五《语录下》，中华书局1980年版，第477页。

即是"理"，这说明陆九渊在"心"本体与"理"本体之间摇摆，并没有真正确立起"心"本体的地位，王阳明在陆九渊的基础上明确地提出"心即理"①，将人心作为道德的本体，彻底地确立了"心"本体的地位。因此，朱熹理学和陆王心学都是对二程理学思想的一种继承、丰富、发展和创新。

二程作为宋明理学的奠基者，其创立的天理论哲学体系开启了宋明理学的六七百年传统，在中国封建社会思想上、文化上产生了深远的影响。理学作为儒学发展史上的新阶段，对维护儒家道统厥功至伟，它在新的历史条件下建立了以儒家为主、融合佛、老的思想体系，相比于儒家而言，理学显得更加系统化、思辨化、严密化了，因而统治中国封建社会后期达六七百年之久。理学以"性与天道"为中心，吸收道家的本体论思想，结合佛教的"理事说"，将儒家之"仁"上升到宇宙本体的高度，为人的价值存在寻求本体的依据，建立了以伦理本体为中心的哲学体系。二程作为宋明理学的奠基者，其突出贡献在于创立了以"天理"为核心的哲学体系。在这个体系中，"理"既是宇宙的本体，又是伦理的法则，同时也是自然的规律，是所以然与所当然的统一。天人一体是其哲学的出发点，也是修养的归宿，人通过诚敬的修养可以"浑然与物同体"，达至天人合一的境界。历史上二程理学体系在人们心目中留下深刻印象的多是"存天理、灭人欲"以及"饿死事小，失节事大"的理念，这些理念进一步发展终至于演变成戴震所言的"以理杀人"的暴力统治，僵化保守、抽象冷漠、空洞乏味成了理学的代名词。

---

① （明）王守仁：《王文成全书·卷一·传习录》，《文渊阁四库全书》（电子版），上海人民出版社，迪志文化出版有限公司1999年版。

第二节　二程思想研究综述

二程作为宋明理学的奠基者，其思想对后代产生了深远的影响。对二程思想的收集、整理在宋代及其后世引起了广泛的关注，《二程集》就是在同时代及其后人的关注下整理而成，南宋朱熹撰成的《伊洛渊源录》、明代编纂的《性理大全》、朱熹与吕祖谦合编的《近思录》、黄宗羲的《宋元学案》等著作中都对二程的思想有所收录。现代学者对二程的思想也给予了多方位的关注，进行了多角度的研究。归纳起来，到目前为止关于"二程"思想的研究成果，具体来说可分为哲学角度的研究、政治角度的研究、教育学、心理学角度的研究、伦理学角度的研究等。

一、哲学角度的研究

到目前为止，对二程哲学思想的研究主要集中在学术渊源、异同比较、体系建构、理学范畴等方面。

1. 学术渊源

学界认为，二程的理学思想是在儒、道、释三家思想的基础上形成的，其思想来源的广泛性导致了其思想的丰富、博大。对这种思想来源的探讨，张德麟先生在1986年出版的《程明道思想研究》中将明道思想分为明道的生平著作与学术渊源、明道的思想、明道对后学的启发、明道在中国思想史上的地位等章节，在学术渊源部分从二程求学道路上分析了二程思想受道家、佛家思想的影响。1988年张永俊出版的《二程学管见》对历年来发表的文章进行了汇集，在"浅述宋代理学宇宙论中之庄子成分"中考察了二程思想（主要是明道）与道家、佛家思想的关系。此书在体例上由于是采用了对以往文章进行汇集编排的方法，对二程本人思想的研究相对来说就显得不够系统。潘富恩、徐余庆在 1988 年出版的《程颢程颐理学思想研究》一书中设"宋代理学产生、形成及二程与当时各学派之间的关系"一章内容，其中探讨了宋明理学的思想渊源，指出理学的出现是儒、道、佛三家思想融合的结果，理学以发扬儒教为使命，它以儒家的政治和伦理学说为基本骨架，对道、佛两家的思想进行了吸收，建立了符合封建社会后期客观需要的思想体系——理学。1996 年蔡方鹿出版的《程颢程颐与中国文化》一书中设"二程与诸文化派别"一章，从二程与传统儒家、二程与佛教、二程与道家道教及玄学等方面分析了二程思想的渊源，与之前对二程思想渊源的分析相比，此书的分析显得更为全面。2001 年卢连章出版的《程颢程颐评传》专设一章"二程理学与儒、佛、道思想"，分析了二程思想对佛教、道家、道教思想的批判和吸收。杨仁忠认为二程的天理论源于佛学的"法身说""理事"范畴论等方面。[1] 持相似观点的卢连章认为二程在建立理学体系时，对禅宗、华严宗的思想进行了吸收、融合，从而形成了理事二分的理本论。[2] 这从一个方面解释了二程"理"本体的思想来源；杨仁忠以唐宋之际复兴儒学、疑经风气、三教归一以及宋代初年的社会政治文化需要和士子们浓厚的论儒谈禅之风为背景，探讨洛学儒学内容佛学形式的理论特点。[3] 高建立指出二程理学是以援佛入儒的方式，对异质文化的佛学进行了批判吸收和改造，由于受到佛学理论结构和论证方式的影响，提高了传统儒学的哲理思辨性，使儒学这一思想体系更趋严谨和缜密。[4] 这些从内容和形式特点上对二程理学思想

---

[1]　杨仁忠：《二程天理论的佛学渊源及其文化学意义》，《河南师范大学学报》（哲学社会科学版），2003 年第 1 期。

[2]　卢连章：《二程理学与佛学思想》，《中州学刊》，2004 年第 1 期。

[3]　杨仁忠：《试论二程新儒学产生的文化学背景及其对洛学理论特色的影响》，《河南师范大学学报》（哲学社会科学版），2000 年第 6 期。

[4]　高建立：《二程哲学与佛学之关系》，《齐鲁学刊》，2004 年第 2 期。

的概括是很有说服力的，二程的思想的确在内容上是以儒学思想为主，因为佛学理论的影响变得更有思辨性，这种分析是符合二程理学思想的实际的；李霞认为二程等人的理学体系是运用道家具有整体性的本体思维模式建设起来的，因此更全面，更具思辨性。① 二程理学思想毕竟是先秦儒家之学的延续，其思想建构的终极目的在于：使儒学重新走上了独尊的地位。②

总揽历年来对二程思想渊源的探讨可以看出，对二程思想研究的渊源分析从片面走向全面，从零散走向体系化和综合化，在分析中逐渐理清了二程思想的渊源与二程思想特色的关系，这显示出学者对二程思想渊源研究逐步深入的态势。

2. 二程哲学异同比较研究

二程的哲学思想虽然都以"理"为最高的范畴，但二程的思想中存在着不少的差异。

潘富恩、徐余庆在《程颢程颐理学思想研究》中探讨二程的哲学思想时，在指出二程在许多哲学问题观点上高度一致的同时，也点明了二程在本体论、认识论方面的差别，客观地对二程的思想进行了异同分析和比较研究。冯友兰先生在其《中国哲学史》中专设程颢程颐的章节，从二程对理的看法、二程的修养论的异同、二程对后世的影响等方面对二程思想进行了探讨，用比较的方法把程颢和程颐的思想用不同的范畴进行论述，指出二人思想上的明显差异。陈钟凡先生在《两宋思想述评》一书中设"程颢之一元学说""程颐之理气二元论"两章，详细地论述了二程思想的差异。张岱年先生在《中国哲学大纲》中从理气论、人性论、方法论等

---

① 李霞：《道家思维模式与程朱理学体系的形成与完善》，《黄山学院学报》，2004 年第 4 期。
② 董国军：《道学形成及道学对儒学影响论略》，《江苏大学学报》（社会科学版），2006 年第 1 期。

角度论述了二程思想的不同之处。1959 年，侯外庐主编的《中国思想通史》第四卷（上册）中设"二程的唯心主义理学"一节，着重探讨了二程思想相同的一面。杨向奎在 1964 年出版的《中国古代社会与古代思想研究》（下册）中设"理学研究及其批判"，从本体论、认识论、人性论、修养论方面对二程的思想异同进行了探讨，认为二人在这些方面都有所不同，程颢是一元论的唯心主义，程颐是多元论的思想家。杨向奎对二程思想异同的看法既不同于冯友兰对二程思想差异的侧重，也不同于侯外庐在二程思想上的无区别论观点。汉学家葛瑞汉在其提交的博士论文基础上写成的《中国的两位哲学家：二程兄弟的新儒学》一书从二程自己的著作、语录和其弟子、后学的观点出发，将二程思想放在中国哲学的源流中加以考察，选择二程思想中一些与理学基本问题密切相关的范畴，将伊川和明道作为两大部分，对二程的思想进行了简明扼要、深入浅出的分别论述，此书所选择的范畴和资料的详尽方面都有很多值得借鉴的地方。高建立认为二程的宇宙观都是唯心主义的，然亦并不尽相同。程颢是主观唯心主义，程颐则趋向于客观唯心主义，并在晚年《二程集·周易程氏传》中确立了他的理一元论思想体系。① 卢连章认为二程都是唯心主义者，程颢思想有着较多的主观唯心主义，程颐思想更倾向于客观唯心主义。在本体论方面，程颢认为"理"是存在于人们心中的，程颐认为"理"是独立于天地万物之外的绝对精神；在认识论方面，程颢讲"诚敬存之"，程颐讲"格物致知"，但目的都是要认识天理，达到"仁"之境界；在人性论方面，程颢论"性"主张"性"有善恶，程颐则主张"性"无不善。② 刘宗贤通过二程解释"理""性"范畴的不

① 高建立：《论程颢程颐宇宙观之差异》，《黄海学刊》，1989 年第 4 期。
② 卢连章：《程颢程颐哲学思想异同论》，《中州学刊》，1982 年第 2 期。

同思路和方法来分析其不同的哲学风格，并以此说明哲学家的气质、个性及经历等个体特征也是影响其哲学思想的重要因素。[①]1992年庞万里出版《二程哲学体系》，此书对二程思想异同的研究与之前的研究相比更为严格、细致，全书分为两大部分；第一部分在体例的编排上，选取了"道体""形而上与形而下""致知""人性""道德""工夫""人生观和人生理想"等八个范畴对二程思想进行了分析整理，全面比较了二程思想的异同，但在对二程思想的新的探索方面没有大的突破；第二部分对《遗书》从卷一到卷九中未确切标明的语录内容进行了详细的考辨，这对于正确比较二程思想的异同做出了很大的贡献。温伟耀的《成圣之道——北宋二程修养工夫论之研究》用哲学诠释学的方法从二程兄弟不同的道德修养工夫论入手整理和消化二程的哲学思想，这种方法对后来的研究者有很大的借鉴意义。

在对二程思想异同的比较研究中，对二程思想的看法从最初的无区别论到差异论，差别论中由主客唯心主义走向一元多元论，论述越来越深入，选择用以比较的范畴越来越突出二程各自的特点，论证的资料也越来越详尽，方法越来越多样化，但关于二程思想异同比较研究中仍有很多方面如二程境界论等仍有待进一步开掘和整理。

3.二程理学的体系研究

二程的理学思想同中有异，只有在准确把握其思想体系的基础上才能对其范畴的含义及其相互关系进行正确的理解。二程的整个体系是以"理"为基础建构起来的，很多学者对此都有过论述。冯憬远从"物物皆有理""理是事物的所以然""形而上者和形而下者""天下只是一个理""天理鼓动万物如此"等几个方面分析指出，二程之所以陷入唯心主义的根源，

---

① 刘宗贤：《试论二程哲学的不同风格》，《文史哲》，1989年第5期。

乃是由于他们把事物的规律法则抽象化、孤立化、绝对化。① 陶清认为，二程以"体用一源，显微无间"体用观的思维构架，解决了作为最高本体的"天理"与造化万物，以及人的思维、认识的关系问题，并从"天人本无二，不必言合"的天人观中获得了客观实在性的天理，从而为天理观念上升为二程哲学的最高范畴奠基了基石。② 成中英认为程氏兄弟建构了关于"道"和"理"的本体哲学，这个本体哲学包括理气论、心性论及涵养学说。但程颢更多的是持态度取向和宏观之道，程颐则倾向于系统取向和微观之理。③ 这种对二程本体哲学体系的建构比单纯地以"理"为统摄显得更为周全；有的学者不满意这些分析，试图另辟蹊径，从方法论的角度入手做出新的解释。如马全智认为二程在建造以"天理"为核心的庞大理学体系时，遵循明确概念，运用辩证判断、使用推理（尤其是类推）的逻辑过程，形成了理学的完整体系。④

　　纵观对二程理学体系的研究可以看出，研究者指出了二程思想体系建构的基础——"理"，并分析了天理与万物的关系，这显示出二程思想体系的研究呈现一种由简单统摄到周全建构的特色，在建构体系时，既力求体系建构的严密性和完整性，又注重了二程思想差异的一面。

　　4.理学范畴研究

　　二程的理学体系是在其一系列基本范畴的基础上建构起来的，对二程全部思想的争论源于其对"理"的看法不同。刘象彬 1987 年出版的《二

---

① 冯憬远：《二程是怎样把"理"吹上天去的——二程理学唯心主义思维路径辨析》，《中州学刊》，1985 年第 5 期。
② 陶清：《试论二程建构"天理"范畴的思维构架及其哲学意义》，《阜阳师院学报》（社科版），1988 年第 3 期。
③ 成中英著、杨柱才译：《二程本体哲学的根源与架构》，《南昌大学学报》（人社版），2003 年第 1 期。
④ 马全智：《略论程颢程颐建立理学体系的逻辑方法》，《河南大学学报》（哲学社会科学版），1987 年第 3 期。

程理学基本范畴研究》在概括分析二程理学的思想渊源、基本特征和逻辑结构的基础上，分十一个章节对二程的理气、天命、性情、心物、诚敬等十多个基本范畴进行了详尽的阐述，论述条理清楚、观点客观。刘象彬指出天理观是宋明理学的灵魂，二程把"天理"作为其哲学的最高范畴，认为"理"是充满宇宙最为实在的东西；"理"是永恒至高无上的；"理"是静止不动的，但却主宰世界万物。此外，二程的天理观中还有一个不可分割的组成部分，就是受《周易》哲学影响形成的朴素的辩证法思想。① 徐远和在《洛学源流》一书中从哲学的角度对二程哲学及其门人和宋末洛学的主要代表人物的思想进行了整理、论述，在此书前半部分主要论述的是二程的哲学思想，选取了"理""知行""性"等核心范畴对二程思想进行了研究，并论及了二程的圣人观。对圣人观的论述是此前对二程范畴研究中没有出现的。徐远和通过对二程理气观同异的辨析，指出了程颢世界观的主观唯心主义性质和程颐由主观唯心主义转化为客观唯心主义的过程。② 从"理"范畴入手，对二程的"理"作出新的解释的是姜广辉。他认为在二程哲学中，"理"是客观存在的本体，体认它不必离开现象世界另有所求，"体用一源，显微无间"，存在就是此在，本体就是现体。"理"是包含过去、现在、未来全部信息的宇宙"种因"，通过自身的律动，展开为万事万物的无限发展过程；"理一分殊"是解释世界的关键命题，此"理"普现于时时处处。③ 汉学家葛瑞汉在《中国的两位哲学家：二程兄弟的新儒学》一书中对二程的哲学范畴分开论述，在论述程颐时，选取了"理""命""气""性""心""诚""敬""格物"等范畴，论述程颢时选取的哲学范畴有"仁""易""神""善与恶""性"等，这些范

---

① 刘象彬：《程颢程颐的天理观试析》，《中州学刊》，1981 年第 3 期。

② 徐远和：《二程理气观辨析》，《中国哲学史研究》，1981 年第 4 期。

③ 姜广辉：《二程"天理论"的建立》，《南京大学学报》（哲学·人文·社会科学），1991 年第 2 期。

畴选取的标准是与宋明理学有密切关系又能体现二程思想不同的特点的原则。徐洪兴的《旷世大儒——二程》在分析二程的思想学说时，从天理观念、伦理学说、心性理论、修养工夫等方面分析了二程的思想，在每一个方面又设具体范畴，并对范畴特点进行了分析，与之前相比，对修养工夫的关注是此书与之前二程范畴研究的突出之处，在修养工夫论中用"定性识仁""主敬集义""格物穷理""孔颜乐处"四个词对二程思想进行分析，抓住了二程思想的主要方面。温伟耀的《成圣之道——北宋二程修养工夫论之研究》对二程的修养工夫进行了分章论述，论述程颢时关注了"诚""敬""慎独"等范畴，对程颐则从"格物致知""居敬集义""闻见之知""德性之知"等范畴展开分析，由于是对修养工夫的专门研究，在涉及修养工夫的相关范畴论述时，与之前的著作相比涉及了一些没有涉及的范畴。郭晓冬在《识仁与定性——工夫论视域下的程明道哲学研究》一书中对程颢的思想"天道与天理""性与心""识仁与定性"等几组范畴进行了集中详尽的探讨，在天理和天道的探讨方面从其渊源、释义等方面进行了详细的论述，在章节的安排上更切合程颢尽心知性知天的内在理路。在二程的理学范畴中，最早对二程"感通"理论进行论述的是胡自逢，他认为"感通"是物类的德性，物理的自然，万物因"感通"而变化，也因为"感通"而创新，宇宙的生机之所以每天都呈现出活泼流通的姿态，都有赖于"感通"。"感通"之情是显著的，而"感通"之理是微妙的。[1]"感通"既能够成就万物的变化创新，也是人借以达道的途径。

　　在对二程哲学范畴的研究中，二程思想的基本范畴有"理""诚""敬""格物致知""居敬集义""定性识仁""孔颜乐

---

[1]　胡自逢：《伊川论易之感通》，《中华易学》，1986 年第 7 卷第 7 期。

处""性""命""仁""气""感通""德性之知""闻见之知"等，在这些范畴中，涉及本体论的范畴有"理""气""命"等，属于修养论的范畴有"格物致知""居敬集义""定性识仁""闻见之知""德性之知"，属于境界论的范畴有"孔颜乐处"，属于发生论的范畴如"感通"，这些范畴都是二程哲学的重要范畴，学者们对这些范畴的研究从最初对二程范畴进行本体论和心性论以及修养论等的大致分类的总体把握转向了对个别范畴的细致考察和研究，从系列化、系统化的研究转向了纵深化、综合性的研究，这说明二程的范畴研究越来越深入，也说明了二程的范畴的确存在可供挖掘的丰富内蕴。

二、政治角度的研究

从政治角度对二程思想的研究集中在探讨二程的思想与维护社会政治秩序的关系方面。潘富恩、徐余庆在其《程颢程颐理学思想研究》中设"二程的政治思想"一章，指出二程在政治上采取刑德并重、恩威并施的两手策略，从"君权神授，顺天揆事""辨别上下，以定民志""量才所堪，能者在职""治蒙以刑，断析民狱""教化大醇，民可明之""王道本仁，为治大原""革不以道，必有悔咎""正定君志，规过养德""金帛修好，好不可恃"九个方面分析了二程的政治思想。蔡方鹿所著的《程颢程颐与中国文化》中专设"二程的政治思想"一节，从"行仁义以变法""'视民如伤'，倡人道主义""'格君心之非'，以天理治国""求贤养贤，重视人才"四个方面对二程的思想进行了总结，指出了二程以理义治国、行王道反霸道的思想特点。卢连章《程颢程颐评传》一书中设"二程的政治经济思想"一章，从"格君心之非""重民保民""求才养贤""为政先立法"几个方面论述了二程的政治思想。卢连章在对二程思想的论述上虽然内容设计和蔡方鹿基本相同，但在内容的编排上显得更有逻辑性，从二程政治思想的基本点——"行王道施仁政"出发，由上而下地，以实现改革先行不合理制度实行国家振兴的目的。李馥明认为二程在政治上以"天理"作为治理国家的准则和依据，一方面把现实的封建等级制度与封建道德伦理制度都看成是合理的，另一方面用"天理"来限制皇权君势，反对封建君主的极权专制。① 吴静、苏洁以二程礼论与理一分殊为窗口，阐释二程在整合、维护社会秩序——"礼"过程中所做出的不懈努力。② 潘富恩、徐余庆认为，二程从朴素辩证法的角度指出变革是天地之道，认为改革要取信于民，顺应人心，谨慎进行，要从为民的角度出发对待熙宁新政。③ 在封建统治策略方面，潘富恩、徐余庆认为二程在维护封建统治方面采用刑德齐用、威恩并重的两手策略。④

在对二程政治思想的研究中，呈现出由总体研究向微观深入的特点，在论述二程思想时，研究者对二程政治思想的主要方面都进行了探讨，但在探讨具体问题时，其侧重点不同，如蔡方鹿在探讨求贤养贤时侧重的是人才与教育、人才与环境、才与德等的相互关系问题，而卢连章则更关注如何求才的一面，强调了树立求才决心的重要性，论述了求才的标准和求才的方法，并对如何用才进行了详细论述。总的来说，学者们在对二程政治思想的研究方面体系建构越来越深入，内容分析越来越具体，但仍有很多方面存在着进一步挖掘的空间。

三、教育学、心理学角度的研究

二程在治学和教育弟子的过程中实行了许多行之有效的方法，这些

---

① 李馥明：《二程洛学与君主专制主义论》，《洛阳大学学报》，2002 年第 1 期。

② 吴静、苏洁：《二程礼论与理一分殊探析》，《四川职业技术学院学报》，2003 年第 1 期。

③ 潘富恩、徐余庆：《论二程的变革理论和对熙宁新政的态度》，《学术月刊》，1986 年第 3 期。

④ 潘富恩、徐余庆：《论二程的刑治与教化思想》，《复旦学报》（社会科学版），1987 年第 1 期。

方法到现在仍有借鉴意义，并在教育学、心理学的研究中被广泛探讨。潘富恩、徐余庆在《程颢程颐理学思想研究》中设"二程的教育思想"一章，指出二程的教育思想既是理学思想在教育领域中的具体运用，又是二程治学经验的总结，从"治经为本，读书明理""教学不立，人材自坏""各因其材，教人有序""不学则衰，贵在自得""读书会疑，日新月进"五个方面对二程的治学经验进行了归纳和总结，指出二程通过教育为封建统治服务的目的。蔡方鹿的《程颢程颐与中国文化》设"二程的教育思想"一章，从教育目的、教育内容、教学方法论方面详细论述了二程的教育思想。卢连章《程颢程颐评传》中关于二程的教育思想从"以教为本""教育内容""教育方法"三个方面进行了论述，与蔡方鹿关于教育思想的论述相比，卢连章论述二程的教育思想时从"兴国治邦""养贤育才""移风易俗"三个方面指出了教育的重要意义，这是蔡方鹿所没有论述到的；在关于教育内容论述的部分，卢连章的分析更深入、更全面；在教育方法上，卢连章的论述更为细致，界定更为清楚。论文方面既有对二程教育思想的分析，也有关于心理学角度的开掘。朱永新从"心""性""情""学"等四个方面对二程的思想作了初步研究，认为二程将"心"和"理"混为一谈，进而指出人的心理可以脱离人体而独立存在，成为主宰人体的玄妙东西；在"性"的问题上，认为二程持双重人性论，决定人的心理发展的是后天的教育和环境，认为二程"心""性"可以脱离人身而孑然独立，但"情"是人体对于外物的反应，因此要正心养性、节制情欲；在学习心理方面，主张幼学、深思、积习、自得。[1] 沈平从二程关于知识与人的心理品质关系，道德品质对人的心理、生理素质的影响等方面进行了论述，提出了符合人的心理特征与心

---

[1]　朱永新：《二程心理思想研究》，《心理学报》，1982 年第 4 期。

理过程的德育原则和德育方法。① 崔华前认为二程非常强调教育者的主导地位，提出因材施教、循序渐进、平等教育、情感教育、启发诱导和养成教育等施教方法；并极力强调受教育者的主体能动作用，提出格物致知、主敬集义和深思自得等自我教育方法。② 这些方法中的许多思想实际上也包含着美学思考，对我们研究二程美学的心性修养论有着重要的参考价值。二程的天理论通过"诚敬"的身心体验达致天理的至善的目的，二程教育学思想的研究给予我们分析二程的审美主体的心理以极大的启示。

四、伦理学角度的研究

二程对人性的探讨与先秦儒家的显著不同在于将人性与"天理"结合，将人性提到"天理"本体的地位，很多学者都对此进行了论述。潘富恩、徐余庆在《程颢程颐理学思想研究》一书中设"二程的人性论"和"二程的伦理学说和修养论"两章内容，在人性论的论述方面，指出二程将人性论膨胀为本体论适应封建统治需要的目的，从"天命之性，气质之性""在人为性，主身为心""变化气质，迁善改过"三个方面论述了二程在人性方面的观点；在探讨二程的伦理学说和修养论时，从"齐家为始，孝为仁本""忠恕之道，大公之道""饿死事小，失节事大""不是天理，便是人欲""治心之方，敬义夹持"五个方面对二程的伦理思想进行了批判，指出了其在维护封建统治中所起的消极、反动方面的影响；无论是对人性论还是伦理修养论的探讨，此书着重考察的是二程思想相同的一面。李泽厚先生在《中国思想史论》上卷设"宋明理学片论"一节，对二程将儒家伦

---

① 沈平：《二程德育心理学思想略论》，《常熟高专学报》，2000 年第 3 期。

② 崔华前：《试析二程的德育方法》，《南京林业大学学报》（人文社会科学版），2005 年第 2 期。

理本体化给予了极高的肯定。蔡方鹿《程颢程颐与中国文化》专设"二程的伦理思想"一章，从"义利观""公私论""理欲之辨"和"饿死事极小，失节事极大"四个方面对二程的伦理思想进行了探讨，阐发了二程的价值观，指出了二程的伦理思想以"天理"哲学思想为依据的特点。卢连章所著的《程颢程颐评传》对二程伦理思想的研究分为人伦观、义利观、公私观、气节观、修养观五个方面，与蔡方鹿关于二程的伦理思想研究相比，角度显得多方位化，在具体的角度建构时更有逻辑性，论述也更为深入。徐远和认为二程关于"性即理"的基本命题将人性论提到了本体论的高度，奠定了伦理哲学的理论基础；建构了天理论、人性论、伦理观于一体的理学思想体系。① 朱忠明认为，二程"天命之性"论的一个基本特点，就是人性和"天理"相结合，用"天理"来解释人性问题，使理本论成为人性论的哲学基础。② 冯憬远认为二程的学说是一种伦理哲学，成圣成贤的心性修养问题在其中占有特别重要的地位。二程把理气这两个观念引入人性论，对人性善恶作了本体论的解释，以此为基础论述了情、才、心等范畴，构造了自己的理学唯心主义人性论体系。③

二程的人性本体论中涉及很多相关的范畴，这些范畴中有的涉及二程的人格境界思想。李钟麟认为，二程关于天道、人道以及天人合一之道的最高境界就是"诚"，"诚"是天理的根本道德属性，是人伦的最高道德标准，是儒家伦理思想的哲学基础。④ 郭立珍认为"诚"既是二程人格修养的最高境界，也是伦理道德的核心和修身养性的方法。⑤ 二程的修养工

---

① 徐远和：《略论二程的人性论思想》，《中州学刊》，1985 年第 1 期。

② 朱忠明：《二程"天命之性"论试析》，《中州学刊》，1988 年第 1 期。

③ 冯憬远：《二程的心性修养论》，《郑州大学学报》（哲学社会科学版），1988 年第 6 期。

④ 李钟麟：《论二程"诚"的哲学思想及其现代价值》，《零陵学院学报》，2004 年第 4 期。

⑤ 郭立珍：《试论二程"诚"思想及其现代启示》，《洛阳师范学院学报》，2005 年第 3 期。

夫侧重有所不同，程颢主张诚敬并进，程颐则主张以敬为主，有学者还从"敬"这一修养工夫的角度考察"敬"的内涵，刘玉敏认为二程将佛教的"禅定"和传统儒家的"诚"结合，赋予"敬"以新的内涵，将其作为明理存诚的根本方法，并认为"敬"是修身养性、入道入学之本。① 虽然二程都将"性"作为沟通理气双方的最重要的桥梁和基础②，但二程的"复性"之路并不相同，这一点研究者早已做过论述。安京认为程颐是比较系统地对"心"的概念、性质、作用，心与理、心与物、心与性之间关系进行阐发的学者，治学方法上安京指出程颐将学看作人心本性得以恢复的过程，并以"思"作为为学的主要途径，追求与"理""道"的同一。③ 李景林认为二程都在"心"的具体性上显示性体的整体意义；但在实现心性合一的工夫上不同，程颐将学和知作为人实现其"性"或存在的必然方式，程颢倾向于直接从本原上悟入。④

在对二程伦理思想研究的专著和论文中，涉及的二程的伦理思想越来越全面，体系建构越来越有逻辑性，论述越来越深入。这些对二程心性修养的研究以及心物关系的考察，为我们从美学角度研究二程提供了新的视角，成为研究二程的审美意识不可或缺的、重要的研究成果。

五、文学和文论角度的研究

二程作为理学家，其文论思想因其理学思想的影响一直处于被遮蔽的状态。魏崇周将 20 世纪二程文论与文学研究分为 1900—1949 年、1949—

---

① 刘玉敏：《敬与静——二程"主敬"思想对先秦儒家之"敬"及佛道"静"的思想整合》，《江汉大学学报》（人文科学版），2006 年第 1 期。

② 向世陵：《"生之谓性"与二程的"复性"之路》，《中州学刊》，2005 年第 1 期。

③ 安京：《试论程颐的心学理论》，《中州学刊》，1984 年第 3 期。

④ 李景林：《二程心性论之异同与儒学精神》，《中州学刊》，1991 年第 3 期。

1980 年、1980—2000 年三个时期，指出在二程文论与文学研究中存在的主要问题是：对二程文论及创作总体上重视不够，对二程文论全面深入的研究之作较少，对二程的创作评价不够客观，或以偏概全。① 但二程的文论和文学创作研究还是取得了一些进展。刘保亮认为河洛理学塑造了河洛文学的精神品格，指出在文学观念上二程强调文学的社会道德功能、借文以传道明心；从主题上看，"理"的渗透和"道"的高悬，是河洛文学的一个显著标志；从人物形象上看，"理学名区"的典型环境生成了独特的河洛文学里的典型人物，而河洛文学里的人物形象反映了河洛理学的文化环境。② 在二程诗歌研究方面，大多学者认识到二程诗歌风貌的不同。吴河清从传统的知人论世的角度，以其现存的诗作文本为研究依据，对二程诗歌创作做出评价，认为程颢倡导重道轻文之论，主张"有德者必有言"，程颐则提出"作文害道"，对于文学本质的认识不同，使得程氏兄弟的诗歌创作亦呈现出各自不同的风貌。③ 王利民认为程颢秉承了周敦颐吟风弄月的意趣，注重对宇宙人生的诗意观照，其诗歌表现了超越的本体体验，反映了诗人主体的开阔心胸和自在的生存状态，以及曲肱饮水而乐在其中的超迈气象。程颐诗中表现出披坚执锐的气势，而这种诗风的分野根源于二人在精神气质和学术性格上的差异。④

在文论观上，姜海军认为二程在前儒对文道关系看法的基础上提出了自己的文道观——"作文害道"，这种文道观具有鲜明的时代性，它是唐宋古文运动、儒家学说复兴以对抗佛老之学的必然产物。二程的文道观也

① 魏崇周：《20 世纪二程文论与文学研究述评》，《洛阳师范学院学报》，2004 年第 1 期。

② 刘保亮：《河洛理学与河洛文学》，《河南科技大学学报》（社会科学版），2006 年第 3 期。

③ 吴河清：《论理学家程颢程颐的诗歌创作》，《商丘师范学院学报》，2002 年第 6 期。

④ 王利民：《二程的诗歌创作轨迹与交际领域》，《南通师范学院学报》（哲学社会科学版），2004 年第 1 期。

受到他们理学的影响，与此同时，这种观念也是当时朝廷党争的产物。①
殷光熹认为程颐"作文害道"、作诗"妨事"等主张，彻底否定了文学之文、
文章之文；认为这一主张和当时的派别斗争有直接关系。宋代的派别斗争
相当多，但在理论上的冲突主要表现在主张载道说的道学家，同主张贯道
说的古文家的分歧。②二程受到时代和理学思想的影响的"作文害道"观
有一定的合理性，但二程的文论观绝不是"作文害道"便可全然概括。徐
仪明从程颢的人生经历分析了程颢诗歌的风格特色、思想艺术得失等，指
出其后半期诗歌具有浓重的理学色彩，反映了他所提倡的圣贤气象，这既
是他强调诗歌的社会内容与思想性的结果，也是他遵奉孔门温柔敦厚诗教
的结果，在思想性和艺术性上，都和宋诗的整体特色有所契合，不能对这
些诗歌全面否定。③

可以看出，二程文论的研究抓住了二程艺术哲学的主要特点，但也存
在进一步拓展和深入研究的空间。因此，有必要从二程的理学思想出发对
二程的艺术哲学思想进行系统、深入的分析，建构起二程艺术哲学的完整
体系。

关于二程的人格美思想，庞万里在《二程哲学体系》一书中设"气象"
一节，探讨了二程在气象上迥然有别的一面；冯友兰先生在《中国哲学史
新编》（下）专设"道学的奠基者——二程"一章，其中一节"二程的'气象'
和'孔颜乐处'"在对"气象"的实质"孔颜乐处"进行简单介绍的基础上，
重点分析了二程气象的不同；之后，徐洪兴的《旷世大儒——二程》设"'气
象'之异"一节，比较详细地论述了二程在气象上有着明显的差异，在探

---

①　姜海军：《二程文道观及其时代性分析》，《北京大学研究生学志》，2006 年第 86 期。

②　殷光熹：《简谈程颐的文道观与宋代学派之间的分歧》，《昆明师范学院学报》（哲学社会科学版），
　　1979 年第 1 期。

③　徐仪明：《理学家程颢及其诗》，《河南大学学报》（社会科学版），1992 年第 5 期。

讨二程的修养工夫时对"孔颜乐处"的分析、论述在专著性的二程研究中与之前冯友兰先生《中国哲学史新编》中的相关分析相比显得更为详细。《二程集》中当时的人已经对二程兄弟的气象不同有所察觉:"明道犹有谑语,若伊川则全无。……伊川直是谨严,坐间无问尊卑长幼,莫不肃然。"(《二程集·外书》,卷第十二)① 黄宗羲在《宋元学案》中对二程兄弟的气象差异也做过论述:"顾二程子虽同受学濂溪,而大程德性宽宏,规模阔广,以光风霁月为怀;二程(即小程)气质刚方,文理密察,以峭壁孤峰为体。其道虽同,而造德自各有殊也。"② 这种气象的不同实际就是二程在审美的人格境界上的差异。这些研究已经对二程的人格美学思想做出了客观的分析,使我们有可能在此基础上从美学的角度深入、细致地研究二程的人格美学思想。

综上可见,学术界目前对二程给予了相当的关注,不但研究的领域涉及哲学、政治、伦理、教育和心理等各个方面,在研究中呈现从分散到综合、由简单罗列到逻辑建构的特点。在每个方面的研究中学者们都对同一个问题发表了不同的见解,观点不尽相同,既有对二程思想的纵深开掘,也有对二程思想的横向拓展,但总体来说呈现出一种微观、深入、综合性和体系化的态势。这为我们对二程的理学从美学角度加以分析提供了坚实的基础,为我们在此基础上从美学的角度深入、系统地研究二程的美学思想提供了很高的学术平台。在以往学界出现的一些关于二程美学思想的见解,说明二程的美学思想正日益进入人们的视野,但总的来说,这些对二程美学思想的分析和探讨还是比较零散的,不系统的,因此,从美学角度系统地研究二程的思想就成为二程研究中不可或缺的组成部分。二程哲学

---

① 本书所引用的二程原文均出自《二程集》(中华书局 2004 年版),并采用文中注的方式,特此说明。
② (明)黄宗羲:《宋元学案·明道学案上》,中华书局 1986 年版,第 540 页。

中有重要的美学内容，但这些美学的内容在二程的思想中不像其哲学思想那样严密、系统，而是散乱地分布在二程的诗歌、语录等著作中，对其进行整理和总结，弥补二程思想研究的缺憾，对于重新评估二程在美学史上的地位是非常重要且有意义的工作。

第三节　二程理学美学何以可能

作为对天理人欲持截然对立观点的理学家，其实质是竭力压抑人的情感的自然抒发，这与美学追求精神自由和审美愉悦的特点水火不容，无怪乎许多研究二程等理学家的学者都认为理学中不可能存在美学思想。有的学者就对这种情况进行研究后指出，理学"更多地以蔑视、禁锢以至否定感性的唯理性主义和冷漠、森严、抽象的纯哲学面孔而空前遥远地离开了美学"。① 理学的确认为天理和人欲有对立的一面，认为人欲是妨碍人们通达天理的障碍，但也肯定了人欲存在的合理性。在冷漠保守的卫道面孔后，理学依然有其温情脉脉的一面。学者之所以认为二程的理学不能从美学的角度进行分析，认为二程等理学家没有美学思想，在于作为"美学之父"的鲍姆嘉通将美学界定为感性学，康德将美的特点规定为无功利、无目的等。如果依照这种标准来判断二程等理学家的理学与美学的关联的话，理学是一种本体论哲学，其核心范畴是"天理"，这与将人的感性作为主要关注点的美学的确是不相关涉，但这只是问题的一个方面；另一个方面是，理学在高扬天理、反审美的同时也有对感性的合理肯定和赞成，理学本身是复杂的、矛盾的体系，其内部充满了张力，不少学者对此都有

---

① 仪平策：《宋明之际的理学与美学》，《理论学刊》，1989 年第 5 期。

所认识并作了归纳。有的学者指出:"理学的美学就是这样一种充满悖论的美学,其正儿八经的道学面孔下面竟然流溢着生机勃勃的禅体验,其否定文艺和审美的主张的背后,却是另一番审美的境界。""宋明理学的美学是一种充满矛盾的美学,是一种主要通过人格修养和人生境界而表现出来的修养美学。"① 在理学与美学矛盾的表面下二者有着紧密的内在关联。实际上,理学作为一种哲学理论其中包含着美学的因素是自然而然、合情合理的,问题在于如何证明二程的理学思想中存在美学因素,是其思想体系中本来就有对美的明确表述,还是其理学体系中存在着与美学的实质相通的因子因而与美学相通,这是我们在研究二程理学美学时首先要解决的问题,即二程理学美学何以可能?

二程理学美学能否成立,关键在于理清二程理学与美学有无关系,要弄清这一问题,需要从美学和理学各自的研究对象谈起。

一、理学美学的研究对象包括了"真善美"的统一体

美学是研究人与世界的审美关系的学科,审美关系是一种审美主体与审美对象之间的和谐自由的关系。审美的过程是客体的美引起主体美感反应的过程,客体引起主体的美感反应通过人与自然、人与社会、人自身的情感与理性这样几个方面表现出来。就人与自然的关系而言,自然和人都是宇宙的组成部分,自然作为人类的生存环境,人对自然采取的态度应是顺应自然的本性,热爱自然,欣赏自然,将个人的身心沉浸于自然中,与自然和谐共生,让自己的心灵与自然和谐律动,在保有自然本性的同时达于天人的和谐。就人和社会的关系而言,它包含着两个层面:一是人与他

---

① 王建疆:《修养·境界·审美——儒道释修养美学解读》,中国社会科学出版社 2003 年版,第 200 页,第 187 页。

人的关系，二是人与社会的关系，二者谋求的都是人与他人、人与社会的和谐共处。和谐共处需要建立一个合理的社会道德环境，而合理的社会道德环境的建立在于社会的伦理要求与个人心理需求的协调一致，只有建立起体现人的至善的目的与人性自然欲求相统一的社会道德机制，人在遵循自己心理需要的同时就自然会既合乎社会道德的要求，实现国泰民安、和谐有序的人伦关系，达成人与社会的和谐共处，又不会感到任何道德规则的约束，获得一种愉悦的身心体验。这种社会人事的和谐，是善的，也是美的。就人而言，人自身的情感与理性的和谐发展则必然塑造出审美的人格。二程的理学究竟可否从美学的角度进行研究，依赖于二程的天理论体系中的"天理"等相关范畴是否在美学的研究范围之内。

二程以"理"为宇宙本体，以天人合一为其最高的境界追求，并通过"诚敬"的修养来实现对本体的体认，本体即工夫是二程理学的根本特色。二程的"天理"是人和宇宙、自然的本体，同时又是伦理的本体，它是真的，又是善的，同时以象的具体形态呈现在自然万物之中，因而也是美的，其"理"是真善美的统一体。在二程的哲学体系中，作为最高本体的"理"与"道"名异而实同，都是指宇宙的本体。在下文的论述中，如不做特别说明，二者在指涉最高本体时侧重其相同方面的含义。

由此可见，二程所论之"理"（"道"）是宇宙的本体、自然的规律和伦理的准则，同时又呈现在鸢飞鱼跃花开中，是真善美的统一体。

二、二程的"天理"是其艺术哲学的出发点和归宿

二程的理学以"天理"为核心，其"天理"是将儒家的伦理上升为本体建构起来的，其目的是将儒家仁理天理化，为修身齐家治国平天下提供哲学依据，以更好地维护封建伦理道德规范。既然伦理道德规范有着天然的依据，人遵循"天理"是出于内在的道德本性的要求，循此即可实现内

圣外王之道，达成人与人之间尊卑有序的社会等级秩序，实现人与社会的
和谐。这种对"天理"的遵循即是人心中的道德本性，是出自人心中的自
觉自愿，人们对其遵循并不会感受到任何外在强迫，反而会有一种自由和
愉悦之感，因此，二程的伦理思想、政治思想就不仅是善的，亦是美的。
"天理"作为万物的本原并不会自然实现，人作为"天理"的承载者，由
于"自私而用智"等欲望的干扰，其身上的"天理"即"性"总会受到情
欲的干扰，故此，二程提倡通过"诚敬"的修养来排除欲望的干扰，获得
一种和乐、自适的审美心境，在此心境中，天人无隔、物我无间，人自然
能够达到"浑然与物同体"的天人合一境界，呈现为一种"圣贤气象"。

对文艺的看法是二程艺术哲学的组成部分，二程的艺术哲学建立在其
天理论哲学基础之上，二程所论之"理"（"道"）是其哲学体系的最高范
畴，也是其艺术哲学的出发点和归宿。"理本文末"是二程艺术本体论的
基本观点，它决定了二程对文艺本原的看法，决定了文艺的地位和作用，
文艺的内容和形式要求，文艺的鉴赏标准等问题。这一部分内容自然也应
成为二程理学美学的组成部分。

可见，二程的"天理"本身、其社会伦理思想、修养理论、文艺观都
可以从美学的角度进行研究。

三、本书的基本内容

本书意欲从二程思想本身出发，力求对二程理学思想进行整体、系统
的把握，在全面、深入地阅读《二程集》和相关研究材料的基础上，从二
程对"理"（"道"）的看法、二程的心性修养论、"感通"说、人格美论、
艺术哲学等方面展开对二程理学美学思想的整体研究。之所以选择这些部
分作为论文的研究内容，建基于二程的理学美学思想由两大部分内容构
成：理学思想中蕴含的美学因素和二程的艺术哲学。二程对"理"（"道"）

的看法、以感悟为特点的审美主体论、"感通"说、人格美论都是包含在二程的理学思想中的，其中包含对美的论述。在其理学体系中，"理"或"道"是其核心范畴，二程所有的理论都是围绕"理"或"道"而展开，其最终目的是要"学以至圣人之道"。全部理论以"学以至圣人之道"、成为圣人为目的。二程认为圣人可学、易学，并指出了学为圣人的方法；同时，二程指出学以知为本，此"知"主要指的是"德性之知"。二程认为，为学要遵循一定的途径，在程颢那里，主要是通过"诚敬"以至道；程颐却是先从"格物"开始，在"格物"的过程中，遵循"疑""思"的过程以达到无欲的状态，培养人们至静的心态，之后即能慎独，随时变易，经过这样的途径，便达到"以物观物，心物两忘"，如此便会呈现"圣贤气象"的人格美；之所以能够"以物观物"以达"圣贤气象"，在于万物皆是"理"的产物，通过气"感"而化生，人们一切修养的工夫无非是为了让万物经由"感通"的途径以其应有的道路自然呈现，让"理"自然展开和实现。"理"的实现即呈现为"圣贤气象"。

二程的艺术哲学是建立在其理学思想之上的，"理"或"道"既然是万物的本原，当然也是艺术的本原和依据。二程的理气论决定了其"理本文末"的艺术本体观，形成了二程对文的地位、作用以及文之风格的看法，决定了由文达道的"涵泳""玩味"的鉴赏论。

第一章　"理"与"道"——审美本体论

本体论是通过概念的逻辑推理所建立的逻辑体系，"本体论是通过概念的逻辑推论表达的纯粹原理系统"。① 超越现实经验是本体论的显著特征。其立意在于"为现实世界人为地设定一个外在根源"②，这一外在根源就是作为本体论的逻辑体系建立的核心范畴——本体。西方哲学史上有四种关于本体的界定：柏拉图将理念作为本体，中世纪将"上帝"作为本体，黑格尔将绝对理念作为本体，而马克思和海德格尔则以人的生存作为本体。③ 本文亦侧重从人的生存出发来探讨审美本体的问题。在中国的哲学体系中，人为地为世界设立的外在根源同时也是建立在现实世界中的，也即是说，中国哲学的本体论与西方的本体论有着根本的不同，它是"探究天地万物产生、存在、发展变化的根本原因和根本依据的学说"④ 的本原论，本原论与本体论的不同表现在本原论是要"从人的

---

① 俞宣孟：《本体论研究》，上海人民出版社 2005 年版，第 370 页。
② 夏之放：《论块垒——文学理论元问题研究》，人民出版社 2007 年版，第 181 页。
③ 夏之放：《论块垒——文学理论元问题研究》，人民出版社 2007 年版，第 121 页。
④ 夏之放：《论块垒——文学理论元问题研究》，人民出版社 2007 年版，第 176 页。

感受出发在现实世界里面寻找一个本原"[①]。二程的理学作为中国儒学发展到一定阶段的成熟的哲学体系，体现了本体论与本原论结合的特点。二程理学是以"理"作为核心范畴建立起来的哲学体系，"理"在二程看来是世界的本体，同时也是世界的本原，在二程看来，本原和本体是同一的概念。

第一节 二程"理"观念的渊源

"理"在二程的理学体系中是世界的本原，具有形而上的抽象的一面，但此"理"是在先秦儒家的伦理理想和价值规范——"道"和处理达成这一伦理理想和价值规范的基本原则——"仁"的基础上，吸收了道家的本体论观点和佛家的思辨性特征，借鉴道家重"无"和佛学重"空"的特点，把儒家的"仁"提升到宇宙本体的层面建构起来的。不离感性而又超越感性是二程所建构的天理论哲学体系的基本特点。二程所提出的"理"是世界的本原和本体，是万物的最终道理，当然也是审美的本体。二程所提出的"理"作为审美的本体，指的是以人性为基础，为人性所设立的一种促使人们追求的理想的目标和根据。探讨二程的美学思想，自然应从"理"这一核心范畴出发。二程所提出的作为审美的本体"理"，是在对儒家"仁"的看法和道家对"道"规定的基础上形成的，在探讨二程作为审美本体的"理"之前，须先探讨与"理"的形成有密切联系的儒家对"仁"的看法和道家对"道"的规定。

---

① 夏之放：《论块垒——文学理论元问题研究》，人民出版社 2007 年版，第 181 页。

一、儒家之仁

中华民族关于世界的规定性在二程之前一直用的是"道"这一范畴，"道"是世界的规定性，是一切道理的根源，也是认识世界的基本方法。但此"道"在儒家和道家那里各有不同的侧重。儒家对"道"的看法偏重社会伦理的一面。孔子作为儒家学说的代表，其关注的重心始终是现实的人生，关注人存在的价值和意义。孔子希望以"孝悌"和"礼乐"为价值系统，通过个人的道德修养，建立一种以人与人之间和睦、友善为基础的政治昌明、社会稳定的有道的社会秩序。达成有道的理想社会秩序的基本原则是"仁"。作为处理人与人之间社会关系的基本原则的"仁"，孔子在《论语》中有集中的表述。

孔子关于"仁"的界定集中出现在《论语·颜渊》中。在樊迟向孔子询问何谓"仁"时，孔子给出了"爱人"的回答。也就是说，在孔子看来，爱别人就是"仁"的本质规定，但"仁"除了规定仁者本人对于别人的态度外，还认为："克己复礼为仁。一日克己复礼，天下归仁焉。"[1]可见，作为仁者，不但要爱别人，同时还要克制自己使得自己的一切都符合礼仪规范的要求。从孔子的这两处对于"仁"的界定可以看出，无论是仁者要爱人还是克己复礼为仁都是服从他律"仁"的要求，"仁"对于人而言是一种外在的规范和强制，通过遵循"仁"的原则，就可以实现孔子所希望的社会秩序。这种社会秩序，孔子用"道"来概括。如"道不行，乘桴浮于海"。[2]（《论语·公冶长》）"天下有道，则礼乐征伐自天子出；天下无道，则礼乐征伐自诸侯出。"[3]（《论语·季氏将伐颛臾》）在这些对"道"的论

---

① 杨伯峻：《论语译注》，中华书局 2006 年版，第 138 页。

② 杨伯峻：《论语译注》，中华书局 2006 年版，第 48 页。

③ 杨伯峻：《论语译注》，中华书局 2006 年版，第 196 页。

述中，孔子论"道"侧重的是社会伦理的含义，孔子希望"天下有道"，希望"道"能行得通，也即希望政治昌明、社会稳定的理想社会秩序的实现，而"仁"恰是达成这一社会秩序的基本原则。作为一种处理人与人之间关系的基本原则的"仁"，要求人人自觉自愿地去遵循和无条件地服从，以达成有序的人伦社会秩序。孔子也为达到有道的社会秩序设定了一条路线："吾十有五而志于学，三十而立，四十而不惑，五十而知天命，六十而耳顺，七十而从心所欲，不逾矩。"[1]（《论语·为政》）即便是能够从心所欲，人的从心所欲中也要"不逾矩"，自由也是在矩所限定范围内的自由，人的自由的获得是以不违背"道"的要求为限制。虽然人可以通过遵循"仁"的原则而达成一种有道的社会秩序获得一种自由和愉悦，但这种自由和愉悦是一种道德的自由和愉悦境界。

孔子设立了理想的人伦社会秩序，并以"仁"作为处理这种人伦社会秩序的原则，但孔子没有解决人何以可以通过遵循"仁"而一定达到有道社会的问题，这一任务由孟子接续下来。

孟子赋予了人天生的道德感，《孟子·告子上》载："恻隐之心，人皆有之；羞恶之心，人皆有之；恭敬之心，人皆有之；是非之心，人皆有之。恻隐之心，仁也；羞恶之心，义也；恭敬之心，礼也；是非之心，智也。仁义礼智，非由外铄我也，我固有之也，弗思耳矣。"[2] 这样一来，孟子就将孔子的"仁"作了内在心性要求的解释，认为仁义礼智都是出自人的自然要求，而不是经过考虑、计算得来的。在此基础上，孟子还以具体的事例来说明这种"我固有之"的仁义礼智。《孟子·公孙丑上》载："所以谓人皆有不忍人之心者，今人乍见孺子将入于井，皆有怵惕恻隐之心——非

---

① 杨伯峻：《论语译注》，中华书局 2006 年版，第 13 页。

② 杨伯峻：《孟子译注》，中华书局 2005 年版，第 259 页。

所以内交于孺子父母也，非所以要誉于乡党朋友也，非恶其声而然也。由是观之，无恻隐之心，非人也；无羞恶之心，非人也；无辞让之心，非人也；无是非之心，非人也。恻隐之心，仁之端也；羞恶之心，义之端也；辞让之心，礼之端也；是非之心，智之端也。人之有是四端也，犹其有四体也。"①孟子以孺子将掉入井中的具体事例来说明人都有恐惧同情的心情，人人都会有像孩童落入井中一般的恐惧，也一样地会有怜悯之心，此恐惧和同情并不是人们认识此孺子的父母才同情，也不是为了落下个好名声才如此，更不是因为孩子的哭声惹人厌恶才如此，而是因为这种恐惧同情之心情是人人自然而然具有的，就像人有手足四肢一样。在此基础上，孟子论证了"仁"与"道"的关系："仁也者，人也。合而言之，道也。"②（《孟子·尽心章句下》）"仁"和人合并起来就是"道"，指出了仁与人之间的内在关联性，孟子为人为仁找到了人性的心理依据，把孔子的"仁"之外在强迫转向了人内心的自然需求，也就避免了在孔子那里人何以一定会为仁的依据问题。既然仁义礼智等是人生来即有的内心需求，对它的遵循也就不会感觉到任何外在的强迫和束缚，而是一种自愿。

孟子在孔子论"仁"的基础上解决了人为仁的心理依据问题，但这种依据依然不能必然地将人性上升到天道，当然也就不能保证人人会自觉自然地实现这种心性的道德要求，但这毕竟为二程将人性上升为天道奠定了基础。二程在宋代之所以大大地抬高孟子的地位，就是要继承孟子从内心的道德本性出发来探求人道的问题，并且将此"道"上升为必然的道德本性。

---

① 杨伯峻：《孟子译注》，中华书局 2005 年版，第 79—80 页。
② 杨伯峻：《孟子译注》，中华书局 2005 年版，第 329 页。

二、道家之道

与儒家侧重"道"的伦理意义不同，道家的"道"更多侧重的是自然之道，如果说儒家论"道"是要在人心中寻求道德的依据的话，那么道家则要为道寻求自然本体依据。

道家最早对"道"进行探讨的是其创始人老子，在《老子》一书中，"道"是至高无上、统摄一切的最高实在。《老子·二十五章》云："有物混成，先天地生。寂兮寥兮，独立不改，周行而不殆，可以为天下母。吾不知其名，强字之曰'道'。"[①] 此"道"是浑然一体的，它在天地形成之前就已经存在，它没有声音，也不见形体，它生生不息，是天地万物的根源，这个能够先天地而存在并且生生不息的东西就是"道"，它是本体论与生成论的统一，此处的"道"更多的是在自然之道的意义上使用的。作为先天地存在之"道"，其生生不息有一个过程。《老子·四十二章》载："道生一，一生二，二生三，三生万物。万物负阴而抱阳，冲气以为和。"[②]"道"这一最高的本体生出阴阳二气，阴阳二气相交产生新的事物。对于这一由"道"经由阴阳二气产生出来的事物何以复归其本原之"道"，《老子》中提出了自己的观点。《老子·十六章》载"致虚极，守静笃。万物并作，吾以观复"。[③] 既然"道"是无声无形的先天地而在，其最初表现为静的状态，那么人只需要回到万物之初的虚静状态就可以观察到万物的本原之"道"，从而达到天人合一的境界了。

道家的另一位代表人物庄子对"道"也做了自己的解释。《庄子·在宥》载："何为道？有天道，有人道。无为而尊者，天道也；有为而累者，人道

---

① 陈鼓应：《老子注译及评介》，中华书局 2009 年版，第 159 页。

② 陈鼓应：《老子注译及评介》，中华书局 2009 年版，第 225 页。

③ 陈鼓应：《老子注译及评介》，中华书局 2009 年版，第 121 页。

也。"与老子主要谈论天道不同，庄子对人道也有所重视，并对天道和人道做了自己的解释，天道是自然而然，人道是有为所带来的负累。对于天道和人道的倾向，《庄子·秋水》载："曰：'何谓天？何谓人？'北海若曰：'牛马四足，是谓天；落马首，穿牛鼻，是谓人。故曰：'无以人灭天，无以故灭命，无以得殉名。谨守而勿失，是谓反其真。'"① 对于天、人的解释对应的是天道和人道，就牛马而言，顺乎其自然的本性，是"天道"，而对其进行各种束缚则是人为，是"人道"，正确的做法是不要以人为来破坏自然，以便万物恢复其天真的本性。可见，庄子虽然也谈到了"人道"，但和老子一样，他重视的依然是"天道"，是万物天真的本性。这种本真的状态即是庄子所描述的"逍遥游"——一种无所待的境界。对此，《庄子·逍遥游》做了这样的描述："夫列子御风而行，泠然善也，旬有五日而后反。彼于致福者，未数数然也。此虽免乎行，犹有所待者也。若夫乘天地之正，而御六气之辩，以游无穷者，彼且恶乎待哉！"② 列子乘风而行，非常轻巧，但过了十五天还要返回来，原因在于他有所依持，而如果能够顺着自然的规律和六气的变化，就不需要有所依持而遨游于无穷的境域了。这种无所依持而自由遨游的境域即是"无待"的自由境界。要达到此逍遥游的"无待"自由境界，需要"心斋"即虚静的心理状态。"回曰：'敢问心斋。'仲尼曰：'若一志，无听之以耳而听之以心；无听之以心而听之以气。听止于耳，心止于符。气也者，虚而待物者也。唯道集虚。虚者，心斋也。'"③（《庄子·人间世》）对于"心斋"，张立文先生解释说："心斋指人的一种心态，这种心态最主要的特征就是'虚'。"④ 李有兵认为：

---

① 曹础基：《庄子浅注》，中华书局 2007 年版，第 196 页。
② 曹础基：《庄子浅注》，中华书局 2007 年版，第 5—6 页。
③ 曹础基：《庄子浅注》，中华书局 2007 年版，第 45 页。
④ 张立文主编：《心》，中国人民大学出版社 1993 年版，第 46 页。

"所谓'心斋',即是禁绝由血气感官以及自我意识所生的一切欲望和意志,使心处于'虚无'状态,亦即'有人之形,无人之情。'"①(《庄子·德充符》)这些解释都指出了庄子"心斋"的虚静特点,而心灵的虚静状态只有在"外物""外天下"的情况下才能达到,也即是忘却人世的负累,但努力地去做到忘却人世的负累还是因为心中有物待忘,最好的办法是"两忘而化其道"②(《庄子·大宗师》),这样就能够"游心于物之初"③(《庄子·田子方》),而"游心于物之初"即是游心于"道"之发生的地方,如此,在体道、悟道的过程中,能"得是至美至乐也。得至美而游乎至乐,谓之至人"。④(《庄子·田子方》)"得至美,也就是得天地之大美,是得道。"⑤可见,庄子"心斋"的最终结果是为了达到"道"之本初状态,在得道的过程中达到了合目的性与合规律性的统一,最后获得了自由,因而与审美相通。

道家之"道"通过"坐忘""心斋"的途径实际也说明了"道"实际上是与现实人伦脱离的,达道就要去知去欲,既然如此,人的归道过程也是外在的,对人而言亦是一种他律。

如何将孟子人生而有之的仁义礼智提升为人人遵循的道德本性要求,并将此作为必然、永恒、真实的法则,实现自由与必然的统一,《左传》与《易传》已有相关的论述。

"礼以顺天,天之道也。"⑥作为"人道"的"礼"是顺应天的法则而制定的,"礼"与"天道"相合,"人道"犹如"天道",是人必须遵守而

---

① 李有兵:《道德与情感——朱熹中和问题研究》,中国传媒大学出版社2006年版,第6页。

② 曹础基:《庄子浅注》,中华书局2007年版,第76页。

③ 曹础基:《庄子浅注》,中华书局2007年版,第244页。

④ 曹础基:《庄子浅注》,中华书局2007年版,第245页。

⑤ 王建疆:《修养·境界·审美——儒道释修养美学解读》,中国社会科学出版社2003年版,第259页。

⑥ 《春秋左传》文公十五年,《四书五经》(下),陈戍国点校,岳麓书社1991年版,第844页。

不可违背的，"人道"和"天道"在这种遵守过程中就上下贯通了，不过，如此并不能摆脱"人道""天道"相分的命运。《周易·说卦》载："观变于阴阳而立卦，发挥于刚柔而生爻，和顺于道德而理于义，穷理尽性以至于命。"[1] 也就是说，在对于天地变化观察的过程中人们依据"天道""地道"而制定了"人道"，即"天道""地道"成了"人道"的根据，这就将天、地、人三者沟通了起来，但"人道"在此处并不具有本体的地位，"昔者圣人之作《易》也，将以顺性命之理"。[2]（《周易·说卦》）在"天道""地道"的基础上，《周易》肯定了人类性命之理也是生而有之的，从而把人的仁义等伦理道德观念说成是天赋的法则，自然规律与人之社会法则在一定程度上获得了一致。

对自然之道、本体之道、伦理之道合一探讨最集中、争论最激烈的是宋代，在唐代儒、道、佛三教并行的局面下，为了维护刚刚建立起来的政权，统治者需要一种能够与道、佛两家抗衡的思想来巩固自己的政权，重新确立道统的地位，为封建伦理之道寻求本体依据。在二程之前，理学家张载、周敦颐、邵雍都对这一问题做出了自己的论述。

张载从"道"存在的普泛性角度对"道"加以规定：

> 事无大小，皆有道在其间。[3]
> 道体至广，所以有言难，有言易，有言小，有言大，无乎不在。[4]

这即是说，"道"是无所不在的，但此"道"不是作为宇宙本体的范

---

① 叶朗总主编：《中国历代美学文库》（先秦卷上）高等教育出版社 2003 年版，第 91 页。

② 叶朗总主编：《中国历代美学文库》（先秦卷上）高等教育出版社 2003 年版，第 91 页。

③ 《张载集·拾遗·性理拾遗》，中华书局 1978 年版，第 374 页。

④ 《张载集·横渠易说·系辞上》，中华书局 1978 年版，第 178—179 页。

畴使用的，在张载看来，"气"才是最高的本体范畴。

> 太虚者，气之体。①
> 由太虚，有天之名；由气化，有道之名；合虚与气，有性之名；合性与知觉，有心之名。②

在张载看来，"气"从体的角度来说，其名为"太虚"，"虚"也即是"气"，是"气"的本然状态，所谓"合虚与气，有性之名"，意思是说，"性"是"气"所固有的，"性"从属于"气"。通过"太虚"之气的流行，天道、地道、人道统一为一体，"气"是最高的范畴。

周敦颐在张载唯物主义本体论基础上，提出了"太极"作为宇宙万物的根源：

> 无极而太极。太极动而生阳，动极而静；静而生阴，静极复动。一动一静，互为其根。分阴分阳，两仪立焉。阳变阴合，而生水火木金土。五气顺布，四时行焉。五行一阴阳也；阴阳一太极也；太极本无极也。③

此处的"本""极""一"，都是说明本体的概念。如果说"太极"是"天道"，那么与"人道"对应的就是"诚"这一本体了：

> 诚者，圣人之本。"大哉乾元，万物资始"，诚之源也。"乾道变化，

---

① 《张载集·正蒙·乾称篇》第十七，中华书局 1978 年版，第 66 页。
② 《张载集·正蒙·太和篇》第一，中华书局 1978 年版，第 9 页。
③ （宋）周敦颐：《太极图说》，上海古籍出版社 1992 年版，第 6—8 页。

各正性命"，诚斯立焉。纯粹至善者也。故曰："一阴一阳之谓道，继之者善也，成之者性也。"元亨，诚之通；利贞，诚之复。①

圣，诚而已矣。诚，五常之本，百行之源也。静无而动有，至正而明达也。五常百行，非诚非也，邪暗塞也。②

周敦颐一方面将"无极"之"太极"作为宇宙本原，另一方面又将"诚"作为伦理本体之最高范畴；周敦颐进而指出，"爱曰仁，宜曰义，理曰礼，通曰智，守曰信。"③可以看出，在周敦颐这里，"理"并不具有宇宙本体的意义，只是指伦理道德，宇宙最高的本体还是"太极"这一范畴。

邵雍力图克服周敦颐分言天道、人道的局限，一开始就明确将天道、地道、人道贯通起来，指出"道"为天地的本原：

天下之物莫不有理焉，莫不有性焉，莫不有命焉。④

是知道为天地之本，天地为万物之本。以天地观万物，则万物为万物；以道观天地，则天地亦为万物。⑤

这即是说，天下之物尽管都有"理""性""命"，但都在"道"的统摄之下，只有"道"是最高的本体，天地万物都以"道"为本原，人道自然也是"道"的产物："夫道也者，道也。道无形，行之则见于事矣。如道路之道坦然，使千亿万年行之，人知其归者也。"⑥

---

① （宋）周敦颐：《通书·诚上》，上海古籍出版社 1992 年版，第 3—4 页。

② （宋）周敦颐：《通书·诚下》，上海古籍出版社 1992 年版，第 5 页。

③ （宋）周敦颐：《通书·诚几德》，上海古籍出版社 1992 年版，第 7 页。

④ （宋）邵雍：《观物篇》六十二，《皇极经世书》卷十二，中州古籍出版社 2007 年版，第 506 页。

⑤ （宋）邵雍：《观物篇》五十三，《皇极经世书》卷十一，中州古籍出版社 2007 年版，第 490 页。

⑥ （宋）邵雍：《观物篇》五十九，《皇极经世书》卷十二，中州古籍出版社 2007 年版，第 501 页。

至此，天道、地道、人道全面打通，"天由道而生，地由道而成，物由道而行。天地人物则异也，其于道一也"。① 正因为如此，"所以谓之理者，物之理也。所以谓之性者，天之性也；所以谓之命者，处理性者也。所以能处理性者，非道而何?"② 名称虽异，而实际一于"道"。不过邵雍感兴趣的还是象数学，因而他对人之性的本体地位论述得既不充分，也不深入。

张载将宇宙万物的本体归于"气"，周敦颐从道德伦理的角度将"诚"作为本体，提出"无极而太极"，但天道、人道并未能一起成为宇宙的最高本体和人类的道德本性要求，在此基础上，邵雍干脆将自然之理、人伦之道、天道合为一，这些都为二程进一步探讨"道"的内涵提供了很好的参照。

第二节 "理"论——二程关于审美本体的思想

一、作为自然依据的"理"

二程在宋初理学家的基础上，继承先秦儒家对"仁"的探讨和道家对自然之道的本体阐释，建构起集自然之道、伦理之道、本体之道于一身的"理"本体概念。作为最高本体的"道"或"理"，是二程赋予了其最高本体的意义，这一点程颢已经着重提及，他说："吾学虽有所受，天理二字却是自家体贴出来。"(《二程集·外书》，卷第十二) 这一自家体贴的真正

① （宋）邵雍：《观物篇》五十九，《皇极经世书》卷十二，中州古籍出版社 2007 年版，第 501 页。
② （宋）邵雍：《观物篇》五十三，《皇极经世书》卷十一，中州古籍出版社 2007 年版，第 490 页。

含义在于二程的"天理"从儒家伦理的含义上升到具有伦理之义的宇宙本体的地位，这即是"天理"的"自家体贴"之义。此天理论"将伦理提高为本体，以重建人的哲学"[①]，儒家伦理因此具有了无上的权威，成为最高本体、道德本体和自然之理的合一体。此"理"（"道"）既然是自然的规律和伦理的法则，当然也是自然美的依据。

在二程的本体范畴中，有一个与"理"相当的范畴——"道"，对于这一点，程颐在回答"天道如何"时，做了这样的表述："只是理，理便是天道也。"（《二程集·遗书》，卷第二十二上）当程颐说"天道"时，指的是作为最高本体的含义，正是在最高本体的含义上，"理"和"道"具有相同的一面。在《二程集》中，作为最高本体进行表述时，二程有时用"理"，有时用"道"。

作为最高本体的范畴，在《二程集》中，有多处表述，如："天者理也"（《二程集·遗书》，卷十一），"理则天下只是一个理，故推至四海而准，须是质诸天地，考诸三王不易之理。"（《二程集·遗书》，卷第二上）这些表述都是将"理"作最高本体的意思解。相似的表述还有很多，如：

> 万物皆只是一个天理，己何与焉？（《二程集·遗书》，卷第二上）
> 天下只有一个理，既明此理，夫复何障？若以理为障，则是己与理为二。（《二程集·遗书》，卷第十八）
> 天下之志万殊，理则一也。君子明理，故能通天下之志。圣人视亿兆之心犹一心者，通于理而已。（《二程集·周易程氏传》，卷第一）
> 天下之理一也，涂虽殊而其归则同，虑虽百而其致则一。虽物有万殊，事有万变，统之以一，则无能违也。（《二程集·周易程氏传》，

---

① 李泽厚：《宋明理学片论》，《中国思想史论》（上），安徽文艺出版社 1999 年版，第 224 页。

卷第三）

万物都是"天理"的产物，虽然事物有各自的特殊性，但在以"理"为最终的根源这一点上却是相通的，此"理"作为最高的本体，具有永恒、真实的意义："天理云者，这一个道理，更有甚穷己？不为尧存，不为桀亡。人得之者，故大行不加，穷居不损。"（《二程集·遗书》，卷第二上）这样一来，二程的"天理"成了真实、永恒的法则和最高的本体。作为最高的宇宙本体之"理"，其特点表现为无形、抽象：

道体物不遗，不应有方所。（《二程集·遗书》，卷第二上）

有形总是气，无形只是道。（《二程集·遗书》，卷第六）

形而上者谓之道，形而下者谓之器。（《二程集·遗书》，卷第十一）

气是形而下者，道是形而上者。（《二程集·遗书》，卷第十五）

有形皆器也，无形惟道。（《二程集·粹言》，卷第一）

阴阳，气也，形而下也。道，太虚也，形而上也。（《二程集·粹言》，卷第一）

道无本末精粗之别，洒扫应对，形而上者在焉。（《二程集·粹言》，卷第二）

道以"无形""无方所""形而上"为特征，即"道"是抽象的本体，没有具体的能够与之完全对应的物，这从特点上进一步确证了"道"的最高本体的地位。作为最高本体的"道"，当然也涵盖了自然万物之理，也即是说，"天理"同时也是自然的规律，《二程集》载："凡物皆有理"（《二程集·遗书》，卷第九），"凡眼前无非是物，物物皆有理。"（《二程集·遗书》，卷第十九）此处的物物之理当然指的是自然万物的规律。同时，这一自然规律也是"天理"的表现："天之所以为天，本何为哉？苍苍焉耳矣。其所以名之曰天，盖自然之理也。"（《二程集·粹言》，卷二）"天"是宇宙本体的代名词，"天"就是"自然之理"，二程明确将"天理"与自然之理联系起来，指出二者在本体范畴上的一致性。"一物之理即万物之理"（《二程集·遗书》，卷第二上），也即是自然物的规律同时也是宇宙本体。但二程对于"天理"的关注并不是要最终确立这一自然的宇宙本体，他们始终关心的是人，关心的是人内心的仁义道德，谈宇宙本体、自然之道都是为了为仁理确立形而上的依据并进而将仁理上升为本体。对于人伦之理与天理的关系，二程认为，人伦之理就是最高的本体："伦，理也。"（《二程集·遗书》，卷十八）"人伦者，天理也。"（《二程集·外书》，卷第七）相似的表述还有很多，如：

> 道即性也。（《二程集·遗书》，卷第一）
>
> 父子君臣，天下之定理，无所逃于天地之间。（《二程集·遗书》，卷第五）
>
> 为君尽君道，为臣尽臣道，过此则无理。（《二程集·遗书》，卷第五）
>
> 既为人，须尽得人理。（《二程集·遗书》，卷第十八）
>
> 夫有物必有则，父止于慈，子止于孝，君止于仁，臣止于敬，万物庶事莫不各有其所，得其所则安，失其所则悖。圣人所以能使天下顺治，非能为物作则也，唯止之各于其所而已。（《二程集·周易程氏传》，卷第四）

由上可知，二程将"性"直接等同于"道"，也即伦理本体就是宇宙本体，父子君臣顺天下定理、人履行人理的规范和要求、人各得其所都说明人之伦理行为要合于"天理"的要求。

既然自然之道和人伦之理都是最高的本体，那自然之道和人伦之理自然在最高本体的意义上统一了，换句话说，天人之间本来就没有本质的区别，它们以"天理"为纽带，自然应该是无所分别的：

天人一也，更不分别。（《二程集·遗书》，卷第二上）

人在天地之间，与万物同流，天几时分别出是人是物？（《二程集·遗书》，卷第二上）

除了身只是理，便说合天人。合天人，已是为不知者引而致之。天人无间。（《二程集·遗书》，卷第二上）

天人本无二，不必言合。（《二程集·遗书》，卷第六）

天人无间断。（《二程集·遗书》，卷第十一）

子曰：天人无二，不必以合言。（《二程集·粹言》，卷第二）

作为"天理"产物的自然规律和人伦之理，本来就没有限隔，它们是天然的一体。如此一来，自然之理、人伦之道与最高本体合一了：

天地人只一道也。才通其一，则余皆通。（《二程集·遗书》，卷第十八）

道未始有天人之别，但在天则为天道，在地则为地道，在人则为人道。（《二程集·遗书》，卷第二十二上）

天地之间，万物之理，无有不同。（《二程集·经说》，卷第一）

这即是说，二程的"天理"是集宇宙最高本体、自然规律和人伦之理的统一体，作为形而上的宇宙万物的最高本体，既然是自然事物的法则和人伦之理的本原，当时也应该是自然美的本体和依据。

二、道在自然

作为自然依据的"道"，虽然以"形而上"为其显著特点，但它并不是僵化之物，而是通过生生不息显现自身，在万物之中呈现自己。对于"道"的生生不息特征的表述实际上正说明了二程论"道"注重其具有的感性生命特征，对此，二程如是表述：

> 道则自然生万物。今夫春生夏长了一番，皆是道之生，后来生长，不可道却将既生之气，后来却要生长。道则自然生生不息。（《二程集·遗书》，卷第十五）
>
> 子曰：天以生为道。（《二程集·粹言》，卷第一）
>
> 子曰：天理生生，相续不息，无为故也。（《二程集·粹言》，卷第二）

正是通过"道"的生生不息，它得以显现在万物之中，与物不相分离："子曰：道外无物，物外无道。"（《二程集·粹言》，卷第一）"道"始终与万物结合在一起，即是"道"以万物的感性形态表现出来，作为万物中之一物的人，自然也与"道"顷刻不离，子曰："道不远人，不可须臾离也，此特为始学者言之耳。论道之极，无远也，无近也，无可离不可离也。"（《二程集·粹言》，卷第一）"若知道与己未尝相离，则若不克己复礼，何以体道？道在己，不是与己各为一物，可跳身而入者也。"（《二程集·遗书》，卷一）"道"与物、人的结合即是与感性事物的结合，也即"道"是以感性形态来彰显自己，天地万物都是"道"的流行发见，人们在观察自然物中，自然能够体验到人与天地万物上下同流、物我泯合的天人合一的自由和愉悦。

二程对"道"和其生成物的关系用理象、理气、道器、体用等成对的范畴作了描述：

> 器亦道，道亦器，但得道在，不系今与后，己与人。(《二程集·遗书》，卷第一)
>
> 至显者莫若事，至微者莫若理，而事理一致，微显一源。(《二程集·遗书》，卷第二十五)
>
> 至微者理也，至著者象也，体用一原，显微无间。(《二程集·外书》，卷第十二)
>
> 至微者理也，至著者象也。体用一源，显微无间。(《二程集·文集》，卷第八)
>
> 有理而后有象，有象而后有数。《易》因象以明理，由象而知数。(《二程集·文集》，卷第九)

道即器，器即道即说明本体和现象本为一体，"理"以微为特征，也即是说明"理"具有抽象性的一面，"象"作为"理"的感性状态而存在。"道"和"器"的相合、"理"与"象"的无间关系的表述说明了在二程看来，作为最高本体的"道"总是与感性的生命现象结合在一起的，本体即在现象中，现象世界中的一切的人和物都是最高本体的一种象征和显现。"理"与"象""道"与"器"的宇宙本体和现象的关系当然也反映在自然美的本体和现象中，成为自然美的本体和现象的依据和法则。

三、在自然中发现美

二程以"道"作为宇宙万物的本原，作为其感性显现状态的自然物自然是道体的流行发见。人在自然之物中，即可体验到人与天地万物同流的审美愉悦和自由。《二程集》中有很多对自然之美的描述：

> 先生尝问伊川："鸢飞戾天，鱼跃于渊，莫是上下一理否？"伊川曰："到这里只得点头。"（《二程集·外书》，卷第十二）

伊川是程颐的世称，此处提及的鸢鸟自由翱翔于天空和鱼儿在深水中自由跳跃的情境是想表达一种万物各得其所的状态，伊川正是在这种万物各得其所的状态中感受到"天理"的流行发见，体验到物我合一、上下同流的自由境界。这种作为道体流行发见的像鸢鸟和鱼儿一样的审美意象在《二程集》中随处可见，鸢鸟和鱼儿是作为动物类审美形象的代表来体现"道"之本体，而植物性的花同样也是"天理"流行的表现：

> 伊川又同张子坚来，方春时，先君率同游天门街看花。伊川辞曰："平生未尝看花。"先君曰："庸何伤乎？物物皆有至理。吾侪看花，异于常人，自可以观造化之妙。"伊川曰："如是则愿从先生游。"（《二程集·文集·遗文》）

与其兄程颢相比，程颐是一位不苟言笑的道学先生，在日常言语行为一切方面都严格要求自己，并以为封建伦理纲常找到天命依据作为终生目标，对于凡是有碍于追寻"天理"之事都一概拒绝甚至反对，像其"作文害道"观点的提出就是明证，因为作文会妨害道，所以干脆反对为文，对于这样严苛的道学先生，其对观花等事宜自然不屑一顾，因此，当别人与其相约观花之时，程颐断然拒绝，但当听说了观花的道理之后，程颐的态度发生了很大的转变，认为既然观花亦可以从中体验到造化之妙，当然就没有拒绝的理由而欣然从往了。观花的道理何在，即在于"物物皆有理"，自然界的任何事物都是道体的流行发见，作为自然之一物的花当然也是"道"的载体，花中自有"天理"在，观花不是为了单纯地享乐，而是要从中获得天人合一的体验，而花在春天开放的情境恰是花的自然规律的显现，是道体流行的结果，体现了合规律性与合目的性的统一。在《二程集》中，很多的事物都可能成为像鸢、鱼、花一样的道体的流行发见，如窗前草即是："周茂叔窗前草不除去，问之，云：'与自家意思一般。'"（《二程集·遗书》，卷第三）此处，周茂叔的窗前草是道体的象征，不除窗前草而任其自然生长是一种符合事物自身规律特点的表现，窗前草无为而有序的生长合乎自然生命生长发展的规律，"与自家意思一般"是指人们在对窗前草的观赏中，看到了人自身生命存在的价值和意义，窗前草成了人的生命的体征，人在之中感受到人作为自然生命的组成部分与自然物达成的一种和谐相处，实现人与天地万物同流的生命的快乐和满足，获得天人合一的自由和愉悦的美感体验。不但是上述的自然之物作为道体的流行发见而呈现出美，二程还以诗歌的形式将日常所接触的事物作为道体的流行发见表现出来，程颢《春日偶成》即是一首表达了人与天地同流所获得的审美体验的诗歌：

> 云淡风清近午天，傍花随柳过前川。
> 时人不识予心乐，将谓偷闲学少年。

在这首诗中，云、风、花、柳等都是自然之物，都是道体的流行发见，诗歌的前两句如果不与后两句发生关联，不过是一首关于自然之物的简单描写而已，如此这首诗并没有很高的价值，但后两句诗起到了画龙点睛的作用，指出，就是在这些看似平常的云风花柳中，程颢获得了一种天人合一的审美体验。本诗终其全篇无一处提到"道"字，但在云、风、花、柳等自然事物中，万物生生不息，各依其理，各遂其性，其中分不出何者为物，何者为我，我与物一起优游，共生共感，无所不乐，获得了超越的审美体验。

与《春日偶成》一样，程颢的《秋日偶成》对于体道所获得的巨大的精神快乐表述得更为明确，现摘录如下：

> 闲来无事不从容，睡觉东窗日已红；
>
> 万物静观皆自得，四时佳兴与人同。
>
> 道通天地有形外，思入风云变态中；
>
> 富贵不淫贫贱乐，男儿到此是豪雄。

"道通天地有形外"，说明"道"的"道体物不遗，不应有方所"（《二程集·遗书》，卷第二上）、"惟道无限量"（《二程集·粹言》，卷第二）的无限性特征，"道"既然是无限的，在有形的天地万物之外，人类要获得对它的体悟便必须借由人心灵的超越以实现，"道"虽然无形、无限，但又表现在具体的万物之中，无所不在，"圣人之道，则如在平野之中，四方莫不见也"。（《二程集·遗书》，卷第十三）因此，人只要在自然万物的纷纭变化中就可以体验到"道"的存在，从而实现这种超越，达到人与万物合一的万物自得的境界。在获得了这种超越的审美体验之时，一切天人的界限泯灭了，物我的界限消失了，人与万物合一，达到了一种超越贫富贵贱的自由的精神境界。这首诗是对二程论"天人合一"之乐的最好说明，体现了有限与无限的统一，有形与无形的结合，在场与不在场的浑融，表现了超功利的美学境界，达到了"天人合一"之境。

通过对二程所论之"理"（"道"）的分析可以发现，二程所提出的作为最高本体的"理"与前人的不同即在于此"理"是对儒家"仁"的提升，它将天道、地道、人道合一，此"理"既然是万物的本原，当然也是自然美的本原和依据，"理"流行发见于天地万物之中，人在自然万物之中即可发现"理"本体之美。

第二章　感悟论——审美主体论

二程所提出的作为最高本体的"理"既然是万物的本原，自然会流行发见于天地万物之中，人在天地万物之中只有具备一种审美的心境才能发现天地万物之美。审美心境是人与天地万物相处时所处的一种去知去欲、身心闲适的态度，这种审美的心境、态度要靠审美主体的心性修养获得。二程的心性理论是以他们提出的"理"本体为基础的，二程以理气、道器关系为基础，建立了其关于心性的学说。如果理气、道器的关系是二程关于自然美的本体和现象的依据的话，那么其关于性情的理论则是达成审美主体性要求的依据。

第一节　二程论性情

二程的性情观是以其天理论为基础而建立的，二程所提出的"性即理"的命题说明作为人之本原依据的心"性"与最高的本体"理"是紧密联系在一起的，"性即理也，所谓理，性是也"。(《二程集·遗书》，卷第二十二上）"性即理"说明了二者作为本体范畴相通的一面。

"性"虽然有与"理"密切联系的一面，但它们是在不同意义上使用的，关于"理"与"性"的关系，《二程集》载："道即性也。若道外寻性，性外寻道，便不是。圣贤论天德，盖谓自家元是天然完全自足之物，若无所污坏，即当直而行之"（《二程集·遗书》，卷第一），此处作为最高本体的"道"，与"理"是同一的，"道即性"也即理即性，二程此处强调的是"理"与"性"相通的一面，"天德"即是"道"在人心中的体现和代名，它在此处相当于"理"或"道"，是本体"理"或"道"在人心中的自足之物，人要回归与"道"为一，只要循着自己的本心即可。

"道"就在人心之内，甚至两者就是一体的，"心生道也，有是心，斯具是形以生"。（《二程集·遗书》，卷第二十一下）"心生道"并不是心是"道"的本原，而是要说明"道"即存在于人心之中，二程有多处关于"道"与人心关系的表述：

> 心是理，理是心。（《二程集·遗书》，卷第十三）
> 心与道，浑然一也。（《二程集·遗书》，卷第二十一下）
> 圣人之心，与天为一。（《二程集·粹言》，卷第二）

圣人之心是"理"（"道"）的呈现，"理"（"道"）在圣人那里未有丝毫的污坏，二者是一体的，心不但是"道"的处所，"心是理"也即心是"道"，二程明确地指出心与"理"的浑然一体，即是要说明人心与"天理"密切关联。"理"在人有一个对应的词——"性"，"性"是"理"在人心中的天然完足之物：

> 心即性也。在天为命，在人为性，论其所主为心，其实只是一个

道。(《二程集·遗书》,卷第十八)

伯温又问:"孟子言心、性、天,只是一理否?"曰:"然。自理言之谓之天,自禀受言之谓之性,自存诸人言之谓之心。"(《二程集·遗书》,卷第二十二上)

"性"是人禀受"天理"的结果,是"理"或"天"赋予人的,此"性"存于人心之中,人只要遵循心性的要求自然能够达到与道为一的境界,实现个体精神的自由和解放,所谓"只心便是天,尽之便知性,知性便知天,当处便认取,更不可外求"。(《二程集·遗书》,卷第二上)

但二程所论之"性"既然是"理"在人心中的体现,它就具有和"天理"一样的抽象性特点,正如"理"和"道"需要借助于气和器来显现自身一样,二程论"性"也总是与具体的气结合在一起探讨的。关于性与气的关系,二程都有探讨,程颢认为,"性"与气本身是一体的,"性即气,气即性"(《二程集·遗书》,卷第一),由于天地之物皆是理与气结合的产物,因此,天地所生之物皆有"性":"凡天地所生之物,须是谓之性。皆谓之性则可,于中却须分别牛之性、马之性。"(《二程集·遗书》,卷第二上)此处,程颢指出了"性"的不同,区分了人性与牛马之性。作出这种区分是为了将自己谈论的范围集中在人之性,程颢所探讨的人之性也是理与气结合的产物:

"生之谓性",性即气,气即性,生之谓也。人生气禀,理有善恶,然不是性中元有此两物相对而生也。有自幼而善,有自幼而恶,是气禀有然也。善固性也,然恶亦不可不谓之性也。盖"生之谓性"、"人生而静"以上不容说,才说性时,便已不是性也。凡人说性,只是说"继之者善"也,孟子言人性善是也。(《二程集·遗书》,卷第一)

此段所说的"生之谓性""人生而静"的"性"是非现实的"性"，或者说是人性的一种潜能，程颢认为一旦人们谈到"性"便是"气禀之性"，由于气禀的缘故，人之"性"便有了善恶的不同。程颢没有直言人之性恶，更不承认情之恶，这为人们心性修养的目的埋下了伏笔，暗示着作为潜在的人性之"生之谓性"是善的，其表现也是善的。对于不能完全实现"性"之自然者，程颢认为是过或不及："天下善恶皆天理，谓之恶者非本恶，但或过或不及便如此，如杨、墨之类。"（《二程集·遗书》，卷第二上）这也就从另一个角度否定了性之恶，认为人性皆善，作为"性"之表现的情亦是善的，而所谓恶者只是属于牛马之性。程颢在人之性与情的关系上，持性之本为善，而其所发有过与不及，此过与不及即是"性"之表现的情。对此性情的关系，程颢还用"道心"与"人心"进行了表述："'人心惟危'，人欲也。'道心惟微'，天理也。'惟精惟一'，所以至之。'允执厥中'，所以行之。"（《二程集·遗书》，卷第十一）"人心""人欲"即是"情"的对应，"道心""天理"则是"性"的对应，既然情是性之表现，只有过或不及而无所谓恶，"只性为本，情是性之动处，情又几时恶"（《二程集·遗书》，卷第二上），因此，人执中而行即能性情中和。既然情乃性之发动，无所谓恶，在性情的关系上，程颢主张性即情："人之有喜怒哀乐，亦其性之自然，今强曰必尽绝，为得天真，是所谓丧天真也。"（《二程集·遗书》，卷第二上）这即是说，喜怒哀乐等情感是出自人的本性自然，不能为了恢复所谓"天真"的本性而禁绝喜怒哀乐等情感，如果以为将喜怒哀乐等情感去除就能恢复"性"之自然，那是错误的。正因为如此，程颢在性与情的关系上主张性即情，让情感得到自然的满足和实现，这恰是性之自然状态。

与程颢相同，程颐论性也是与气结合在一起讨论的，程颐认为：

论性，不论气，不备；论气，不论性，不明。(《二程集·遗书》，卷第六)

论性而不及气，则不备；论气而不及性，则不明。(《二程集·粹言》，卷第二)

可以看出，程颐在论述性与气的关系时，认为性与气是结合在一起的，二者不可分离，但这也意味着，性与气在程颐看来毕竟是不同的。程颐与程颢不同的性气观点直接决定了他在性情关系上与程颢有不同的看法。就"性"而言，程颐认为性之本原皆善。程颐说：

性无不善，而有不善者才也。性即是理，理则自尧、舜至于涂人，一也。(《二程集·遗书》，卷第十八)

性则无不善也。(《二程集·遗书》，卷第二十一下)

上智下愚才也，性则皆善。(《二程集·外书》，卷第六)

子曰：告子言生之谓性，通人物而言之也。孟子道性善，极本原而语之也。生之谓性，其言是也。然人有人之性，物有物之性，牛有牛之性，马有马之性，而告子一之，则不可也。使孟子不申问，告子不嗣说，乌知告子之未知义，孟子为知言？(《二程集·粹言》，卷第二)

这是从性之本原言"性"，指出性无不善，此性之本即是天命之谓性，也就是张载所言天地之性，与张载对天地之性与气质之性的划分相类，程颐将"性"分为"天命之谓性"与"生之谓性"，程颐说：

"生之谓性"，与"天命之谓性"，同乎？性字不可一概论。"生之谓性"，止训所禀受也。"天命之谓性"，此言性之理也。今人言天性柔缓，天性刚急，俗言天成，皆生来如此，此训所禀受也。若性之理也则无不善，曰天者，自然之理也。（《二程集·遗书》，卷第二十四）

"生之谓性"即是"气禀之性"，而"天命之谓性"则是"性之本"，也即本原之性：

凡言性处，须看他立意如何。且如言人性善，性之本也；生之谓性，论其所禀也。（《二程集·遗书》，卷第十八）

棣问："孔、孟言性不同，如何？"曰："孟子言性之善，是性之本；孔子言性相近，谓其禀受处不相远也。"（《二程集·遗书》，卷第二十二上）

天命之性、本原之性无有不善，而"生之谓性"则会因其气禀的不同出现善与不善之分：

性无不善，而有不善者才也。……才禀于气，气有清浊。禀其清者为贤，禀其浊者为愚。（《二程集·遗书》，卷第十八）

性出于天，才出于气，气清则才清，气浊则才浊……才则有善与不善，性则无不善。（《二程集·遗书》，卷第十九）

气有善不善，性则无不善也。人之所以不知善者，气昏而塞之耳。（《二程集·遗书》，卷第二十一下）

性无不善，其所以不善者才也。受于天之谓性，禀于气之谓才，才之善不善由气之有偏正也。（《二程集·外书》，卷第七）

性无不善，其偏蔽者，由气禀清浊之不齐也。（《心性篇》，《二程

集·粹言》，卷第二）

程颐认为，气决定才，才决定性，气清则性善，气昏则使得人不能知善。气禀之性即是情，对于情，程颐认为情是性之动："性之本谓之命，性之自然者谓之天，自性之有形者谓之心，自性之有动者谓之情，凡此数者皆一也。"（《二程集·遗书》，卷第二十五）

性本善，作为性之发动的情，则有善有不善："心本善，发于思虑，则有善有不善。若既发，则可谓之情，不可谓之心。譬如水，只谓之水，至于流而为派，或行于东，或行于西，却谓之流也。"（《二程集·遗书》，卷第十八）对于性与情的关系，程颐用水和波的比喻来加以说明：

> 问："喜怒出于性否？"曰："固是。才有生识，便有性，有性便有情。无性安得情？"又问："喜怒出于外，如何？"曰："非出于外，感于外而发于中也。"问："性之有喜怒，犹水之有波否？"曰："然。湛然平静如镜者，水之性也。及遇沙石，或地势不平，便有湍激；或风行其上，便为波涛汹涌。此岂水之性也哉？人性中只有四端，又岂有许多不善底事？然无水安得波浪，无性安得情也。"（《二程集·遗书》，卷第十八）

程颐用水和波浪的关系来形容性与情之关系，说明了性是潜在的，而其显现状态是情，情由性生，情是性的存在方式。性情的这一关系是通过天道生生的本性体现出来的：天道生生不息，而情即是性生生不息的呈现。这一生生的过程既合乎自然的规律，又合乎人性的目的。程颐始终不离情感谈论性理，性是人之情感的潜在状态，是情感的源头，也是情感的目的，对性理的回归也应从人的情感这一"性"的存在方式入手。而情的进一步发展乃至泛滥，便成为与天理或"天命之谓性"截然对立的欲望："甚矣欲之害人也。人为之不善，欲诱之也。诱之而弗知，则至于天理灭而不知反。故目则欲色，耳则欲声，以至鼻则欲香，口则欲味，体则欲安，此皆有以使之也。"（《二程集·遗书》，卷第二十五）人所以不善，是由于欲望的诱惑，被欲望诱惑却不自知，自然丧失"天理"，妨碍向本然之性的回归。但对于口目耳鼻四肢的正当欲求，程颐还是肯定了其存在的合理性："口目耳鼻四支之欲，性也"（《二程集·遗书》，卷第十九），程颐虽然对欲望给人性造成的妨碍深恶痛绝，但还是肯定了人之正当欲求的合理性，不过，程颐对不正当的人心私欲坚决抵制，他说："人心私欲，故危殆。道心天理，故精微。灭私欲则天理明矣。"（《二程集·遗书》，卷第二十四）认为只有灭掉了不正当的私欲，才能使天理澄明。

程颐一方面认为性之本原皆善，另一方面将情作为性之动，认为由于气禀的缘故而导致情有善与不善，在此基础上，指出了正当的生理欲求存在的合理性，认为只有这些欲求得到合理的满足，人性天理才能复明。既然人性由于气禀不同而导致才之善与不善，要想回复性之本善，养气便成了必由之径："性无不善，其所以不善者才也。受于天之谓性，禀于气之谓才，才之善不善由气之有偏正也。乃若其情，则无不善矣。今夫木之曲直，其性也；或可以为车，或可以为轮，其才也。然而才之不善，亦可以变之，在养其气以复其善尔。"（《二程集·外书》，卷第七）"受于天之谓性，禀于气之谓才。才有善否，由气禀有偏正也。性则无不善。能养其气以复其正，则才亦无不善矣。"（《二程集·粹言》，卷第二）通过养气，禀气之清，人便可以让心中的"性"之本自然呈现出来，正是由于禀气之清浊，也成就了圣人与愚人两种不同的审美人格："禀得至清之气生者为圣人，禀得至浊之气生者为愚人。"（《二程集·遗书》，卷二十二上）对于圣人，由于禀得至清之气，能够使得情感受到约束，成为觉者，而愚人则由于禀得的不是清气，导致其情泛滥无度，丧失了人性的本然，成为愚者：
"是故觉者约其情使合于中，正其心，养其性，故曰性其情。愚者则不知
制之，纵其情而至于邪僻，梏其性而亡之，故曰情其性。"（《二程集·文
集》，卷第八）所谓"性其情"，即是以理抑情，以情顺理，以达到情理调
和，而"情其性"则是让情感泛滥无节制，以至于淹没"理"，使得人不
能回归"理"，从而丧失了性之真，因此，程颐主张要性其情，成为觉者
和圣人，圣人即是禀气之清而实现了心性完满自足之人，圣人的完成即是
一己审美人格的完成。

程颢在性情关系上认为情乃人性的自然，人只要顺应自己的情感就能
恢复性之天真的状态，获得心灵的自由和愉悦。程颐在性情关系上则认为
性情截然不同，情乃性之动，由于气禀的缘故情有了善恶的区别，人只有
通过禀气之清，借助情以返性，通过心性体认天道，即能达到心性的圆满
自足，成就审美的人格，在有限的情感生命中获得超越和自由。但人心由
于情欲的蒙蔽，常常不能由情返性，对此，就要靠心性的修养，来实现人
生之乐和天理的至善的目的："涵养著乐处，养心便到清明高远。"（《二程
集·遗书》，卷第六）此乐是心性涵养所达到的人生之乐，人生之乐实现
的同时，人也就达到了与宇宙相通的"清明高远"的自由境界。

第二节　程颢论"勿忘勿助"审美心境的获得

程颢认为一旦谈及"性"，便是已发之性，此"性"乃理与气结合的
产物，由于气之清浊，"性"便有了善恶之分，但对于人而言，性无不善，
只有过与不及，性之过与不及表现为情，性情不相离，情乃性之自然而
发，人只要顺受其性，通过心性的涵养，自然能够与天理相通，实现人生

之乐和通达天理至善。

程颢关于心性涵养的理论集中体现在其《定性篇》与《识仁篇》中。《识仁篇》从修养步骤的角度对其心性修养进行了探讨，为便于分析，现将其摘录如下：

> 学者须先识仁。仁者，浑然与物同体。义、礼、知、信皆仁也。识得此理，以诚敬存之而已，不须防检，不须穷索。若心懈则有防，心苟不懈，何防之有？理有未得，故须穷索。存久自明，安待穷索？此道与物无对，大不足以名之，天地之用皆我之用。孟子言"万物皆备于我"，须反身而诚，乃为大乐。若反身未诚，则犹是二物有对，以己合彼，终未有之，又安得乐？（《二程集·遗书》，卷第二上）

此段文字首句"学者须先识仁"即是说人应该先有一个人与万物本为一体的觉解，"识"即是觉解、体悟之意。何谓"仁"？程颢认为"仁"即是人与万物一体："仁者，以天地万物为一体，莫非己也。认得为己，何所不至？若不有诸己，自不与己相干。"（《二程集·遗书》，卷第二上）程颢用"识仁"来说明人心中须先有一个人与万物一体的觉解和体悟，这种觉解和体悟实际是一种豁然开悟的状态，一种不被日常生活羁绊所获得的开悟，有了这种开悟，还要经过诚敬的修养工夫来保存之，才能倘徉于天人合一之乐的境界。

程颢的《识仁篇》从修养步骤的角度对心性修养进行了探讨，其《定性篇》则着重探讨通过修养的工夫达至本体的过程。《定性篇》中对修养的过程进行了详细的探讨，现摘录如下：

所谓定者，动亦定，静亦定，无将迎，无内外。苟以外物为外，牵己而从之，是以己性为有内外也。且以性为随物于外，则当其在外时，何者为在内？是有意于绝外诱，而不知性之无内外也。既以内外为二本，则又乌可遽语定哉？夫天地之常，以其心普万物而无心；圣人之常，以其情顺万事而无情。故君子之学，莫若廓然而大公，物来而顺应。……苟规规于外诱之除，将见灭于东而生于西也。非惟日之不足，顾其端无穷，不可得而除也。人之情各有所蔽，故不能适道，大率患在于自私而用智。自私则不能以有为为应迹，用智则不能以明觉为自然。今以恶外物之心，而求照无物之地，是反鉴索照也。……与其非外而是内，不若内外之两忘也。两忘则澄然无事矣。无事则定，定则明，明则尚何应物之为累哉？圣人之喜，以物之当喜；圣人之怒，以物之当怒。是圣人之喜怒，不系于心而系于物也。是则圣人岂不应于物哉？乌得以从外者为非，而更求在内者为是也？今以自私用智之喜怒，而视圣人喜怒之正为如何哉？夫人之情，易发而难制者，惟怒为甚。第能于怒时遽忘其怒，而观理之是非，亦可见外诱之不足恶，而于道亦思过半矣。（《二程集·文集》，卷第二）

程颢的这段话包含如下几层意思：第一，程颢首先对"定"加以界定，指出"定"是动静皆定的状态，它"不是停止心的活动，也不是只集中于自我意识，更不是对外物不动而不反应"[1]。它既不受任何物的牵绊，也不会有意识地拒绝外物的影响，而是顺乎自然，取消物我的对立和主客的区分，这样的无内（我）外（物）状态即是"定"。如果将物我看作是主客对立的，强迫自己顺从万物的规律，那是将物我看作彼此外在的关系，认

---

① 杨晓塘主编：《程朱思想新论》，人民出版社1999年版，第257页。

为物和我是主与客的对立；将物和我看作是彼此外在的，这种状态程颢称之为"二本"。所谓"二本"，是指天人、物我、内外彼此分离的状态，正是由于人以认识的方法来看待人与物、人与天、人之性情的关系，导致了人不能实现"内外两忘"的天人、物我、内外"一本"的境界。也即是说，人心中必须先有一个觉解和体悟，体悟到自己与万物本为一体，有了这个觉解和体悟，才有实现"一本"境界的可能。

第二，程颢指出，在人有了天人"一本"的觉解后，"定性"的关键在于做到让自我之心顺应万物之心，让自我之情顺应万物而无自私之情。但人情由于自私和用智的原因，常常有所蔽，不能实现"一本"之物我两忘之境。所谓"自私"，指的是个人主观的私心私情，是出于个体身心欲望考虑的情感，这些情感是一种自然情感，正是它们阻止了人们达道，造成了物我、内外、天人的隔阂，使得人不能实现性情的合一；所谓"用智"，是指在人物、内外、天人之间采用理智认识的方法，人物、内外、天人之间是认识主体与认识对象的关系，这样一来，天人之间、物我之间的关系就是一种纯粹的理性认识而非理智直觉和体悟，这种理性认识的方法是一种主客二分的方法，以这种方法来看待人与物、天与人之间的关系，只能造成"二本"的结果。

今志于义理而心不安乐者，何也？此则正是剩一个助之长。虽则心操之则存，舍之则亡，然而持之太甚，便是必有事焉而正之也。（《二程集·遗书》，卷第二上）

心与物对，将心与物看作彼此外在的两物，自然不能产生身心的闲适和安乐。相反地，程颢认为，如果人们抛弃自己的私心和理性计较的考虑，从日常生活的羁绊中摆脱出来，就能以廓然大公之心来应接事物，顺应自然万物流行，如此，自然能够破除物我、内外的隔阂，实现性情、情理的和谐。

第三，程颢指出，虽然人有着顺适本性的可能，但由于已发之情的缘故，人往往会产生自私和用智的问题，这些问题使得人不能随物适情，不能自然而然地体认本体。改变这一状况的关键在于"内外两忘"。"内外两忘"即是超越主客二分的认识方法，以"天理""性"作为情感行动的准则，超越个人主观情感的局限，放开心胸，以道德性的普遍情感——"理""性"来规范自然情感，如此自然而然地能够做到物我合一、内外两忘，超越有限而达至无限，从而实现内外、物我、天人合一的物我两忘的忘我之境，在此境界中，一切的私欲和用智都不存在，剩下的尽是"天理流行"。此忘我之境是一己审美人格的完成，同时达到了与宇宙相通的超越、自由的天人合一境界。

程颢的心性修养由人心觉解人与万物一体开始，通过定性的工夫而实现仁者"浑然与物同体"的境界，进入忘我之境后，依然需要诚敬的工夫来把持。与"定性"和"识仁"比较而言，"诚敬"在整个的修养过程中持续的时间相对要持久得多，不但在"定性"之时需要人以诚敬之心来保持仁者的情怀，在"定性"而"识仁"后，人亦需要"诚敬"来把持此识仁的结果。这样一来，"诚敬"在程颢的修养论中与"定性"相比是更值得深入探讨的问题。

"诚"在先秦儒者那里主要指的是一种精神状态，此"诚"还具有道德的含义，其意义是诚实无欺，这些"诚"的意义在二程这里都一并被继承下来，但二程对"诚"又进行了发展，更加强调"诚"的本体地位。由于二程在"诚"的看法上没有本质的差别，对程颢关于"诚"问题的探讨同样适用于程颐。程颢将"诚"由一种精神或心理状态提升为宇宙伦理本体，周敦颐起了很大的作用。

周敦颐有云："诚者，圣人之本。'大哉乾元，万物资始'，诚之源也。'乾道变化，各正性命'，诚斯立焉。纯粹至善者也。故曰：'一阴一阳之谓道，继之者善也，成之者性也。'元亨，诚之通；利贞，诚之复。大哉《易》也，性命之源乎！"①

此处，周敦颐指出"诚"源于宇宙的初始状态，它在宇宙运动变化中存在，贯穿了万物变化的始终。在此基础上，周敦颐从伦理道德的角度论述了"诚"，指出："圣，诚而已矣。诚，五常之本，百行之源也。静无而动有，至正而明达也。五常百行，非诚非也。邪暗塞也，故诚则无事矣。至易而行难，果而确，无难焉。故曰：'一日克己复礼，天下归仁焉。'"②"诚"是自然界维系的根本，是人类至善的本性，同时，"寂然不动者，诚也；感而遂通者，神也"③。"诚"又是伦理道德的本体，它具有"寂然不动"的特点。

二程对"诚"的论述与周敦颐没有很大的不同，他们也是从伦理本体的角度论"诚"的。二程明确地将"诚"作为宇宙的本体："诚者合内外之道，不诚无物。"（《二程集·遗书》，卷第一）"'诚者物之终始，不诚无物。'这里缺了佗，则便这里没这物。"（《二程集·遗书》，卷第二上）"'诚则形'，诚后便有物。……其无形，是见何物也？"（《二程集·遗书》，卷第十八）所谓"合内外""物之终始""无形"都是针对"诚"作为最高本体的特点而言的。二程认为，"诚"作为最高本体范畴，也是人修养工夫的依据。"'修辞立其诚'，不可不子细理会。言能修省言辞，便是要立诚。若只是修饰言辞为心，只是为伪也。若修其言辞，正为立己之诚意，乃是体当自家敬以直内、义以方外之实事。道之浩浩，何处下手？惟立诚才有

---

① （宋）周敦颐：《通书·诚上》，上海古籍出版社1992年版，第3—4页。
② （宋）周敦颐：《通书·诚下》，上海古籍出版社1992年版，第5—6页。
③ （宋）周敦颐：《通书·圣蕴》，上海古籍出版社1992年版，第8页。

可居之处，有可居之处则可以修业也。"（《二程集·遗书》，卷第一）这里的"诚"即是作为心性修养的依据使用的。

与周敦颐不同的是，程颢在论"诚"时经常是与"敬"结合在一起讨论的。"诚者天之道，敬者人事之本。敬则诚。"（《二程集·遗书》，卷第十一）"诚"是最高的本体，"敬"则是修养的工夫，有了"敬"的修养工夫，才能达到"诚"的境界。"二程对'诚'的发展，最突出的贡献在于将'诚'上升到哲学的最高范畴。"①"诚"在二程这里就由伦理的本体升华为宇宙的最高本体，实现"诚"的境界，需要从人自身之"敬"做起："学者不必远求，近取诸身，只明人理，敬而已矣，便是约处。"（《二程集·遗书》，卷第二上）在程颢看来，"敬"在指人的修养论时与程颐相比更偏重其自然而然、自然如此之意。

就"敬"来说，在先前典籍中有三种含义："人在人伦关系中所表现出的一种态度，或敬畏，或敬重，或恭敬。"②后来，"敬"由恭敬的态度发展成为人的品德。《论语·宪问》有云："子路问君子。子曰：'修己以敬。'曰：'如斯而已乎？'曰：'修己以安人。'曰：'如斯而已乎？'曰：'修己以安百姓。'"③此处的"修己以敬"显然不是指人的恭敬的态度，而应该理解为修己以做到"敬"。不过无论是将"敬"作为恭敬的态度还是修养的目标，在先秦那里，"敬"都是竭力为之而得来的，换言之，它不是自然而然的"敬"，在程颢这里，先秦儒家的"敬"改头换面成了人性的自然而然状态，无任何强迫或为伪的成分，程颢对"敬"做出如是解释："今

---

① 郭立珍：《试论二程"诚"思想及其现代启示》，《洛阳师范学院学报》，2005 年第 3 期。

② 李春青：《论"敬"的历史含义及其多向价值》，《辽宁大学学报》，1997 年第 2 期；刘玉敏：《敬与静——二程"主敬"思想对先秦儒家之"敬"及佛道"静"的思想整合》，《江汉大学学报》（人文科学版），2006 年第 1 期。

③ 杨伯峻：《论语译注》，中华书局 2006 年版，第 179 页。

学者敬而不见得，又不安者，只是心生，亦是太以敬来做事得重，……只恭而不为自然底道理，故不自在也。须是恭而安。"（《二程集·遗书》，卷第二上）"敬"与不自在相反，它是自己即敬，自然而敬，《二程集》中，程颢有多处强调其自然而敬：

> 学者须敬守此心，不可急迫，当栽培深厚，涵泳于其间，然后可以自得。但急迫求之，只是私己，终不足以达道。（《二程集·遗书》，卷第二上）
>
> 谓敬为和乐则不可，然敬须和乐。（《二程集·遗书》，卷第二上）
>
> 观天理，亦须放开意思，开阔得心胸，便可见，……亦须实有诸己，便可言诚，诚便合内外之道。（《二程集·遗书》，卷第二上）
>
> 既得后，便须放开，不然，却只是守。（《二程集·遗书》，卷第三）
>
> 执事须是敬，又不可矜持太过。（《二程集·遗书》，卷第三）

在上述程颢对"敬"的解释中，"不可矜持太过""不可急迫""须和乐""须放开"等都指的是"敬"的自然而然意。对此"敬"，有学者如此解释："'敬'乃是在有意无意之间，不可不着意，亦不可太着意。即能'常惺惺'，又能'常舒泰'；即自我节持，又和乐自适。"① 这是对宋代"敬"作为修养工夫的较为全面的概括，而程颢的"敬"是本心的自然流行，其"敬"更侧重的是"常舒泰""和乐自适"的一面，这种"和乐自适"正是一种适合审美发生的状态。对此，程颢用"勿忘勿助"来描述："'必有事焉而勿正，心勿忘，勿助长。'未尝致纤毫之力，此其存之之道。若存得，

---

① 李春青：《宋学与宋代文学观念》，北京师范大学出版社 2001 年版，第 60—61 页。

便合有得。"(《二程集·遗书》,卷第二上)"勿忘勿助"源自《孟子》。《孟子》载:"必有事焉,而勿正,心勿忘,勿助长也。"[①] 这种"勿忘勿助"的和乐心境的获得恰是达成审美的主体性要求,人只要保持这种"勿忘勿助"的自然之"敬"的状态,就能体验道体的流行,实现物我合一。也正因为如此,程颢才常常用"诚"来代替"敬"作为修养工夫:

> 道之浩浩,何处下手?惟立诚才有可居之处,有可居之处则可以修业也。(《二程集·遗书》,卷第一)
>
> 诚者合内外之道,不诚无物。(《二程集·遗书》,卷第一)

此处的"诚"即是"敬",作为工夫,二者共同体现了其内心直觉的体悟特征,正是通过"诚敬"的工夫才能至诚、识仁,物我合一。

由上可见,程颢性即情的性情观决定了其修养论是从人与万物一体的觉解、体悟开始,经过定性的工夫,以"勿忘勿助"的"诚敬"的审美心境来识仁,自然能够实现"涵养著乐处,养心便到清明高明"(《二程集·遗书》,卷第六)的人生之乐境界,达成"清明高远"的无欲而天理流行的至善的目的。其人生之乐是一己修养的审美人格的完成,又实现了与宇宙本体相通的自由的天人合一的境界。

第三节　程颐论"闲邪"心境的养成

程颐以"理"为天地的本原,而"性"即"道"即"理",但"性"

---

① 杨伯峻:《孟子译注》,中华书局 2005 年版,第 62 页。

只有转化成现实的情才能成为具体可感的对象，情由性生，性以情显，性者皆善，而作为性之发动的情由于有了气的参与则有善与不善，只有禀气之清，才能由情返性，实现个体性情的和谐。这种经由禀气之清的性情和谐的审美人格的成就需要借助于格物致知、进学涵养，去知去欲，身心闲适，平静安乐的审美心境来保证。程颐的心性修养可以用格物致知、进学涵养两个方面来概括。

一、重情感体悟的格物论

程颐格物致知、进学涵养的心性修养理论，在学者的研究中存在一些分歧，尤其是格物致知，很多学者都认为程颐的格物是一种纯粹的认识论方法。葛瑞汉指出："伊川……认为，虽然同一理贯穿于自身和外部世界，在我们自身之内，理被那构成自身的气弄得含混不清；因此，比反身自省更好的方法是'格物'，即对外部事物——人或事进行调查研究，去发现其所遵循及应遵循之理。"[①] 张恒寿也认为："伊川朱子的某些思想，主要是分析的，如格物致知的思想，就是如此。"[②] 这些观点认为程颐的格物致知是一种"外求"，一种主客二分认识事物的方法。事实上，程颐的修养方法尽管与程颢存在一定的差异，其最终目的都是通过"诚敬"这一"内省"、体悟的方法来恢复人性之本真，之所以出现学者在程颐修养方法论看法上的偏差，在于如何理解程颐的"格物致知"的内涵。对程颐"格物致知"理解的不同，才是确定程颐修养论观点的关键。因此，有必要对程颐"格物致知"进行辨析。

---

① ［英］葛瑞汉：《中国的两位哲学家：二程兄弟的新儒学》，程德祥等译，大象出版社 2000 年版，第 31 页。

② 张恒寿：《也谈二程思想的异同》，《中州学刊》，1988 年第 5 期。

"格物致知"出自《大学》"致知在格物","物格而后知至"。①《大学》中没有对其做出具体的阐释,这就给后人留下了不尽的阐释空间。程颐在《大学》的基础上,对"格物"作了自己的理解:

格,至也,如"祖考来格"之格。凡一物上有一理,须是穷致其理。(《二程集·遗书》,卷第十八)

格犹穷也,物犹理也,犹曰穷其理而已也。(《二程集·遗书》,卷第二十五)

格,至也。物,事也。事皆有理,至其理,乃格物也。(《二程集·外书》,卷第二)

可以看出,程颐对"格物"之"格"给出了两种解释:一种是将"格"解释为"穷",将"物"解释为"理",如此,"格物"即是"穷理",而"穷理"的表面意义的确有对事物之理进行认识的含义;另一种对"格物"的解释是将"格"解释为"至",将"物"解释为"理",如此"格物"即是"至于理",这当然也有获得关于事物真理的含义。在程颐的解释中,格物是包含着认识论的意义的,但二程所格的"理"是侧重宇宙伦理本体还是自然规律,要与其"致知"观点联系起来才能做出判定,而程颐的"致知"观与其"格物"观是始终结合在一起的。

程颐有言:"或问:'进修之术何先?'曰:'莫先于正心诚意。诚意在致知,致知在格物。'"(《二程集·遗书》,卷第十八)在程颐看来,进德修业的方法以正心诚意为先,而正心诚意的目的在于致知,致知则需要格物,进德修业实际上也就是君子之学,"君子之学,将以反躬而已

---

① 《四书》,陈晓芬、王国轩、蓝旭、万丽华译文,中华书局 2017 年版,第 136 页。

矣。反躬在致知，致知在格物"。(《二程集·遗书》，卷第二十五）君
子进德修业需要反躬自省，反躬自省的目的是致知，致知需要格物，可
以看出，无论是进德修业还是成为君子，都离不开格物这一起点，而格
物的目的则是得道，"格物，适道之始，思所以格物而已近道矣"。(《二
程集·粹言》，卷第一）得道就可以成为圣人："自格物而充之，然后可
以至圣人。不知格物而先欲意诚心正身修者，未有能中于理者。"(《二
程集·遗书》，卷第二十五）由格物然后诚意、正心、修身、中于理而
后至于圣人是程颐认可的修身之路，这一修身之路正是一种对"理"的
由渐悟到顿悟的过程。而修身之路何以要从格物开始，程颐有自己的解
释："'致知在格物'，非由外铄我也，我固有之也。因物有迁，迷而不
知，则天理灭矣，故圣人欲格之。"(《二程集·遗书》，卷第二十五）这
就是说，人由于外物的干扰，迷途难返而不自知，人心中的天理也由于
外物的牵绊而消失了，人只有从格物开始，才能复归"我固有之"的天
理，从而成为圣人。问题是，程颐"格物致知"之"知"是物理的自然
规律还是人心中的"良知""天德"呢？程颐将"知"分为两类：一类是"闻
见之知"，一类是"德性之知"：

　　闻见之知，非德性之知。物交物则知之，非内也，今之所谓博物
多能者是也。德性之知，不假闻见。(《二程集·遗书》，卷第二十五）
　　子曰：见闻之知，乃物交而知，非德性所知。德性所知，不待于
闻见。(《二程集·粹言》，卷第二）
　　子曰：闻见之知非德性之知，德性所知，不假闻见。(《二程
集·粹言》，卷第二）

在程颐看来，"闻见之知"即物交之知，所得到的是自然规律方面的

知识，而"德性之知"来自人的内心，它不需要依赖于"闻见之知"，换句话说，在程颐的心中，"德性之知"与"闻见之知"是有高下之别的，"德性之知"才是程颐"致知"的目标。简言之，"'德性之知'是二程整个认识论的基础，'闻见之知'只被当作'德性之知'的复归手段"。① 此德性之知乃是一种天下万物一体的觉解，是一种通过情感体悟获得的属伦理而又超伦理的天人合一的境界。此"德性之知"即是程颢所指的人心中的"良知""天德"："人心莫不有知，惟蔽于人欲，则亡天德也。"（《二程集·遗书》，卷第十一）"良知良能，皆无所由，乃出于天，不系于人。"（《二程集·遗书》，卷第二上）如此一来，程颢和程颐尽管在修养方法上存在差异，但其最终目的都是至于人心中之"良知良能"，也即体悟天理。由此，尽管"物"在程颐那里有着多重含义，但他所偏重的乃是伦理道德的一面，"'致知在格物'，格物之理，不若察之于身，其得尤切"。（《二程集·遗书》，卷第十七）可见，在"格物"之"物"的众多选项中，程颐更侧重的是人心中的伦理之理，"致知但止于至善，如'为人子止于孝，为人父止于慈'之类。不须外面只务观物理，泛然正如游骑无所归也"。② 人虽然要格自然万物之物理，但如果只是如此，就会无所依归，迷途而难返，只有止于至善，也就是止于人伦之理，达致天理至善，才是格物的最终目的。如台湾学者张永俊先生所言："其实，无论哪一派的'格物致知'说，都较少涉及客观的实质的事理之探求。其主要的宗旨在'穷理'——'穷理尽性以至于命'——穷天命之性的'性理'，或者是穷'心即理'的心之理。质言之，皆不过是'明善''明心''明明德'。即使有所谓客观实质的知识与事理的探求，也不过是手段而已。"③ 实际上，程颐格物致知的

---

① 叶玉殿：《二程的"德性之知"与"闻见之知"》，《中州学刊》，1986年第2期。
② （明）黄宗羲：《宋元学案·伊川学案》，中华书局1986年版，第631页。
③ 张永俊：《二程学管见》，东大图书股份有限公司1988年版，第193—194页。

最终目的是"去物欲之蔽而穷至事物之理，乃推致自我心中固有之知"。①
格物不是认识物理，而是顺应物理，"格物实乃心'随物赋形'，时时处处
与物形成和谐关系状态（时中）。故而严格讲，格'物'只是格'事'，即
心对所处具体生活情境之了解与适应"。② 此了解和适应得恰切，就能至
于善，能通于理，所谓"人患事系累，思虑蔽固，只是不得其要。要在明
善，明善在乎格物穷理。穷至于物理，则渐久后天下之物皆能穷，只是一
理"。（《二程集·遗书》，卷第十五）既然格物不在于获取外在的知识，那
就是获取对天理的认同和体悟，"'格物'并非通过与外物接触，以获得关
于外物的知识。而是使自己的认识不滞留于外物之上，从而上升到对最
高的'天理'的体认"。③ 此处对天理的体认即是体悟的含义，通过体悟，
以至于圣人，"随事观理，而天下之理得矣。天下之理得，然后可以至于
圣人。"（《二程集·遗书》，卷第二十五）"圣人与理为一，故无过，无不及，
中而已矣。"（《二程集·遗书》，卷第二十三）圣人随事观理，顺适物理，
无过无不及，自然能够达到"与理为一"，而与理为一是靠心灵的体悟获
得的，程颐的格物致知包含认识外物的方面但以"至于"心中之理为要，
更侧重情感体悟的一面，"伊川言'格物''致知'与'穷理'，目的并
非纯粹作为一种知性的增加，乃指向道德生命的提升"。④ 这种提升的最
终结果即是人与万物合一后超越有限而实现的自由和愉悦境界。

　　程颐格物致知的心性修养工夫是在继承孟子内省方法的基础上发展而
来的，孟子提出性善论，他将仁义礼智作为人内心与生俱来的东西，对此

---

① 卢连章：《程颢程颐评传》，南京大学出版社 2001 年版，第 144 页。

② 李有兵：《道德与情感——朱熹中和问题研究》，中国传媒大学出版社 2006 年版，第 168 页。

③ 陶清：《试论二程建构"天理"范畴的思维构架及其哲学意义》，阜阳师院学报（社科版），1988
年第 3 期。

④ 温伟耀：《成圣之道——北宋二程道德修养工夫论之研究》，河南大学出版社 2004 年版，第 59 页。

与生俱来的"仁"的获得孟子认为需要尽心知性知天，反身而诚："万物皆备于我矣。反身而诚，乐莫大焉。强恕而行，求仁莫近焉。"① 通过反思体悟自己的内心，达致乐的境界。要获得最大的快乐，依赖于个体的反躬自问，反躬自问即是自我体悟而非认识的方法；除了要"反身而诚"，还需要"养浩然之气"来保持人性的本善："我善养吾浩然之气。"②（《孟子·公孙丑上》）孟子通过养浩然之气来保持心中之善以使自己不动心，而且此浩然之气的养成亦要遵循性之本然规律，而不可以强力为之。由于人之善心往往有所失，因此人修养的目的就在于让失去的心收回，所谓"求其放心"。《孟子·告子上》中写道："仁，人心也；义，人路也。舍其路而弗由，放其心而不知求，哀哉！人有鸡犬放，则知求之；有放心而不知求。学问之道无他，求其放心而已矣。"③ 学问之道的根本就在于把人已经丧失的善良之心找回来，此善良之心的找回不可能依靠认识，而只能靠人的回忆、复归、反思、体悟等方法。正是自孟子，中国儒家走出了一条自我反思、体悟的修养之路。

与孟子对内省的推崇不同，在荀子那里，作为"天行有常，不为尧存，不为桀亡"④ 的天，荀子采取的是"制天命而用之"⑤ 的方法，与此一方法相应的是荀子的"不以所已藏害所将受"的虚静观。《荀子·解蔽》中写道："人何以知道？曰：心。心何以知？曰：虚壹而静。心未尝不藏也，然而有所谓虚；心未尝不满也，然而有所谓一；心未尝不动也，然而有所谓静。……不以所已藏害所将受谓之虚。……不以夫一害此一谓之壹。……

---

① 杨伯峻：《孟子译注》，中华书局 2005 年版，第 302 页。

② 杨伯峻：《孟子译注》，中华书局 2005 年版，第 62 页。

③ 杨伯峻：《孟子译注》，中华书局 2005 年版，第 267 页。

④ 《荀子》，方勇、李波译注，中华书局 2015 年版，第 265 页。

⑤ 《荀子》，方勇、李波译注，中华书局 2015 年版，第 274 页。

不以梦剧乱知谓之静。未得道而求道者,谓之虚壹而静。……虚壹而静,谓之大清明。"① 荀子的"所已藏"即是自己所已获得的知识,其"不一夫一害此一"即是合理地处理已有知识和将要获得的知识之间的关系,与孟子一味地追求自我体悟的道路不同,荀子注重认识的方法论,其天人的关系及其方法论都是在主客二分的意义上讨论的。

到了宋代,人们迫于维护政权的压力和应对道、佛两家思想的挑战,都力图从各个方面探讨复归于"天道"的方法。张载将"气"作为宇宙万物的本体,指出:"神,天德,化,天道。德,其体,道,其用,一于气而已。"② 这说明在张载那里,天德与天道都是统一于物质性的"气"。人自然也是由一气而与天沟通,但人之气有偏,"人之刚柔、缓急、有才与不才,气之偏也"。③ 气的有所偏就导致了人性的差异:"形而后有气质之性,善反之则天地之性存焉。故气质之性,君子有弗性者焉。"④ 人生的目的就在于将气质之性返归于天地之性,对此张载提出了两种方法:"'自明诚',由穷理而尽性也;'自诚明',由尽性而穷理也"。⑤ 所谓"自明诚",就是穷理而尽性的过程,即通过对万物的认识以获得人性的自然,这是一种由外向内的认识过程;所谓"自诚明",即是从人的本心出发,自此本心不断扩充,从而让人之天地之性自然呈现。张载认为:"穷理尽性以至于命,则不容有不知。"⑥ 也就是说,"穷理尽性以至于命"是一个先"穷理"、后"尽性",再至于"命"的前后相继的过程,它们之间是有次序的,显然这种次序的存在是由于张载将此过程理解为一个认识的过程而非体悟的过程。但人性

① 《荀子》,方勇、李波译注,中华书局 2015 年版,第 343—344 页。
② 《张载·正蒙·神化篇》第四,中华书局 1978 年版,第 15 页。
③ 《张载·正蒙·诚明篇》第六,中华书局 1978 年版,第 23 页。
④ 《张载·正蒙·诚明篇》第六,中华书局 1978 年版,第 23 页。
⑤ 《张载·正蒙·诚明篇》第六,中华书局 1978 年版,第 21 页。
⑥ 《张载·横渠易说·说卦》,中华书局 1978 年版,第 234 页。

在内，求知在外，外何以必然达内，张载在这一点上是解释不通的，不过从张载的论述可以看出，由于他将万物统一于气，其对于"穷理尽性以至于命"采取分析的方法亦是可以理解的，毕竟物质性的本体依靠认识的方法是可以获得的，张载的探讨之路既是出于对气之本体的认识的必然要求，也是受到以荀子为代表的对认识之路的重视路线影响所致。

在张载的基础上，周敦颐、邵雍对人性之本然及其回归的途径也进行了探讨，发表了自己的见解。但真正对此做出合理解释并提出更有说服力观点的是二程。正是二程，既将孟子的"道统"接续下来，并将实现"道统"的方法——情感体悟也一并加以重新发现。二程对情感体悟方法的重新发现集中体现在其关于"穷理尽性以至于命"这一观点的阐述上。《二程集》中对此观点有多处记载：

> 理也，性也，命也，三者未尝有异。穷理则尽性，尽性则知天命矣。天命犹天道也，以其用而言之则谓之命，命者造化之谓也。（《二程集·遗书》，卷第二十一下）
>
> 穷理，尽性，至命，一事也。才穷理便尽性，尽性便至命。……理、性、命，一而已。（《二程集·外书》，卷第十一）

可见，在二程那里，"理""性""命"三者是一致的，三者不过是伦理本体在不同角度的呈现而已，名异而实同。二程既然认为"理""性""命"是一，"穷理""尽性""至命"便不会有所不同，"穷理"并非只是认识事物之理，而更侧重的是一种情感的体悟，通过体悟而使得本心天理自然流行，与张载将"穷理尽性以至于命"的认识方法不同。张载的"穷理尽性以至于命"偏重于对客观规律的把握，是一个认识的过程；而二程将三者作为同一个毫无限隔之过程，其中没有认识的推理过程，而是一种当下即"悟"，因此在《洛阳议论》中，二程对张载的观点进行了尖锐的批评，指出三者实际上是一回事："二程解'穷理尽性以至于命'：'只穷理便是至于命。'子厚谓：'亦是失于太快，此义尽有次序。须是穷理，便能尽得己之性，则推类又尽人之性；既尽得人之性，须是并万物之性一齐尽得，如此然后至天道也。其间煞有事，岂有当下理会了？学者须是穷理为先，如此则方有学。今言知命与至于命，尽有近远，岂可以知便谓之至也？'"（《二程集·遗书》，卷第十）张载将"穷理""尽性""至命"看作一个有先后次序的认识过程，二程则认为没有次序，是一回事，"'穷理尽性以至于命'，三事一时并了，元无次序，不可将穷理作知之事。若实穷得理，即性命亦可了"。（《二程集·遗书》，卷二上）张载与二程在此问题上的意见分歧在于在方法上一为认识、一为情感体悟。造成这种偏差的根源在于对本体看法的不同："理则须穷，性则须尽，命则不可言穷与尽，只是至于命也。横渠昔尝譬命是源，穷理与尽性如穿渠引源。然则渠与源是两物，后来此议必改来。"（《二程集·遗书》，卷第二上）张载的认识源于其"气"一元论，在张载看来，物理与人性是不同的，天人相分，但一气沟通使得它们可以用主客二分的方法达到对天人的认识，而实际上一"气"流通这一前提并不是天人能够沟通的真正源头；对于二程，"天人本无二"，"理""性""命"无有不同，其前提亦是结论，二程的"天理"本体就在日常中，对其需要靠情感体悟而非认识。

可见，程颐的格物致知侧重情感体悟的一面，美学史所说的宋代开始发生的美学的内转倾向并不只是将"天理"作为人心中的道德本性的这一层含义，它还具有情感体悟的心性修养论的重新发现的一面，即由荀子开启的儒家认识论到二程发生了重大的转向，重新转向孟子的内省、体悟路线上来，也正是这一转向，导致在人、物的关系上发生了重大的转折：由物我对立到物我合一，由"纵向超越"转向"横向超越"。①

二、格物——由认识到情感体悟的转向

程颐的修养理论可以用两句话来概括："涵养须用敬，进学则在致知。"（《二程集·遗书》，卷第十八）这即是说，修养需要以"敬"的工夫为主，进学作为一种认识的方法最终目的在于转到情感体悟的方向。要了解程颐何以在"诚敬"的路线之前要以格物为起始，需要追本溯源，从程颐关于天理人欲的相关看法始得。

在程颐的理一本论的哲学体系中，此理与心是密切联系在一起的，所谓"心生道"，"心"作为"道"的生存处所，可以从不同的角度进行阐发，从已发未发的角度来说，"未发之前，心体昭昭具在，已发乃心之用也。……心一也，有指体而言者，有指用而言者，惟观其所见如何耳"。（《二程集·文集》，卷第九）心有体用，在未发之心来说，其心本然至善，但已发之心则就不同了，它有善有不善："心本善，发于思虑，则有善有不善。若既发，则可谓之情，不可谓之心。譬如水，只谓之水，至于流而为派，或行于东，或行于西，却谓之流。"（《二程集·遗书》，卷第十八）"心本善"指的是性本善，发于思虑则是性的发动，此发动所生之物乃是情，此情如同流水，流水的趋向不是人所能把控的，因此此情也就不能必然如本善之性一样皆为至善。程颐在本善之性和情之间进行了截然的划分："视听言动，非理不为，即是礼，礼即是理也。不是天理，便是私欲。"（《二程集·遗书》，卷第十五）流于不善的人心就是人的私欲："甚矣欲之害人也。人为之不善，欲诱之也。诱之而弗知，则至于天理灭而不知反。故目则欲色，耳则欲声，以至鼻则欲香，口则欲味，体则欲安，此

---

① 张世英:《哲学导论》，北京大学出版社2002年版，第26页。

皆有以使之也。"（《二程集·遗书》，卷第二十五）如果一味地任凭欲望的流放，就不能使本善之性得以澄明："艮止者，安止之义，止其所也。……人之所以不能安其止者，动于欲也。欲牵于前而求其止，不可得也。"（《二程集·周易程氏传》，卷第四）因此，程颐提出要防止人欲对天理的妨碍："子曰：礼仪三千，非拂民之欲而强其不能也，所以防其欲而使之入道也。多识鸟兽草木之名，非教人以博杂为功也，所以由情性而明理物也。"（《二程集·粹言》，卷第一）只有防止欲望的肆意蔓延，才能保证性情的谐和与天理的至善。这与柏拉图在其理想人格中要使理智处于绝对统治的地位，理智以外的一切功能如本能、情感、欲望等，都被视为人性中"卑劣的部分"，都应该毫不留情地压抑下去的理论基本上是一致的。在此基础上，程颐还从道心人心的角度对此心的善与不善作了解释："'人心惟危，道心惟微。'心，道之所在；微，道之体也。心与道，浑然一也。对放其良心者言之，则谓之道心；放其良心则危矣。'惟精惟一'，所以行道也。"（《二程集·遗书》，卷第二十一下）"道心"即"性"，"人心"即性之发动，人心的发动容易流于不善，只有让"道心"即"性"作为人心的主宰，也就是以性来控制情，才是处理性情关系的正确原则。程颐又说："'人心'，私欲也；'道心'，正心也。'危'言不安，'微'言精微。惟其如此，所以要精一。'惟精惟一'者，专要精一之也。精之一之，始能'允执厥中'。中是极至处。"（《二程集·遗书》，卷第十九）这里的意思是，人心就是私欲，即人心乃情欲的结合体，情欲对于人性的澄明来说是危险的因素，因此要用道心来制约人心，毕竟人性中的情感、欲望等是与生俱来的，既是与生俱来，就有要求被满足的权利，只不过要对其进行适当的控制罢了，这即是程颐所说的"性其情"。

在程颐看来，以道心来制约人心，"性其情"，达到性情中和，离不开格物的方法："人患事系累，思虑蔽固，只是不得其要。要在明善，明善在乎格物穷理。穷至于物理，则渐久后天下之物皆能穷，只是一理。"(《二程集·遗书》，卷第十五)"'致知在格物'，非由外砾我也，我固有之也。因物有迁，迷而不知，则天理灭矣，故圣人欲格之。"(《二程集·遗书》卷第二十五)"自格物而充之，然后可以至圣人。不知格物而先欲意诚心正身修者，未有能中于理者。"(《二程集·遗书》卷第二十五)"知者吾之所固有，然不致则不能得之，而致知必有道，故曰'致知在格物'。"(《二程集·遗书》，卷第二十五) 无论是要成为圣人，要明人心之善，还是要致知，都要从格物开始。

格物致知最早见于《大学》，《大学》载："古之欲明明德于天下者，先治其国；欲治其国者，先齐其家；欲齐其家者，先修其身；欲修其身者，先正其心；欲正其心者，先诚其意；欲诚其意者，先致其知；致知在格物。"① 对于此段话，《大学》没有给出解释，这也就为后人留言了不尽的阐释空间。程颐从天理人欲的角度论述了格物在复归"天理"中的重要地位。在《二程集》中，程颐多处对格物在修身中的重要性进行了论述："《大学》曰：'物有本末，事有终始，知所先后，则近道矣。'人之学莫大于知本末终始。致知在格物，则所谓本也，始也；治天下国家，则所谓末也，终也。治天下国家，必本诸身，其身不正而能治天下国家者无之。格犹穷也，物犹理也，犹曰穷其理而已也。穷其理，然后足以致之，不穷则不能致也。格物者适道之始，欲思格物，则固已近道矣。是何也？以收其心而不放也。"(《二程集·遗书》，卷第二十五) 简言之，只有格物，才能使已放之心收回，才能近道，才能达成程颐所说的"性其情"的性情中和的审美人格。程颐又进一步指出，只有格物穷理才能致知，亦即只有体悟才能通达天理，如果不从格物开始，不经过由认识到情感体悟的转变，就不能

---

① 《四书》，陈晓芬、王国轩、蓝旭、万丽华译注，中华书局 2017 年版，第 136 页。

致知，当然就不能让天理常驻心中了："子曰：学莫大于知本末终始。致知格物，所谓本也，始也；治天下国家，所谓末也，终也。治天下国家，必本诸身。其身不正，而能治天下国家者，无之。格犹穷也，物犹理也，若曰穷其理云尔。穷理然后足以致知，不穷则不能致也。"（《二程集·粹言》，卷第一）进而，程颐从修养的路径中对格物的重要地位进行了强调，他指出："子曰：《大学》于诚意正心皆言'其道'，至于格物则不言，独曰'物格而后知至'，此盖可以意得，不可以言传也。自格物而充之，然后可以至于圣人；不知格物而欲意诚心正而后身修者，未有能中于理者也。"（《二程集·粹言》，卷第一）这即是说，在人的修养路线中，虽然要诚意正心而后能至于道，但如果不知道从格物开始而直接从诚意正心开始，那是不能得道的，这说明要近道、得道，要成为性情中和的圣人，都离不开人的格物，离不开由认识到情感体悟的转变。

三、渐悟的过程——格物之解

程颐的格物理论包含着认识外物的方面但以"至于"心中至理为要，格物的过程也是审美准备的过程，是渐悟的过程，通过格物的渐悟准备，最终实现顿悟天理的目的。

格物作为一种渐悟"天理"的过程，也即一种对"物"的体悟过程。在程颐的格物理论中，其所格的对象——"物"的范围是非常之广的。程颐对其的解释是：

> 所以能穷者，只为万物皆是一理，至如一物一事，虽小，皆有是理。（《二程集·遗书》，卷第十五）
>
> 物理须是要穷。（《二程集·遗书》，卷第十五）
>
> 子曰：无物无理，惟格物可以尽理。（《二程集·粹言》，卷第二）

由上可知，在程颐看来，一物一事、物理等都是物，此物当然包括了自然之物，而且此处的"物"侧重的也是自然之物，但"物"并不只是自然之物，其范围是非常广泛的：

　　物者、凡遇事皆物也。（《二程集·外书》，卷第四）

这就是说，所遇之事皆是物，有所遇并有意识地参与的只能是人，此处的事当然指的就是与人相关之物了。这样一来，"物"的范围就包括自然之理和人伦之理在内了。程颐对此有明确的表述：

　　问："格物是外物，是性分中物？"曰："不拘。凡眼前无非是物，物物皆有理。如火之所以热，水之所以寒，至于君臣父子间皆是理。"（《二程集·遗书》，卷第十九）

程颐明确地指出格物的范围是极其广泛的，既包括具体有形的可见之物，也包括一己的性情，不过对于程颐而言，其所考察的对象尽管包括自然之物和人伦性情，却还是有所偏重的：

　　"致知在格物"，格物之理，不若察之于身，其得犹切。（《二程集·遗书》，卷第十七）

可以看出，在程颐的心中，其所格的重点乃是个体性情："子曰：格物，适道之始，思所以格物而已近道矣。是何也？以收其心而不放也。"（《二程集·粹言》，卷第一）此处的"收放心"即是"性其情"的变通表达，将格物作为转向情感体悟的必经之路，实际上恰好说明格物的过程即渐悟的过程，是为了最终实现对天理的顿悟，"自格物而充之，然后可以至于圣人；不知格物而欲意诚心正而后身修者，未有能中于理者也"。(《二程集·粹言》，卷第一）程颐认为只有从格物开始，培养个体体道的自觉意识，才能使个体正心诚意，经过格物的渐悟过程成就审美的理想人格，实现顿悟天理的天人合一境界。

程颐的格物理论最终目的指向致知，也即顿悟天理，但在顿悟天理的过程中，需要通过各种途径和方法的渐悟准备。就渐悟准备的途径而言，程颐认为有三种："穷理亦多端：或读书，讲明义理；或论古今人物，别其是非；或应接事物而处其当，皆穷理也。"(《二程集·遗书》，卷第十八）此处，程颐所说的读书讲明义理是从读书中获得关于伦理本体的意义，这是渐悟的一条途径；就论古今人物而言，读史即是其中具体的例子，"读史须见圣贤所存治乱之机，贤人君子出处进退，便是格物"。(《二程集·遗书》，卷第十九）在读史的过程中，可以看到其中所存的义理，而"治乱之机""出处进退"就是通过读书得来的是非道理；至于应接事物处其当则要求在日常生活中进行践履，圣人则是应接事物皆能处其当的典范："圣人之道，更无精粗，从洒扫应对至精义入神，通贯只一理。虽洒扫应对，只看所以然者如何。"(《二程集·遗书》，卷第十五）正是通过对自然之理和社会伦理的多次反复的积累渐悟过程，才能最终顿悟天理，实现个体道德生命的提升。在这种反复中，程颐的格物经历了观察—遍求—类推、思—贯通的提升过程，也即由渐悟到顿悟的发展过程。

程颐认为，只有在对万物的观察基础上，遍求其中之理，才有通达一理的可能，也即，只有经过渐悟的过程才有实现顿悟的可能。在《二程集》中，程颐在多处对这种思想进行了表述，如：

格物亦须积累涵养。如始学《诗》者，其始未必善，到悠久须差

精。人则只是旧人，其见则别。（《二程集·遗书》，卷第十五）

今人欲致知，须要格物。物不必谓事物然后谓之物也，自一身之中，至万物之理，但理会得多，相次自然豁然有觉处。（《二程集·遗书》，卷第十七）

或问："格物须物物格之，还只格一物而万理皆知？"曰："怎生便会该通？若只格一物便通众理，虽颜子亦不敢如此道。须是今日格一件，明日又格一件，积习既多，然后脱然自有贯通处。"（《二程集·遗书》，卷第十八）

又问："只穷一物，见此一物，还便见得诸理否？"曰："须是遍求。虽颜子亦只能闻一知十，若到后来达理了，虽亿万亦可通。"（《二程集·遗书》，卷第十九）

子曰："求一物而通万殊，虽颜子不敢谓能也。夫亦积习既久，则脱然自有该贯。所以然者，万物一理故也。"（《二程集·粹言》，卷第一）

程颐所言的"遍求""积累""理会得多""积习"等都说明此格物的反复过程，一种为实现顿悟的渐悟准备，在此反复过程中，离不开"思"的作用："或问：'学必穷理。物散万殊，何由而尽穷其理？'子曰：'诵《诗》、《书》，考古今，察物情，揆人事。反复研究而思索之，求止于至善，盖非一端而已也。'"（《二程集·粹言》，卷第一）此"思"包含着思考的含义，但更多有孟子反思、自我体悟的含义，无论是读诗书、考古今、还是应接人事等，都要求反思和自我体悟参与其中，才能获得其中所隐含的深刻义理："先生每读史到一半，便掩卷思量，料其成败，然后却看有不合处，又更精思，其间多有幸而成，不幸而败。今人只见成者便以为是，败者便以为非，不知成者煞有不是，败者煞有是底。"（《二程集·遗书》，卷第十九）不但义理需要反思，程颐还主张对于穷理和成圣都要反思、自我体悟："'格物'者，格、至也，物者、凡遇事皆物也，欲以穷至物理也。穷至物理无他，唯思而已矣。'思曰睿，睿作圣'，圣人亦自思而得，况于事物乎?"（《二程集·外书》，卷第四）可以看出，在程颐看来，反思、情感的体悟在顿悟天理中的作用是非常重要的。借助于反思体悟，在场与不在场合为一体，通过对眼前之物的反思和体悟，实现万物合一的境界，借助于情感体悟的力量，人不须要物物格之就可以顿悟天理。正所谓"格物穷理，非是要尽穷天下之物，但于一事上穷尽，其他可以类推"。（《二程集·遗书》，卷第十五）在此遍求和类推中，万物豁然贯通了，这一豁然贯通正是顿悟的体现。

人人虽然同样经历这一格物的过程，却并非一定能够顿悟，原因在于格物与人有关："又问：'如何是格物?'先生曰：'格，至也，言穷至物理也。'又问：'如何可以格物?'曰：'但立诚意去格物，其迟速却在人明暗也。明者格物速，暗者格物迟。'"（《二程集·遗书》，卷第二十二上）

总的来说，格物是一个非常复杂的过程，其中既要求在万物之中遍求其理，又要求人有格物的天分，以期通过渐悟过程达到豁然贯通一理的顿悟，实现性情中和的审美人格。

通过对程颐格物理论的考察可以看出，程颐的格物理论包含着认识论，又以情感体验论为其显著特征，它以认识论开始，以体验论贯穿始终，认识的最终目的在于让人从自在的状态转向自为的状态，为人的审美体验作准备，增加人体验的自觉，经由渐悟而达致顿悟，"对道德精神（道德原则、规范）本身深切的认识、理解、体悟，把道德完善作为自己生命活动的重要部分，提高对道德理想状态的自觉"。[1] 正如李泽厚先生将理

---

[1] 韩望喜：《善与美的人性》，人民出版社 2001 年版，第 97 页。

智直观作为人类通过历史过程的内化一样，程颐的格物也是通过对格物的反复强调，在一种有为的认识中形成一种惯性，让格物不是单纯地停留在有为状态，而是转化成人的一种对天理体认的自觉自愿，也即，"在一个人的道德生活中，如果没有这种情感定势，那么道德信念很容易变为虚饰，言不由衷；道德规范如果不在人的生活体验、情感体验中得到内化，那么，任何的义务、禁令等都不能保证个人道德行为的实施"。① 程颐的格物就是要让人对于天理的体悟形成一种义务，变成一种"理智直观"，通过这种渐悟的训练顿悟天理，让人的道德本性去蔽澄明。

四、"闲邪"心境的养成

如果说程颐的格物致知是培养人的情感定势，由观物入手转到情感体悟的心性修养路径，通过渐悟的准备过程实现顿悟天理的境界的话，那么，其"涵养须用敬"则是保证性情中和的审美人格达成的必由之路，是实现渐悟的心理条件和保持顿悟的既定成果的保证。

程颐关于心性修养的起点、目的以及步骤的观点都在《颜子所好何学论》（《二程集·文集》，卷第八）中作了详细的说明，现将其摘录如下：

> 圣人之门，其徒三千，独称颜子为好学。夫《诗》《书》六艺，三千子非不习而通也。然则颜子所独好者，何学也？学以至圣人之道也。

> 圣人可学而至欤？曰：然。学之道如何？曰：天地储精，得五行之秀者为人。其本也真而静，其未发也五性具焉，曰仁义礼智信。形既生矣，外物触其形而动于中矣。其中动而七情出焉，曰喜

---

① 韩望喜：《善与美的人性》，人民出版社 2001 年版，第 133 页。

怒哀乐爱恶欲。情既炽而益荡，其性凿矣。是故觉者约其情使合于中，正其心，养其性，故曰性其情。愚者则不知制之，纵其情而至于邪僻，梏其性而亡之，故曰情其性。凡学之道，正其心，养其性而已。中正而诚，则圣矣。君子之学，必先明诸心，知所养，然后力行以求至，所谓自明而诚也。故学必尽其心。尽其心，则知其性，知其性，反而诚之，圣人也。故《洪范》曰："思曰睿，睿作圣。"诚之之道，在乎信道笃。信道笃则行之果，行之果则守之固：仁义忠信不离乎心，造次必于是，颠沛必于是，出处语默必于是。久而弗失，则居之安，动容周旋中礼，而邪僻之心无自生矣。（《二程集·文集》，卷第八）

这篇文章的首段指出颜子在孔子的三千门徒中独得孔子的赏识，并不是因为其他门徒不精通《诗》《书》等六艺，而是因为颜子有其独到的地方，此独特之处在于颜子所学与其他门徒不同：颜子以成就圣人为自己的目标。"学以至圣人之道"即是颜子为学所立下的志向和目标。那么，普通人何以能够通过学习达到圣人的境界呢？程颐一一作了解释。程颐指出，人是天地中最有灵性的动物，人性本来是安静的，性未发时具有仁义礼智信五性。由于受到外物的触动，人性便开始产生喜怒哀乐爱恶欲七种情感需求，这些情感需求有要求得到满足的权利，它们对于"性"之本然形成一定的干扰，使得"性"由静而动，不能保持其本来的善的特性，能够意识到这一点的人会让"性"来约束情感，以使得情感不要泛滥无边，这种以"性"来约束情感的方法即是"性其情"。而有的人则不能深刻认识到情感对"性"之本然所造成的严重后果，放纵情感导致"性"之自然的丧失，这即是所谓的"情其性"。为学的方法在于正心养性，内心修养到中正平和便会成为圣人。君子为学的方法，在于先要知道自己的本心，明了修养的目标，然后通过践履来达到目标，这种方法是"自明诚"的方法，即由认识转向情感体认的进路，这实际上就是程颐将修养以"格物在致知，进学须涵养"来概括的原因。情感体认先要有坚定的信念，行动果断，在日常生活中处处坚守，一切严格遵循礼仪规范的要求，长此以往，就能祛除邪心，达至性情中和的圣人境界。

由上可知，颜子以立志成为性情中和的圣人为自己的目标，主张正心养性，行动果断，处处持守，去除邪心以成就审美的人格，但由于性的发动，人之情欲等的干扰往往使得人不能做到"性其情"，对此，需要以"诚敬"的工夫来保持。不但性之发动为情需要"敬"，人之情欲等亦需"敬"以使情可以复性，可以说，"诚敬"是成就审美人格的保证。

虽然程颐花了大量的篇幅和努力对格物理论进行了新的阐释和解读，但程颐整个的修养理论却有一个前提，那就是致知。致知是整个修养理论的起点："故学莫先乎致知。"（《二程集·粹言》，卷第一）即人的修养要先在心中确立一个万物一体的觉解；并以天人合一为其修养的归宿。但要实现人与万物合一的境界，人需要寡欲："'致知在格物。'格，至也。物，事也。事皆有理，至其理，乃格物也。然致知在所养，养知莫过于寡欲二字。"（《二程集·外书》，卷第二）在致知、成就性情中和的人格这一大前提下，要使得人心中固有之知得以显现，实现"性其情"的目的，就要"寡欲"，去掉欲望对"天理"的遮蔽，使天理得以澄明，而"诚敬"在这一过程中起着异常重要的作用："学者先务，固在心志。有谓欲屏去闻见知思，则是'绝圣弃智'。有欲屏去思虑，患其纷乱，则是须坐禅入定。如明鉴在此，万物毕照，是鉴之常，难为使之不照。人心不能不交感万物，亦难为使之不思虑。若欲免此，唯是心有主。如何为主？敬而已矣。"（《二程集·遗书》，卷第十五）程颐这段话的意思是，要通过修养成就圣人的人格，需要从人的心志入手，由于人心交感万物的原因，常常会为各种思虑烦恼，如果想免除这些烦恼，需要心中常存"诚敬"之态。程颐在多处表达了这一思想：

> 昔吕与叔尝问为思虑纷扰，某答以但为心无主，若主于敬，则自然不纷扰。（《二程集·遗书》，卷第十八）
>
> 子谓学者曰：夫道恢然而广大，渊然而深奥，于何所用其力乎？惟立诚然后有可居之地。无忠信，则无物。（《二程集·粹言》，卷第一）
>
> 子曰：识道以智为先，入道以敬为本。（《二程集·粹言》，卷第一）
>
> 天下无一物非吾度内者，故敬为学之大要。（《二程集·粹言》，卷第一）
>
> 或问："夫子之教，必使学者涵养而后有所得。如何其涵养也？"子曰："莫如敬。"（《二程集·粹言》，卷第一）

由上可知，程颐认为由于欲望的横行，"道""性"等常常陷入困境，对此，只能依靠"敬"。与此同时，"道"就存在于日常生活之中，须臾不可离，人要得道成为圣人，自然需要从人心之敬做起："道也者不可须臾离也，故君子必慎其独也。"（《二程集·经说》，卷第八）此处的"慎其独"即是要求个人在生活中各个方面谨慎自己的言行，而"敬"恰恰是要求人们从言语行动等各个方面规范自己，使得人心不被众多杂念所动摇，精神上达到一种无所不适、自由愉悦的状态。

在《二程集》中，程颐有许多关于"诚敬"的描述，而"敬"占据主要的地位。程颐对"敬"做出如下的界定：

敬是闲邪之道。闲邪存其诚，虽是两事，然亦只是一事。闲邪则诚自存矣。天下有一个善，一个恶。去善即是恶，去恶即是善。譬如门，不出便入，岂出入外更别有一事也？（《二程集·遗书》，卷第十八）

闲邪则诚自存，不是外面捉一个诚将来存著。今人外面役役于不善，于不善中寻个善来存著，如此则岂有入善之理？只是闲邪，则诚自存。（《二程集·遗书》，卷第十五）

"闲邪"即去除邪僻之心的心境，也即程颢的"勿忘勿助"的道体流行发见的审美心境。程颐认为，只有去除邪僻之心，养成"闲邪"的心境，人才能达到"诚"的境界，"诚"之境界亦即圣人的境界，"性其情"的境界，一种审美的人格境界。

在此基础上，程颐指出了获得闲邪心境的方法和路径："闲邪更著甚工夫？但惟是动容貌、整思虑，则自然生敬。"（《二程集·遗书》，卷第十五）可以看出，程颐论"敬"主张从内外两个方面进行，就内心而言，"敬"需要整思虑，就外部来讲，"敬"要动容貌，而外部的"敬"对于保持内心的"敬"来说是非常重要的。程颐说："或问敬。子曰：'主一之谓敬。''何谓一？'子曰：'无适之谓一。''何以能见一而主之？'子曰：'齐庄整敕，其心存焉；涵养纯熟，其理著矣。'"（《二程集·粹言》，卷第一）程颐还说："闲邪则一矣，然主一则不消言闲邪。……如何一者，无他，只是整齐严肃，则心便一，一则自是无非僻之奸。此意但涵养久之，则天理自然明。"（《二程集·遗书》，卷第十五）上述的"齐庄整敕""整齐严肃"从表情和举止两个方面对外在之"敬"进行了规定，并进而说明外在的"敬"对于内心之"敬"的重要意义：只有外表整齐严肃，人心才能主敬。既然"敬"的目的是要成就审美的人格，那么对人的表情举止的外在要求正是人格美的一种外在呈现。既然外在美对于内心之"敬"如此重要，程颐自然是非常重视的，对此，程颐反反复复进行了规定。

程颐说："敬则无己可克，始则须绝四。"（《二程集·遗书》，卷第十五）所绝的四项内容是什么呢？就是视听言动四个方面对自己进行约束，程颐《四箴》就是为此目的而作。程颐对此有明确的表述，他说："闲邪则诚自存，诚存斯为忠信也。如何是闲邪？非礼而勿视听言动，邪斯闲也。"（《二程集·遗书》，卷第二上）这就是说，人的视听言动等一切方面都要合乎礼的规范，"易曰：'闲邪存其诚。'闲邪则诚自存，而闲其邪者，乃在于言语饮食进退与人交接之际而已矣"。（《二程集·遗书》，卷第二十五）即，要获得"闲邪"的心境需要人在日常生活中严格遵循礼仪规范的要求；程颐还说："俨然正其衣冠，尊其瞻视，其中自有个敬处。虽曰无状，敬自可见。"（《二程集·遗书》，卷第十八）"严威俨恪，非敬之道，但致敬须自此入。"（《二程集·遗书》，卷第十五）虽然庄重严肃的表情和对吃穿等的要求不是"敬"，但却是入"敬"的前提和有效保证。可以看出，与程颢相比，程颐对人的日常言行处处谨慎，无一处不敬，亦无事不敬。这些对外在规范的要求实际上是人达到外在美的一种要求，只有严格遵循这些规范，人才不至于让外物动摇内心，从而达到一种"忘物"的状态，以保证内心的安乐自适。

程颐"学以至圣人之道"的目标是成就审美的人格，而审美的人格需要在言语行动、容貌声色等生活的各个方面进行修炼，程颐"动容貌"的要求恰是审美人格的外在美的呈现。

程颐所要成就的审美人格除了外在美的要求之外，还有整思虑的方面，亦即对人内在心灵之美的规范，而"动容貌"的外在美要求恰为了让审美人格的内在美不受阻挠地表现于外，实现内外兼美的圣人人格。在内在美方面，程颐认为要获得一种平静安适的心境，需要"主一"。程

颐说：

> 敬只是主一也。主一，则既不之东，又不之西，如是则只是中。既不之此，又不之彼，如是则只是内。(《二程集·遗书》，卷第十五)
>
> 主一则是敬。(《二程集·外书》，卷第十二)

对于程颐的“主一”，学者们都做出了探讨，有的学者认为：“伊川谓主一之敬，实只是使心不散乱，不东西彼此奔驰，而凝聚在此，即常位于中……心不定在东西彼此之物之上，而恒存此心以为主，更不间断，即是主一”，[①] 此处的“凝聚在此”中的“此”应指的是凝聚在“理”，程颐的思想中虽然没有这一意思的明确表示，但程颐认为“敬”的目的在于使心中“天理”能够澄明，成就审美的人格，所以“主一”作主于心中之“理”之解释是有道理的。也有的学者将“主一”解释为一种精神高度集中的状态：“‘主一’，一方面指道德意志的自我训练，期于择善固执，坚毅恒久；另方面指精神上的高度集中，期于心智统一，于外界纷纭杂乱的物象中，内心凝定于一事，绝不散漫，务使纲纪物理，以内制外，以求事必有成。终于以内应外，制外归内。”[②] 实际上程颐“既不之东，又不之西，如是则只是中”的表述中是有精神专注的意思在的；持这种观点的学者大有人在，陈来先生如是说：“程颐讲的主一并不是专心于任何事物，这里的主一是指‘只是内’而言，并不是指专心绘画、专心商贾等活动，即使说，不要胡思乱想，要使意念集中在自己的内心，而不四处走作，这样存久自明。”[③] 这些解释都将程颐之“敬”解释为精神专一之意，事实也是如此，

---

① 唐君毅：《中国哲学原论·原教篇》，中国社会科学出版社 2006 年版，第 123 页。

② 张永俊：《二程学管见》，东大图书股份公司 1988 年版，第 140 页。

③ 陈来：《宋明理学》，辽宁教育出版社 1991 年版，第 106 页。

如果人的内心不能够专注，如何在人欲横流中澄明天理，成就审美的人格呢？可见，程颐的"主一"思想是相当复杂的，有的学者试图从多角度来解析程颐的"主一"思想，将其概括为三层意思："第一层意思，主一就是专心于一处，思想高度集中，心主一事，不能同时考虑两件事。换言之，人心不可二用，不可三心二意。第二层意思，要内心保持不偏不倚的绝对的中和状态，就一定要排除一切外界干扰，思想总是保持'中'，不东不西，不此不彼，就是所谓'无适'，不做作，能正心于内。第三层意思，外表上则整齐严肃。"①可以看出，与前面对程颐的"主一"的解释相比，这一解释更全面了，它既包括精神的高度集中，又指的是心灵的中和状态，不过"主一"主要是从人的内部心理的角度来解释，将其作为外表严肃应该不是"敬"的"主一"所应该包括的主要意义。

要获取程颐对"主一"的正确解释，还是要回归程颐本人对"一"的界定尚可。程颐说："或问敬。子曰：'主一之谓敬。''何谓一？'子曰：'无适之谓一。'"（《二程集·粹言》，卷第一）可见，程颐将"主"和"一"分开作了解释，"一"就是"诚"的状态，也即是精神高度集中、专注的状态，"主"就是有意之意。此有意即是用意：

> 问："敬还用意否？"曰："其始安得不用意？若能不用意，却是都无事了。"又问："敬莫是静否？"曰："才说静，便入于释氏之说也。不用静字，只用敬字。才说著静字，便是忘也。孟子曰：'必有事焉而勿正，心勿忘，勿助长也。'必有事焉，便是心勿忘；勿正，便是勿助长。"（《二程集·遗书》，卷第十八）
>
> 主于内则外不入，敬便是心虚故也。必有事焉，不忘，不要施之

---

① 金仁权、崔昌海：《二程与朱熹的主敬思想》，《东疆学刊》，2000 年第 1 期。

重，便不好。(《二程集·遗书》，卷第十五)

　　程颐严格地将"敬"与"静"区分开来，目的是避免陷入释氏之说，进而，程颐指出，"敬"乃是一种"勿忘勿助"的精神状态，而这种"勿忘勿助"正是成就审美人格的心境，当心中有事时，此时心主于事，心中主于事，心灵便能达到虚静的状态，如果心灵不能主于所来之事，就会被所来之事所牵绊，不能进入虚静状态，外物干扰而内心又不能虚静，自然会内外交困，进入一种天人、物我、内外限隔的"二本"状态，如此便不能成为圣人，达到与宇宙相通的自由境界。相反地，如果内心有主，即以"性"为主，让"性"来控制情感和欲望，自然就能够养成虚静的心境，也就是庄子所说的"坐忘"状态了："堕肢体，黜聪明，离形去知，同于大通"，①(《庄子·大宗师》)在此状态中，内心的焦虑、不安都消除了，人心回复到"性其情"的状态，纯任自然，自由自在，心与道一，性情中和，天人无间。程颐以水入壶中的道理进行比喻，程颐说："有主则虚，虚谓邪不能入。无主则实，实谓物来夺之。今夫瓶罂，有水实内，则虽江海之浸，无所能入，安得不虚？无水于内，则停注之水，不可胜注，安得不实？大凡人心，不可二用，用于一事，则他事更不能入者，事为之主也。事为之主，尚无思虑纷扰之患，若主于敬，又焉有此患乎？"(《二程集·遗书》，卷第十五)程颐以事例形象地说明"敬"在心性修养中的重要性，当心中有事时，即是指心灵所处的动的状态，在动的状态中，心要主于事，随事顺理，自然也就"忘物"了，在忘物的状态中，人感受不到任何外在的强迫，心灵自然安静平和，而这种心境正是道体流行发见的心境，一种成就审美人格的心境。

---

① 曹础基：《庄子浅论》，中华书局2007年版，第87页。

与动相对，当人静坐时，对于所来之的小事，则采取不见不闻的态度：

> 或曰："敬何以用功？"曰："莫若主一。"季明曰："昞尝患思虑不定，或思一事未了，佗事如麻又生，如何？"曰："不可。此不诚之本也。须是习。习能专一时便好。不拘思虑与应事，皆要求一。"或曰："当静坐时，物之过乎前者，还见不见？"曰："看事如何？若是大事，如祭祀，前旒蔽明，黈纩充耳，凡物之过者，不见不闻也。若无事时，目须见，耳须闻。"……"圣人之心，如镜，如止水。"（《二程集·遗书》，卷第十八）

由上可知，程颐的"主一"态度是当遇到事情时，就要主于事，当静坐时，则保持严肃认真的态度，处于"一种无对象的凝聚状态"。① 总之，无论是有事无事，"敬"都贯彻始终："敬则无间断，文王之纯如此。"（《二程集·粹言》，卷第一）有事时敬，无事时也敬，无时无刻不以性约束情，与程颢的自然而敬相比，程颐的"敬"多了些需要人有为而致的艰辛和努力："伊川对'敬'的解释，放在'主一无适''整齐严肃'的两方面来说，前者指道德意志力的贯注与专一，后者指严肃不苟的生活态度的自我约束。而明道先生论'敬'则不同了。明道先生的'敬'具有道德主体的自由自觉与道德形而上学的意义。"② 同为敬事，一则洒落，一则谨严，在工夫进路上亦呈现不同的气象风貌。

在程颐看来，虽然通过个体"动容貌""整思虑"可以入敬，但"敬"与人所处的环境也有很大关系，程颐在古今的对比中反复地对涵养的环境

① 温伟耀：《成圣之道——北宋二程修养工夫论之研究》，河南大学出版社 2004 年版，第 110 页。

② 张永俊：《二程学管见》，东大图书股份有限公司 1988 年版，第 252—253 页。

进行了强调，程颐说：

> 古人为学易，自八岁入小学，十五入大学，舞勺舞象，有弦歌以养其耳，舞干羽以养其气血，有礼仪以养其心，又且急则佩韦，缓则佩弦，出入闾巷，耳目视听及政事之施，如是，则非僻之心无自而入。今之学者，只有义理以养其心。（《二程集·遗书》，卷第十五）

> 古之学者易，今之学者难。古人自八岁入小学，十五入大学，有文采以养其目，声音以养其耳，威仪以养其四体，歌舞以养其血气，义理以养其心。今则俱亡矣，惟义理以养其心尔，可不勉哉！（《二程集·遗书》，卷第二十一上）

> 古人有声音以养其耳，采色以养其目，舞蹈以养其血脉，威仪以养其四体。今之人只有理义以养心，又不知求。（《二程集·遗书》，卷第二十二上）

> 古之人，十五而学，四十而仕。其未仕也，优游养德。无求进之心，故其所学，必至于有成。后世之人，自其为儿童，从父兄之所教，与其壮长追逐时习之所尚，莫不汲汲于势利也，善心何以不丧哉？（《二程集·粹言》，卷第一）

> 学莫大于致知，养心莫大于礼仪。古人所养处多，若声音以养其耳，舞蹈以养其血脉。今人都无，只有个义理之养，人又不知求。（《二程集·遗书》，卷第十七）

在古今环境的对比中，古代从各个方面都为人心提供了修养至善的环境，但今日与昨日已大不相同，舞蹈、弦歌、礼仪等这些通过耳濡目染的环境以养心的境况已经不再了，只有义理这一养心的途径，但人们又不知道追求，因此，程颐才反复地诉说日常生活中"动容貌""整思虑"的重要性，故而程颐有言："敬只是涵养一事。"（《二程集·遗书》，卷第十八）既然涵养人心离不开环境的影响，就应该对其给予特别的关注，程颐在给皇帝担任老师期间就已经意识到这一点并加以落实。程颐受太皇太后之命，任崇政殿说书一职，在辞让不获准的情况下，程颐上书陈述了三个方面的要求，程颐说："其一，以上富于春秋，辅养为急，宜选贤德，以备讲官，因使陪侍宿直，陈说道义，所以涵养气质，熏陶德性。其二，请上左右内侍宫人，皆选老成厚重之人，不使佼靡之物、浅俗之言，接于耳目，仍置经筵祗应内臣十人，使伺上在宫中动息，以语讲官，其或小有违失，得以随事规谏。其三，请令讲官坐讲，以养人主尊儒重道之心，寅畏祗惧之德。"（《遗书·附录》）程颐提出这三个方面的要求作为自己任职的先决条件，是因为他看到了涵养环境对于气质变化、心性培养的重要性。在此基础上，程颐指出："所谓辅养之道，非谓告诏以言，过而后谏也，在涵养熏陶而已。大率一日之中，亲贤士大夫之时多，亲寺人宫女之时少，则自然气质变化，德器成就。欲乞朝廷慎选贤德之士，以侍动讲，讲读既罢，常留二人直日，夜则一人直宿，以备访问。"（《二程集·文集》，卷第六）可以看出，程颐要求事事时时都让皇帝处于一个利于变化气质、涵养身心的环境，这样，经过"不断、多次跃升的历程，而天理之朗现亦是永不止息地开展呈现在人的道德体验之中"。① 积累久了，便自然能够豁然贯通，当然也会成就审美的人格。

通过对程颐"敬"的分析可以看出，程颐的"敬"有精神专注、外表严肃等内在美和外在美两个方面的要求，此"敬"被其弟子朱熹接续下来，"敬"经过朱熹的强调和发展，又增加了新意："敬非是块然兀坐，……只

---

① 温伟耀：《圣人之道——北宋二程修养工夫论之研究》，河南大学出版社 2004 年版，第 55 页。

是有所畏谨，不敢放纵。如此则身心收敛，如有所畏。"① 朱熹以"畏"来解释敬，使得程颐所论"敬"的含义更加丰富了，这种敬畏的状态可以使人始终处于"一种警觉、警省的清醒冷静的状态，始终目标纯一，不能有丝毫的松懈、怠慢和昏倦。……去人欲、存天理，'天人合一'之道德最高境界"。② 可以说，"敬"经过朱熹的发展，其含义更全面了，也使得"敬"成为了体悟天理、成就审美人格的必不可少的工夫路径和主体性要求。

程颐以成就"性其情"的审美人格作为自己的修养目标，认为要实现圣人的人格境界，需要从内在美和外在美两个方面严格要求自己，在言语行动、容貌声色、内在心灵状态等各个方面都尽善尽美，呈现内外皆美的审美人格。

总之，程颢通过"诚""敬"所达到的"勿忘勿助"，程颐由格物致知和"敬"之涵养的内外皆"敬"所养成的"闲邪"心境，都是一种道体流行发见的心境，是成就审美人格的主体性要求。

① （宋）黎靖德编：《朱子语类》卷第十二，王星贤点校，中华书局 1986 年版，第 211 页。
② 金仁权、崔昌海：《二程与朱熹的主敬思想》，《东疆学刊》，2000 年第 1 期。

第三章 "感通"论——审美发生论

"感物"理论是中国诗学传统中一个独特的范畴，它揭示了文艺创作过程中"心"与"物"之间的情感交流。这一理论经过六朝的发展，成为中国诗学特有的诗性智慧与审美体验方式，后世的"交感"思想无论角度如何，无一不受到这一理论的影响。二程的"感通"理论亦是"交感"理论的一种，它是在"感物"理论的基础上发展而来，是一种实现伦理本体的生命的发动。正是借助于"感通"，伦理本体获得了其现实的存在，"格物致知""诚敬存之"的修养论有了通达伦理本体的可能。"感通"理论突出了"心""物"关系中"心""情"的作用，对宋代及其以后的文艺表现和理论创作以深远的影响。探讨二程的"感通"理论，不能不对中国诗学的"感物"说传统予以关注。

第一节 "感物"说源流

二程的"感通"理论是在继承、发展前代"感物"说的基础上形成的。要探讨二程的"感通"理论，有必要对二程之前的"感物"说做一番回溯。

关于"感物"之"感"，《说文·心部》释"感"为"动人心也。从心，咸声"。这种解释说明"感"是心的发动，并有着此一发动是外部原因使然的潜在义。最早对"感物"理论进行探讨的是《周易》。《周易》体现了中国人理解世界的重要方法。《周易·咸卦》指出："《咸》，感也。柔上而刚下，二气感应以相与，止而说，男下女，是以'亨利贞。取女吉'也。天地感而万物化生，圣人感人心而天下和平。观其所感，而天地万物之情可见矣。"①《周易》认为天地间的一切都是阴阳二气感应的结果，正是阴阳二气的感应构成了丰富多彩的自然和人类社会，造就了天地万物丰富多彩的感性形象，也正是阴阳二气的有节律的运动，使得人和天地万物发生感应，这种感应实际上就是人心与物的感应，而人心与物的节律相符合，就会造成政通人和，天下太平。《周易》开启了后世关于心物感应关系的源头。

《周易》之后，对音乐和人之情感、社会关系进行系统论述的是荀子的《乐论》。荀子说，"夫乐者，乐也，人情之所必不免也，故人不能无乐。乐则必发于声音，形于动静，而人之道，声音、动静、性术之变尽是矣。故人不能不乐，乐则不能无形，形而不为道，则不能无乱。先王恶其乱也，故制《雅》《颂》之声以道之，使其声足以乐而不流，使其文足以辨而不諰，使其曲直、繁省、廉肉、节奏足以感动人之善心，使夫邪污之气无由得接焉。是先王立乐之方也"。②（《荀子·乐论》）这段话的意思是说，音乐是给人欢乐的东西，也是人的情感不可缺少的东西。人不可能没

---

① 周振甫：《周易译注》，中华书局1991年版，第110页。

② 《荀子》，方勇、李波译注，中华书局2015年版，第325页。

有欢乐，有了欢乐就要借助于音乐的形式将其表现出来，通过声音、举止等方式体现出来。音乐作为人之情感的表现必须有一定的节制和规范，如果没有节制和规范就会引起祸乱。古代的圣王担心祸乱的发生，所以创作了《雅》《颂》的音乐对人们进行合理的引导。音乐的创作要使歌声既能表达自身的快乐，又不至于淫荡，所用的表达语言能够阐明正确的道理而不显得花巧，让音律的节奏来打动人的善心，让邪恶肮脏的风气没有生长的土壤，这是古代圣王创作音乐的原则。荀子指出了音乐的产生和人的情感之间的关系，论述了情感与艺术的关联，并指出了音乐与社会治乱之间的关系，主张通过音乐节制人们的欲望，达到维护正常、合理社会秩序的目的。荀子在万物一"气"沟通的基础上，认为音乐对人心情感和社会所起的作用是通过对人之"血气"的影响实现的。荀子说："凡奸声感人而逆气应之，逆气成象而乱生焉，正声感人而顺气应之，顺气成象而治生焉。"[1]（《荀子·乐论》）意思是说，奸邪不正的音乐会引起人的血气混乱，中正平和的音乐则引起人的血气平和，指出了音乐通过影响人的血气来影响人的情感和社会治乱。

在荀子《乐论》关于人的情感和艺术的关系探讨基础上，《乐记》对艺术与情感的关系从"感物"说的角度作了深入的探讨，指出音乐的产生是人心感于物的结果。

《乐记》说："人生而静，天之性也。感于物而动，性之欲也。物至知知，然后好恶形焉。好恶无节于内，知诱于外，不能反躬，天理灭矣。夫物之感人无穷，而人之好恶无节，则是物至而人化物也。人化物也者，灭天理而穷人欲者也。"[2] 这段话强调了文艺创作中心物相互感应的方面。在

① 《荀子》，方勇、李波译注，中华书局 2015 年版，第 329 页。
② 《礼记·乐记》，《四书五经》（上），陈戍国点校，岳麓书社 1991 年版，第 566 页。

心物的相互感应中，一是来自物对人的感，一是人自身因为物感而动，进而将人之情感移至于物，物和人在此基础上进一步融合，这一过程正是心物情感交流的过程，这一段话开启了后代关于"感物"理论的讨论。对于感物的顺序，《乐记》作了这样的描述："乐者，音之所由生也，其本在人心之感于物也。"① 意思是说，音乐是人心感于物的产物，也即，"'音乐'的本质不在于'物'而在于'心'之'感物'。""'音'本是自然间客观生成之物，但在中国充满'情''感'生命的文化中，则生成于人之'心'。纯粹的物所生成的'音'，是不会有生命的，其原因就在于没有'心'所赋予的'情'；而没有'情'之'音'，人们是不会去关注和欣赏的。"② 音乐"本在人心"，虽然受物而感，但仍是从主体内部发源的；不过，《乐记》又说："凡音之起，由人心生也。人心之动，物使之然也。感于物而动，故形于声。"③ 这就在人心感物的基础向前推了一步，指出"人心之动"乃是外物使然，音乐是基于人心对世界的领会。总之，音乐生成于心、物之间的相互交流和共感的基础上，换句话说，作为"物"的客体作用于审美主体的人之"心"，然后产生了音乐。《乐记》中关于人心与外物之间情感交流关系的思考引发了后代关于"感物"理论的持久关注。此后，与"感物"相关的思想，就反复地在中国的文论和文学中得到各式各样的响应。事实上，"感物"理论中心物的情感交流是经过了冲突而后才达到一种和谐的状态。由《乐记》所开启的文艺创作中的心物或者情物之间的关系实际上是侧重于物对人心之感，物在这一关系中只是人的情感的一个诱因，是一种单向度的影响，其作用仅仅是引起人的情感的发生，而没有物与情之间的同步的双向交流感应。

---

① 《礼记·乐记》，《四书五经》（上），陈戍国点校，岳麓书社 1991 年版，第 565 页。

② 邹其昌：《朱熹诗经诠释学美学》，商务印书馆 2004 年版，第 70 页。

③ 《礼记·乐记》，《四书五经》（上），陈戍国点校，岳麓书社 1991 年版，第 565 页。

陆机在《乐记》心物关系的基础上，从四时景物与人心情感关系的角度对心物情感交流的特点作了论述。其《文赋》有云："遵四时以叹逝，瞻万物而思纷。悲落叶于劲秋，喜柔条于芳春。"①"遵""瞻"都说明心的发动皆是因外在的"四时""万物"的发动而动，正是在对外物的观赏中引发了主体情感思想的活跃，看到秋天的落叶就产生悲伤的情感，看到春天的柔条则会产生欣喜的感受。在心与物的关系中，陆机同样认为外在的四时自然景物是人们情感变化的源泉，外在之物依然是人们情感的引发之物，不过，陆机比《乐记》进步的地方在于他看到了四时景物与人类情感变化的对应关系，换言之，外在的四时景物不但是情感发动的源头，它与情感之间还有着交流对应，二者谐和共感，不过，此时的情感已经比之前的情感更为具体了，有了喜怒哀乐的丰富性。

在陆机之后，孙绰从心物交感的角度对心物关系作了论述，其《三月三日兰亭诗序》中说："情因所习而迁移，物触所遇而兴感。……闲步于林野，则辽落之志兴。……为复于暧昧之中，思萦拂之道，屡借山水，以化其郁结，永一日之足，当百年之溢。"②与陆机一样，孙绰也认为情绪、情感的变化是因四时及自然景物的触发而起，物对人的感情兴发起着重要的引发作用，但孙绰与陆机不同的地方在于：他突出了心物交流过程中情与物的互相作用，所谓"情因所习而迁移，物触所遇而兴感"，这与之前仅仅将外物作为情感的引发相比有了很大的进步。

刘勰在《文心雕龙·明诗》中表达了与《文赋》相同的思想，他说："人禀七情，应物斯感，感物吟志，莫非自然。"③这即是说，人有喜怒哀乐爱

---

① 叶朗总主编：《中国历代美学文库》（魏晋南北朝卷上），高等教育出版社2003年版，第163页。

② 叶朗总主编：《中国历代美学文库》（魏晋南北朝卷上），高等教育出版社2003年版，第289页。

③ （南朝）刘勰：《文心雕龙》，王志彬译注，中华书局2012年版，第58页。

恶欲之类的情感，这些情感遇到外物的触发就会发生感应活动，由于受外物触发产生"志"的抒发，是自然而然的。在心物关系上，刘勰开始由心物关系之前重物的方面转向对情感的侧重，而且明确地指出，此情感是一种有节制的情感："志"，也即"发乎情，止乎礼仪"的情感。关于心物的感应过程，《文心雕龙·物色》篇如是描述："山沓水匝，树杂云合。目既往还，心亦吐纳。春日迟迟，秋风飒飒。情往似赠，兴来如答。"① 心性本来是寂然的，但与物相交则触发出感情，"物"的存在成了"感"的条件。这一点与陆机是相通的，刘勰同陆机一样也注重心物感应过程中的相互交感的一面，认为感物是一个心物交相感的过程。《文心雕龙》不少地方对此一交相感的过程作了描述：

> 春秋代序，阳阴惨舒，物色之动，心亦摇焉。盖阳气萌而玄驹步，阴律凝而丹鸟羞，微虫犹或入感，四时之动物深矣。若夫珪璋挺其惠心，英华秀其清气，物色相召，人谁获安？是以献岁发春，悦豫之情畅；滔滔孟夏，郁陶之心凝；天高气清，阴沉之志远；霰雪无垠，矜肃之虑深。岁有其物，物有其容，情以物迁，辞以情发。(《文心雕龙·物色》) ②
>
> 原夫登高之旨，盖睹物兴情。情以物兴，……物以情观。(《文心雕龙·诠赋篇》) ③

刘勰所谓的"情以物迁，辞以情发"，"情以物兴"和"物以情观"，既强调了交感过程中起作用的"物"对情感诱发的一面，也强调了人之"情"

---

① （南朝）刘勰：《文心雕龙》，王志彬译注，中华书局 2012 年版，第 526 页。

② （南朝）刘勰：《文心雕龙》，王志彬译注，中华书局 2012 年版，第 519 页。

③ （南朝）刘勰：《文心雕龙》，王志彬译注，中华书局 2012 年版，第 92 页。

能动作用的因素，认为物也会因为所感之人情绪的变化而着上不同的色彩，认为审美创作只有在二者的相互作用下才能发生。正是对心、情和物之间的双向关注，使得人们的审美趋向也随之发生变化。

此外，与刘勰提出的"感物"说有异的，是钟嵘在《诗品序》中提出的"物感"说："气之动物，物之感人，故摇荡性情，形诸舞咏。"[1] 这就把"感物说"中物对人的情感触发点向前推进了一步，指出物动乃气之动的结果，人心感物实际上是人之性情受气之运动而发生变化，这在荀子《乐论》的基础上明确地将"气"作为"感物"论的源头，指出了心物相互感应的根本所在，为二程通过"感通"实现在有限中达到无限，天人相通的理论奠定了基础。在钟嵘之前的"感物"理论中，涉及的物一般指的是自然之物，但钟嵘则将所感之物的范围进一步扩大，从理论上明确地指出了社会事物亦是文艺创作的源头："若乃春风春鸟，秋月秋蝉，夏云暑雨，冬月祁寒，斯四候之感诸诗者也。嘉会寄诗以亲，离群托诗以怨。至于楚臣去境，汉妾辞宫；或骨横朔野，或魂逐飞蓬；或负戈外戍，杀气雄边；塞客衣单，孀闺泪尽；又士有解佩出朝，一去忘返；女有扬蛾入宠，再盼倾国：凡斯种种，感荡心灵，非陈诗何以展其义，非长歌何以释其情？"[2] 这即是说，不但"春风春鸟""秋风秋蝉""冬月祁寒"等自然之物是诗歌的本源，"楚臣去境""汉妾辞宫"等社会事件也可以成为感荡人的心灵的外在条件，引起人们丰富的情感变化。换句话说，不但自然事物是诗歌的本原，社会事物同样也是诗歌的源头，从理论上明确地将自然事物和社会事物都纳入"感物"之"物"的范围，是钟嵘在"感物"理论上的一大贡献。

源自《乐记》，其后在唐宋以前文论中不断发展的"感物"理论，仍

---

① 杨焄译注：《诗品译注》，上海三联书店 2014 年版，第 3 页。

② 杨焄译注：《诗品译注》，上海三联书店 2014 年版，第 21 页。

然没有达到后来"感物"美学思想的内在高度，在心物感应的关系中，"感物"论的侧重点依然是外在之物对情感的触发方面，尽管不乏情感与外物相互感发的光辉，亦有对情感的相当关注，但所感之情仍没有凸显中国诗歌以情为本的特色，正如李泽厚所指出的："中国古代的'乐'主要并不在要求表现主观内在的个体情感，它所强调的恰恰是要求呈现外在世界（从天地阴阳到政治人事）的普遍规律，而与情感相交流相感应。它追求的是宇宙的秩序、人世的和谐，认为它同时也就是人心情感所应具有的形式、秩序、逻辑。"① 对外部世界的关注，阻碍了内心生活开展的步伐，也直接影响并形成了对不同审美风格的追求。

在钟嵘之后，王昌龄提出"意兴"并对其进行了详细的论述。王昌龄有云：

> 凡诗人夜间床头，明置一盏灯。若睡来任睡，睡觉即起，兴发意生，精神清爽，了了明白，皆须身在意中。
>
> 凡诗，物色兼意下为好，若有物色，无意兴，虽巧亦无处用之。
>
> 诗有平意兴来作者，"愿子励风规，归来振羽仪。嗟余今老病，此别恐长辞。"盖无比兴，一时之能也。②

王昌龄虽然没有明确地从交感的角度论述，但其关于"意兴"和"物色"关系的描述通于心物的情感交流，在"物色"与"意兴"两者之间，更强调"意兴"的重要性，这意味着在心物关系中由外至内的转向。正是由于王昌龄对"意兴"的强调，使得人们将感性经验放在审美过程中异常

---

① 李泽厚：《华夏美学》（修订彩图版），天津社会科学院出版社 2002 年版，第 37 页。

② 转引自日弘法大师原撰：《文镜秘府论校注·南卷》，王利器校注，中国社会科学出版社 1983 年版，第 290 页、第 293 页、第 303 页。

重要的位置，也因此带来了表述方式和鉴赏方法上的变化。"从先秦至唐，诗思方式经历了从类比联想渐次向刹那直观演变的过程。比兴为古代诗歌创作的两种基本方法，它们是类比联想思维的产物。然而古代艺术水平最高的诗歌却并不以比兴见长。汉代以来，以古诗十九首为代表，体现了自然的变迁对诗思重大的感发作用。魏晋以后，在'声色大开'的背景下，'物感'的经验引导了感知优先于抒情的诗学倾向。田园诗和山水诗的出现即是证据。玄学和佛教转变了古人的时间意识，时间不再是客观存在的标志，而是空。空的时间意识为以静观动的刹那直观提供了基础。比兴不再必须。王维的山水诗以空观色，山水在刹那直观之下，成为纯粹现象。意境于是诞生。"① 在"意兴"和"物色"的关系中对"意兴"的突出和强调，预示着时代审美理想的转变，转向注重人内心情感的表达。

这种转变体现在文艺实践上，是由诗人对外在自然的关注到内在心意的抒发，画家大小李将军的大青绿金碧山水到王维的水墨，都是时代审美趣味发生重大变化的信息。与文艺实践相适应，文艺理论上也在发生转向，司空图的《二十四诗品》对诗歌风格的分类就是典型代表。司空图从注重外在表现和内心表现两个方面对诗歌的风格进行了划分，其中既有对外在意境的概括，如《雄浑》《豪放》《劲健》《悲慨》《高古》《飘逸》；也有对内在心绪的描述，如《冲淡》《纤秾》《绮丽》《典雅》《清奇》《沉着》《自然》《含蓄》《委曲》《疏野》《超诣》，但在这种描述中，已经暗示了一个信息，那就是心物的关系正由心物交感中的物作为人之情感的对应和象征转向对人内在情感的强调和关注，"感物"理论长期形成的注重外在意境的表现趋势正在转向对人之内心境界的开掘。正如有学者所概述的："司空图虽将诗歌风格析为二十四种，然今人读来，其二十四诗品却自有

---

① 张节末：《比兴、物感与刹那直观》，《社会科学战线》，2002 年第 4 期。

其共同精神，那便是对诗的欣赏由外而内，重内涵、重气韵、重象外象、意外意，总之倾向于含蓄蕴藉的隐秀一路。若'超以象外，得其环中'（雄浑），若'不着一字，尽得风流'（含蓄），若'如觅水影，如写阳春'（形容）。《二十四诗品》之外，司空图在其它地方更明确地提出了'味外之旨'（唐司空图：《与李生论诗书》）和'象外之象，景外之景'（唐司空图：《与极浦书》）的主张。一方面，一时代、一民族之审美必要待艺术创造成熟到一定地步，方可出现如此微妙的审美趣味；反过来，如此精细的审美趣味又是一时代、一民族之审美将要发生重大转变的微妙信息，此正开宋代审美精致化之先河。"① 这种转变的完成正是"感物"理论由外物作为情感对应和象征到外物作为人之内心情理表现工具这一重心发生变化的结果。

自唐代始，佛教思想盛行，"感物"思想亦受到佛学思想的影响，佛教视外部世界为"空"，催进了人们对内在心灵生活的关注。正是由于佛教的影响，"感物"理论的因物而感才真正发生转向，这种转向对"感物"理论达到真正的内在化、精神化至关重要。"交感"理论发展到宋代，在前代"感物"说的基础上得到了进一步的深化。宋代最早对"感物"理论进行探讨的是周敦颐和张载。周敦颐提出了"二气交感，化生万物"② 的观点，并提出"无欲""主静"等方法，这为二程"感通"理论的提出奠定了基础。

张载首先肯定了天地万物感应的普遍性："天地生万物，所受虽不同，皆无须臾之不感，所谓性即天道也。"③ 张载肯定了世间万物不曾须臾止息的相互感发作用，并将性与天道等同，从"心性"的角度探

---

① 薛富兴：《唐宋美学概观》，吉首大学学报（社会科学版），2006年第2期。

② （宋）周敦颐：《太极图说》，上海古籍出版社1992年版，第9页。

③ 《张载·正蒙·乾称篇》第十七，中华书局1978年版，第63页。

讨感应理论，给二程提出"感通"理论以很大的启发。张载还提出："感者性之神，性者感之体"①的看法，这即是说，"感"的根源在于事物内在的天性，"性"是能感者，是感应发生的潜在基础，二程"感通"理论的提出不能说与张载的这一观点没有关系，甚至可以说，正是张载从心性角度探讨"感物"理论，启发了二程对"感物"理论的看法，提出了"感通"说。张载对"感物"理论作出如是界定，"无所不感者虚也，感即合也，咸也。以万物本一，故一能合异，以其能合异，故谓之感。"②可以看出，在张载这里，万物都是"一"即"气"的产物，"气"一则自然万物能够共感，这为心物的共感提供了物质基础。所谓"感亦须待有物，有物则有感，无物则何所感！"③但张载仍然将"感"作为心物之两物相对而感，将感应的发生源头归之于外部之物，认为感应的发生是外物触动的结果，这与之前的"感物"说没有很大的不同。但张载之前关于心物感应发生的论述往往经过心物或是情感与外物之间相互摇荡的反复过程，而张载的感应发生则是瞬息完成，他说："感如影响，无复先后，有动必感，咸感而应，故曰咸速也。"④这里的"感"就不是自然的发生过程，而更多地具有了审美发生的意义，这一点在二程那里得到继承。总的来看，张载认为感应依然是发生在内心和外物之间的情感交流，这与之前的"感物"理论没有本质的区别。不过，其从"性与天道"的角度对感应理论的探讨给二程"感通"理论的提出以极大的启发。

综上可知，二程之前的"感物"理论有一个共同点，即都是"以物我

①　《张载·正蒙·乾称篇》第十七，中华书局 1978 年版，第 63 页。

②　《张载·正蒙·乾称篇》第十七，中华书局 1978 年版，第 63 页。

③　《张载·张子语录·语录上》，中华书局 1978 页，第 313 页。

④　《张载·横渠易说·下经·咸卦》，中华书局 1978 年版，第 125 页。

对峙为起点，以物我交融为结束"①，都是两物彼此外在而相感，认为人之情感是外在之物触发而动的结果，外在之物是文艺发生的源头，人之情感随物而动，感应的过程是心物之间情感交流的反复摇荡，以动荡冲突为显著特点，这成就了宋代之前的审美理想呈现出以壮美为尚的特色。

第二节 "感通"说的提出

二程的"感通"理论，建立在其理学思想之上，而其理学思想，又是借鉴佛教华严宗的"理事说"和大乘般若空宗的直观、"空观"建立起来的。二程在"感通"理论上达到的高度，得力于主体和世界融一（"道"）的理学思想。二程之前的"感物"理论，在心物之间的交流中侧重以外在之物为源头，人之情随外在之物而发生各种变化。换言之，二程之前的"感物"理论侧重的是心物交感过程中心物之间的对应和谐。与此不同，二程的"感通"理论更注重内心情感在交感理论中的作用。与"感物"的对象重在外物对情感触发的特点不同，二程的"感通"理论之对象重在内理和心性，这也就意味着审美创作的表现内容由于感的内容不同而发生质的变化，出现了真正内转的倾向。如果说"感物"论是物在外动人，人以自己的感情去度物，使物之变化与人的感情之间能够对应相合，心与物之间是一种以景寓情、借景抒情的关系的话；二程的"感通"论则不同了，它从人之心性的角度探讨心物关系，认为天地万物皆是一理的产物，万物通过气的中介成为具体的感性形象，自然界的万物都是"理"的感性形态显现，人作为万物中禀气之清者，以性之发动的情作为特点，正是在以"理"为

---

① 王元化：《文心雕龙创作论》，上海古籍出版社1979年版，第75页。

本的感性活动中，人通过阴阳二气的节律变化，将个人融入宇宙之中，心物共在，情理谐和，道通为一，超越有限的生命而达到永恒和无限，实现"浑然与物同体"的境界。从这个角度来看，二程的"感通"是一个侧重审美的概念，它为审美的主体论转向奠定了基础，开启了宋代以优美为尚的审美理想。

一、"感通"的普遍性

二程的"感通"理论是建立在万物一"气"流通的基础上的，在"理"自然生成万物的过程中，二程引入了"气"的概念，并进行了独到的阐发。

"气"沟通宇宙万有的思想在先秦时代就已经出现。《荀子·王制》有云："水火有气而无生，草木有生而无知，禽兽有知而无义，人有气、有生、有知，亦且有义，故最为天下贵。"[1] 这就将"气"作为万物构成的共同因素。《庄子·知北游》载："人之生，气之聚也。聚则为生，散则为死。……'通天下一气耳'。"[2] 这也是认为天下一"气"相通。

可见，古人很早就将"气"看作天地万物的共同质料，或是看作世界的本原。这些理论的相似之处在于：都以"气"作为中介来沟通万物。正是借助于"气"，实现了天人之间、物我之间的相互感应和情感沟通，成就了文艺创作借景抒情、情景交融的表现特点。在二程这里，"气"也是作为沟通"道"和万物的中介环节出现的。在二程的理学中，"理"（即"道"）是宇宙本体，万物作为"理"的显现，是具体现象，是本体之"理"的感性形态，二者的沟通是由"气"来完成的。从"理"经过"气"再到万物，即理—气—万物，构成了一个逻辑过程。但是，"气"作为一物何以能让

---

① 《荀子》，方勇、李波译注，中华书局 2015 年版，第 127 页。

② 曹础基：《庄子浅论》，中华书局 2007 年版，第 254 页。

作为宇宙本体的"理"显现为世界万物呢？二程在张载"气"本论哲学的基础上，继承了《周易》阴阳二气变动的学说和阴阳二气的缊缊交感化生万物的思想，接受了《周易》关于物乃"感"之生的观点，不过，二程在《周易》天地间物皆感之化生的基础上引入了"理"这一本体概念，认为天地万物无一不是由"理"感而化生，"理"是"感"而化生万物的本原。万物在"理"的基础上借助于"感"实现了彼此之间的沟通。

二程是在继承《周易》从作为万物化生根本的"气"的思想基础上讨论其"感通"理论的，将"感"作为生命的重要构成。二程有"凡气参合交感则生，不和分散则死"①的说法，实质上是把"气"的"感通"看作生命产生的基础环节。二程还说：

缊缊，阴阳之感。（《二程集·遗书》，卷第十五）

"缊缊"是阴阳相交化生万物的状态，又因为天地万物都是阴阳二气相互交感而生成的，二程便得出"天地之间，只有一个感与应而已，更有甚事"（《二程集·遗书》，卷第十五）的结论。

通过以上分析，我们可以看出"感通"理论在二程哲学中的重要地位。

二程把"感"看作生命产生的基础环节，从时间、空间角度将世界万有的根据归于感应（感通），指出了感应（感通）的普遍性：

天地之间，只有一个感与应而已，更有甚事？（《二程集·遗书》，卷第十五）

咸，感也。不曰感者，咸有皆义，男女交相感也。物之相感，

---

① （明）黄宗羲：《宋元学案·伊川学案》，中华书局1986年版，第630页。

莫如男女，而少复甚焉。凡君臣上下，以至万物，皆有相感之道。
物之相感，则有亨通之理。(《二程集·周易程氏传》，卷第三)

天地之间，感应而已，尚复何事？(《二程集·粹言》，卷第二)

这是对《周易》"感"的思想做出的阐释和发挥，从上面的这些材料
中可以看出，二程兄弟接受了《周易》关于天地间所有的事物皆是感应的
产物的思想，认为感应普遍存在于天地间，不但君臣之义可与人之情感发
生感应，自然万物亦可以与人产生情感的交流。而且，这种人与物之间的
情感交流不但在空间上无处不在，在时间上亦贯彻始终，《二程集》载：
"'感而遂通天下之故'，以其寂然不动，小则事物之至，大则无时而不
感。"(《二程集·遗书》，卷第三)这样，心物之间的情感交流就充斥了一
切时空，贯通了宇宙万有。在论述"感通"无时不在和无处不有的基础上，
二程指出"感通"普遍性的原因在于"天地间无一物无阴阳"，二程说："天
地之化，虽廓然无穷，然而阴阳之度，日月寒暑昼夜之变，莫不有常，此
道之所以为中庸。钻木取火，人谓火生于木，非也。两物相戛，用力极则
阳生。今以石相轧，便有火出，非特木也。盖天地间无一物无阴阳。"① 二
程从自然万物的角度指出了天人之间的"感通"现象，继承《周易》天地
万物皆是阴阳二气感应结果的思想并做了更为明确和系统的论述。但二程
对感应理论的论述与前人的观点有着侧重点上的不同，他们更注重"感通"
过程中主体情感的作用。为了突出主体情感在交感过程中的重要性，二程
还提出了一个"内感"的说法。

在《二程集》中，程颢和程颐在论述"感通"时有不少关于"内感"
意思的表述，如：

---

① (明)黄宗羲：《宋元学案·伊川学案上》，中华书局 1986 年版，第 592 页。

感而遂通，感非自外也。(《二程集·粹言》，卷第二)

"寂然不动，感而遂通"者，天理具备，元无欠少，不为尧存，不为桀亡。父子君臣，常理不易，何曾动来？因不动，故言"寂然"；虽不动，感便通，感非自外也。(《二程集·遗书》，卷第二上；虽未标明谁语，但黄宗羲将其归于《宋元学案·明道学案上》)

寂然不动，万物森然已具。感而遂通，感则只是自内感，不是外面将一件物来感于此也。①

由以上语录可见，无论是程颢还是程颐，都强调"感"的"非外"的一面，认为"感"的源头在内而非在外，甚至还提出过"内感"的说法。二程对感应论中"感非自外""内感"的提法无非是为了强调情感在"感通"理论中的重要性。虽然二程注重人的情感在心物"感通"中的重要作用，但在"感通"的发生中，仍需要借助于外物的触发。"又问：'喜怒出于外，如何？'曰：'非出于外，感于外而发于中也。'"(《二程集·遗书》，卷第十八)这即是说，喜怒哀乐这些表现于外的情感，是人心所自有，但这些情感是人受到外物的触动才产生。与"感物"理论相比，二程的"感通"论强调的是在心物的关系中，心、情比外物具有更主要的作用，情感比外物对于艺术活动的决定作用相对而言要显得更大些。

二程为了让人们对侧重情感的"感通"理论有进一步的了解，还列举了一些具体的事例加以说明。《二程集》记载的二程语录如："且如昔人弹琴，见螳螂捕蝉，而闻者以为有杀声。杀在心，而人闻其琴而知之，岂非显乎？"(《二程集·遗书》，卷第十八)二程此段话的意思是说，人们以为看到螳螂捕蝉这一具有杀气的自然现象才产生了关于杀气的心理感受，实

---

① (明)黄宗羲：《宋元学案·伊川学案上》，中华书局1986年版，第616页。

际的情况则是人心中先有杀气的心理感受，而后看到螳螂捕蝉这一自然现象，内心的感受与外在的事相发生交相感应，并在弹琴的时候表现出来。对于二程的"杀在心"的看法，认为人心先有杀气的心理感受才有"感通"的发生，是一种唯心主义的看法，实际上，在心物"感通"理论中，琴声作为"感通"的结果，是外物感发即见"螳螂捕蝉"这一现象所引起的人的情感反应的结果，"感通"的发生是需要外在的机缘的。程颐所举的这个例子恰好说明"感"之情乃是人心自有，只不过遇到合适的外部机缘，能够恰当地表现出来，程颐是为了突出"感通"理论中"情"的重要作用而对"感通"的发生条件外物进行了有意的回避。程颐的这则例子从人和自然事物的关系角度指出"感通"的发生乃是人心先有各种各样的情感形态，与具有同样情感形态的外物相遇时发生共感，但"感通"中人心情感对"感通"的发生更为重要。

不但人心与自然事物会发生"感通"，人类的一切社会事相亦能与人心情感发生感应。《二程集》载："阴阳运动，有常而无忒；凡失其度，皆人为感之也，故《春秋》灾异必书。"（《二程集·粹言》，卷第一）二程这段话的意思是说，天地间阴阳二气的运动是有节律的，表现为自然而无为的特点，但由于人之性情的干预，使得这种节律被打乱了，《春秋》正是为了纠正人们这种不正常的对自然的干预所做的警示。在心物的感应关系中，不是人之情感受到外在之物的影响，而恰恰是人的情感变化会对外在之物产生影响，这正说明文艺乃是人心情感的产物。另外的例子是："高宗只是思得贤人，如有贤人，自然应他感。"（《二程集·遗书》，卷第十八）程颐认为人之情感的变化会引起外在社会事相的变化的观点是唯心主义，实际上人的情感的变化也是由于外物的触发才会发生，而不会无中生有，程颐的这种观点同样是出于强调"情感"在"感通"中的主导地位所做的歪曲的解释。如果"灾异"一例说的是反面的"感通"现象的话，"思

115

得贤人"这个例子指的就是正面的人心"感通"现象，程颐认为先是人心内部有了对贤人的要求，才有贤人合于人心之感，此处也是强调"感通"理论中人心情感的重要性所做的唯心主义的解释。

程颐还从人事与自然现象相互感应的角度对情感在感应中的重要性作了描述，他说：

> 君修德则和气应而雨旸，若桓行逆德而致阴沴，乃其宜也。（《经说》卷第四）
>
> 臣闻水旱之沴，由阴阳之不和；阴阳不和，系政事之所致。是以自昔明王，或遇灾变，则必警惧以省躬之过，思政之阙，广延众论，求所以当天心，致和气，故能消弭变异，长保隆平。（《二程集·文集》，卷第五）

程颐前一段话的意思是说，君子修养德性达到一定的程度，就能呈现出中和之气，这种中和之气能够使雨天放晴，但如果人长久地违背德性要求行事就会招致灾害的发生，在人与外物的关系中，不是物影响人而是人影响物；这是由人而至于物来探讨心物关系中的心物作用，第二段则从物的角度入手，认为水旱灾害的产生，是由于阴阳二气不调和的缘故，而阴阳二气的不调和则是政事导致的，只有警惕自己的言行，时刻反省，才能呈现出中和之气，防止自然灾害的发生。这两段话虽然切入点不同，但都明确地指出外物的变化乃是人心所致，在心物关系中，不是外物决定人心的变化，相反地，是人心的变化会引起外物相应的反应。可以看出，程颐在心物的"感通"理论中为了突出情感的重要作用走向了唯心主义，实际上，是自然灾害和政事的混乱才引起了人心情感的反应和变化而不是相反，人心情感在"感通"理论中虽然有重要的作用，但仍然要依赖于外物对人心情感的触发才能有"感通"过程的完成。

可以看出，二程的"感通"理论突出了心物交感过程中心之情感的主宰作用，与"感物"理论将感应的发生源头归之于外物不同，二程"感通"理论更注重人心情感在交感发生中的重要作用，为了突出情感的重要作用甚至提出了人内在的情感变化决定外物的变化，认为只有与人的内在情感意绪相关的自然和社会现象才能进入感应的领域导致"感通"发生的唯心主义观点。

二、"感通"论的提出原因

从二程关于"感通"的理论和现象表述可以看出，他们关于"感通"的理论与前人有明显的不同：由注重心物交感中物对人之情感的触发转向注重人心情感在感应过程中的作用，即提出重视人之情感的"感通"论，二程为何要提出不同于前人的侧重情感的"感通"说呢？我们从以下几个方面来进行解析：

第一，在二程那里，"气"是"理"（即"道"）借以化生万物的重要媒介。

直接的真理是"理"，"理"的开阖便是"气"，而"气"是"二"，即一定是包含阴、阳两端的，这是"生生"的关键。

《二程集》载：

> 既曰气，则便是二。言开阖，已是感，既二则便有感。所以开阖者道，开阖便是阴阳。（《二程集·遗书》，卷第十五）
> 盖天下无不二者，一与二相对待，生生之本也。（《二程集·周易程氏传》，卷第三）

在二程看来，天下万物以"道"（"理"）为本，"道"产生阴阳二气，阴阳二气不断地生成变化产生万物，"气"作为万物共同的物质基础和感性呈现，自然能使万物之间发生感应，而"气"生生不已的节律特点为心物感应的发展提供了契机。既然万物都是"气"的产物，"气"内在于每一事物，所以事物在其内部就包含对待，事物本身即具有变化的根据，也就是说，事物自身即感（"内感"）。程颐为阴阳之气的循环运动找到了形而上的依据——"道"（"理"），"道"（"理"）既是支配"气"运动的内在依据，也是万物共同的本原，这说明程颐的"感通"理论是建立在其"理"一元论的基础上的，程颐关于"内感"的提法也正是在这个意义上理解的。

在二程以前，张载已经有"气"有二端，"二端故有感"的论述，但是，他却没能建立起注重情感的"感通"理论，原因就在于张载的"气"并非自己本身能感——并非自己能动。在张载的哲学思想中，"气"不是自身运动而是依靠一个第一推动力才能运动，这个最高原因就是——"神"。张载在《正蒙·神化篇》中说："神化者，天之良能，非人能；"[①] 一下子把运动的根据推给了一种外在的力量。对于人、物而言，"气"都是内在的，而"神"对于人和物而言都是外在的。张载说："惟神为能变化，以其一天下之动也。人能知变化之道，其必知神之为也。"[②]"鼓天下之动者存乎神。天下之动，神鼓之也，神则主乎动，故天下之动，皆神为也。"[③] 也就是说，天之所以能动的根本原因在于对"天"本身来说异在的"神"。因为将事物运动的根据放在事物之外，所以，尽管张载意识到气有二端，并且也意识到"气"能够"感"，但因为他认为"感"的动力在外而非在内，所以，他没能建立起注重情感的"感通"理论。

二程与张载不同，他们在事物本身寻找感的源头和运动的原因。《二

---

① 《张载·正蒙·神化篇》第四，中华书局 1978 年版，第 17 页。
② 《张载·正蒙·神化篇》第四，中华书局 1978 年版，第 18 页。
③ 《张载·横渠易说·系辞上》，中华书局 1978 年版，第 205 页。

程集》很多地方都有这种表述：

> 真元之气，气之所由生，不与外气相杂，但以外气涵养而已。若鱼在水，鱼之性命非是水为之，但必以水涵养，鱼乃得生尔。人居天地气中，与鱼在水无异。至于饮食之养，皆是外气涵养之道。出入之息者，阖辟之机而已。所出之息，非所入之气，但真元自能生气，所入之气，止当辟时，随之而入，非假此气以助真元也。（《二程集·遗书》，卷第十五）

程颐在此段文字中指出"气"是由"真元之气"所产生的，这种"真元之气"是一种不与外气相杂之气，且"真元之气"具有能生气的特点，它是外气（即外物）的根源。在二程的理学体系中，作为外物本原且具有"生"的特点的是最高本体"理"，由此，所谓的"真元之气"即是"理"，在"真元之气"和外气之间的关系实则是本体"理"与物的关系。"真元之气"既然相当于最高的本体"理"，它当然也是人气的源头：

> 若谓既返之气复将为方伸之气，必资于此，则殊与天地之化不相似。天地之化，自然生生不穷，更何复资于既毙之形，既返之气，以为造化？近取诸身，其开阖往来，见之鼻息，然不必须假吸复入以为呼。气则自然生。人气之生，生于真元。（《二程集·遗书》，卷第十五）

"人气之生，生于真元"即是说，人之气乃是"真元之气"的产物，人只要就自身考察即可得到"真元之气"，联合上段来看，程颐认为人乃"真元之气"所生，亦即人也是"理"的体现，但"真元之气"仍需要以外气涵养，亦即，"理"依赖于物来实现自己，由于二程认为"理"在心中，"理"对外物的依赖即人心和外物的联系，所谓"真元之气"不与"外气"相杂又要以"外气"涵养指的是在"理"与物的关系中"理"需要外物来体现自己，但与外物又不相同，转换到心物关系上，即外物虽然可以和人心发生一定的联系，但在人心和外物之间，人心内在的情感是具有决定性意义的。

从二程关于"感通"的基础"气"论可以看出，二程的"气"论与张载有着显著的不同。张载是把"气"看作自然物质之气的，虽然他也把天地万物看作是一"气"感生的结果，也看到了"气"分为阴阳二端，但是他是把人、物之气等同。张载说：

> 有两则须有感，然天之感有何思虑？莫非自然。①
>
> 有识有知，物交之客感尔。②
>
> 感亦须待有物，有物则有感，无物则何所感！③

从这些材料可以看出，在张载的哲学思想中，两物相感是一种自然的现象，"感"一定是两物相交才能发生，"感"发生的机缘在于外物的触发而非根源于人心，他侧重的是交感中物对人心的感发的一面。相比较而言，二程从"真元之气"寻找感应的源头，即从万物本原"理"的角度论述心物关系，确立了与"感物"论将感之源头归于外物触发的迥然有别的"感通"理论。

第二，从"感通"的认识对象看，二程明确地指出"感通"的对象

---

① 《张载·横渠易说·上经·观卦》，中华书局 1978 年版，第 107 页。

② 《张载·正蒙·太和篇》第一，中华书局 1978 年版，第 7 页。

③ 《张载·张子语录·语录上》，中华书局 1978 年版，第 313 页。

是"理"。

> 心所感通者，只是理也。知天下事有即有，无即无，无古今前后。(《二程集·遗书》，卷第二下)
>
> 圣人视亿兆之心犹一心者，通于理而已。(《二程集·周易程氏传》，卷第一)

可以看出，无论是程颢还是程颐，都非常确定地将其"感通"的对象或内容说成是"理"，而万物之理皆是一理。《二程集》载："格物穷理，非是要尽穷天下之物……所以能穷者，只为万物皆是一理，至如一物一事，虽小，皆有是理。"(《二程集·遗书》，卷第十五)又称："《易》之为书，卦爻象象之义备，而天地万物之情见。……散之在理，则有万殊；统之在道，则无二致。……故得之于精神之运，心术之动，与天地合其德，与日月合其明，与四时合其序，与鬼神合其吉凶，然后可以谓之知《易》也。"(《二程集·周易程氏传》)

即在二程看来，万物有一个共同的本原——"理"，它是万物中的"一"，人只有借助于精神的运动，心之情的发动，才能实现与宇宙之"理"相通。"理"是能够感而合一的哲学前提或基础。

程颐还从根源的角度进行进一步的界说，指出：

> 天下之理一也。涂虽殊而其归则同，虑虽百而其致则一。虽物有万殊，事有万变，统之以一，则无能违也。故贞其意，则穷天下无不感通焉，……感，动也，有感必有应。凡有动皆为感，感则必有应，所应复为感，感复有应，所以不已也。……君子潜心精微之义，入于神妙，所以致其用也。(《二程集·周易程氏传》，卷第三)

121

天下之物都是"理"的产物，正因为天下之理"一"，此理存在于天地万物之中，借助于"气"而呈现于万物，万物千变万化的样态即是"理"的感性显现，正是由于"理"实现了天人、物我间的"感通"。既然感应的发生是因为万物一理，这决定了此感只能是来自内部之感。作为本原的"理"是二程"感通"理论得以展开的出发点和归宿，而"感物"理论在心物的相互摇荡中去寻求一个感应的契合点，在这一充满动态平衡的感物理论中，感应的发生并没有共同的出发点，其感应的发生只能是由外物感人之情了。

第三，二程认为"感通"的发生是基于万物一理，感的对象是"理"，但对于此"理"所应归属的范围，二程的论述虽不尽相同，但都有将理放于心的言辞。

在程颢，"理"这一范畴与"道""仁""心"等基本等同。程颢明言："理与心一，而人不能会之为一。"（《二程集·遗书》，卷第五）程颢表述"理"的另一个概念是"仁"。他说："仁者，以天地万物为一体，莫非己也。认得为己，何所不至？若不有诸己，自不与己相干。"（《二程集·遗书》，卷第二上）也即是说，人要实现"万物一体"的境界，需要以自己作为感应的出发点，这样自然会导致感应的发生，相反地，如果不从自身出发而求感应的发生来实现天人合一，那是不可能的事情，此处明显突出了心物交感过程中情感的主导意义。程颐在心与物的感应关系上比程颢表述得更为明确："万物皆备于我。心与事遇，则内之所重者更互而见，此一事重，则此一事出。惟能物各付物，则无不可矣。"（《二程集·粹言》，卷第二）这即是说，万物都要以我为参照，当情感与外物相遇之时，与内心情感相应的事物会得到表现，心物关系中情感是第一位的，不是外物导致人心情感的变化而是正好相反。这种将感应的发生完全归之于人之情感的看法是程颐为了强调情感在感应中的重要性所做出的解释，但走向了唯心主义。

不管在"感通"中人心与外物相比人心情感处于多么重要的地位，都不能否认外物在"感通"发生中的机缘作用，程颐为了突出人心情感而有意绝缘外物的看法是极端荒谬的。不过，二程从"理"与"心"关系的角度说明在心物关系中"心""情"的作用要比外物更引起人们的关注是有着它的合理性的。

此外，程颐对"理"的归属也从与人结合的角度进行过探讨：

> 在天为命，在义为理，在人为性，主于身为心，其实一也。(《二程集·遗书》，卷第十八)
>
> 心生道也，有是心，斯具是形以生。(《二程集·遗书》，卷第二十一下)
>
> 天地以生物为心。(《二程集·外书》，卷第三)

在程颐，他一方面将心作为"理"的处所，另一方面赋予了心以生物的属性，并进而指出，"命""理""性""心"实际上是合一的。既然万物感应的源头在于其中所有的"理"，而"理"在人"心"中，二程"感通"理论也正是从这个层面来强调情感的主要作用。

"心"是"理"的处所，"理"通过"心"在人身上表现为"性"，程颐说：

> 受于天之谓性，禀于气之谓才。(《二程集·粹言》，卷第二)

这即是说，"性"是"天"赋予人的，而"天"就是"理"："自理言之谓之天，自禀受言之谓之性"(《二程集·遗书》，卷第二十二上)，"性"是"理"赋予人的。在"性""心""理"的关系上，程颐认为："心即性也。……在人为性，论其所主为心，其实只是一个道。"(《二程集·遗书》，卷第十八）"道"即"理"，在程颐看来，"心""性""道"是相通的。二程"感通"理论的发生是通过情感来实现的，二程的理学范畴中与"情"相关的范畴是"心性"范畴。关于三者的关系，程颐如此说："性之自然者谓之天，自性之有形者谓之心，自性之有动者谓之情，凡此数者皆一也。"（《二程集·遗书》，卷第二十五）"性"需要借助于"心"来实现，"心"的发动或"性"的发动表现为"情"，关于心之性情与"感通"的关系，程颐说："心一也，有指体而言者，寂然不动是也，有指用而言者，感而遂通天下之故是也。"（《二程集·文集》，卷第九）程颐认为心既指体也指用，"心"之体是"寂然不动"和其用"感而遂通"即指的是心兼性情的关系："利贞者分在性与情，只性为本，情是性之动处"（《二程集·遗书》，卷第二上），在二程看来，性是根本，情乃是性的发动。程颐的论述更为明确，他说："其本也真而静，其未发也五性具焉，曰仁义礼智信。形既生矣，外物触其形而动于中矣。其中动而七情出焉，曰喜怒哀乐爱恶欲。"（《二程集·文集》，卷第八）作为根本的性以静为特点，它是心之未发的状态，也即"寂然不动"的性，而情乃是性的发动，是外物触发才引起了人情感的发动，是"感而遂通天下之故是也"。无论是性还是情，都在人心之中，性之发动的情是触物而生，但由性所决定，这恰好说明了在心物关系之中，二程认为心之情感更具有决定作用，人只要修养自己的心性，顺乎心性的自然，即能"感而遂通"。

但问题在于，虽然人物皆有性，但物性不能推，而人则能推，借助于人性之推，才能使得万物各遂其性。《二程集》载：

> 横渠立言诚有过，乃在正蒙，至若订顽，明理以存义，扩前圣所未发，与孟子性善养气之论同功，岂墨氏之比哉？西铭理一而分殊，墨氏则爱合而无分。分殊之蔽，私胜而失仁；无分之罪，兼爱而无

义。分立而推理一，以止私胜之流，仁之方也。无别而迷兼爱，至于无父之极，义斯亡也。子比而同之，过矣。(《二程集·粹言》，卷第一)

在这里，程颐提出"分立而推理一，以止私胜之流，仁之方也。"认为"推"是"止私胜之流"的"仁之方"，也就是说，"推"是认识"理一"，避免"私胜"的办法，当然也是复性的途径。只有通过人之"推"，才能克服"兼爱而无义""无父"的弊端，明理存义，达到对"性善"的认识。这种"推"的过程实际正是由情而返性。

虽然万物皆是气化而生，受到内在之性的制约，而当性与气结合感而化生万物之时，既然化生，对于物和人本身而言，都是已成之性，如果能够不受阻碍地发挥本原之性，则此性必然不会与本原之性有何不同，对此，人所能做的只是顺其本然，无所造作，自然地让本原之性得以显现，这是程颢的看法，此时只需要人之自然无为即可，但程颢又指出，"人生而静以上不容说"，言外之意又否定了这一本原之性的现实存在，我们所见的便只有气禀之性即性之发动的情了。就程颐而言，由于他不承认本原之性的动，所以要化生万物，便只能靠人，人有一种物所不及的能力——"推"。

有学者指出两种"推"，一者是"生成论上的推"，一者是"溯源的推"。对于前者来说："'推'就是推扩开去。换言之，即是透过道德的自觉心，逐渐的把这个天地之'理'，全般实现出来。"[1] 这是生成论上的推。对于后者来说："推，就是类推及推论，是由'见闻之知'穷究物理，以求豁然贯通，以达于'德性之知'的物我一理。"[2] 这是溯源途径的推。无

① 张永俊：《二程学管见》，东大图书股份有限公司1988年版，第62页。
② 张永俊：《二程学管见》，东大图书股份有限公司1988年版，第197—198页。

125

论是哪一种类型的"推",都离不开人心的发动即情的干预,可以说,与此前的"感物"理论比较起来,二程的"感通"理论更多地强调了人心情感的主动作用。通过类推,使人和物的本原之性得以呈现。实际上无论是性之本原动静,对于物性而言,只是继承,对于人则有继承和发展,物不能自返其性,能够完成这一任务的是人,人的类推能力是回归本原之性的关键。当人与物接触时,其"推"的能力便尽情发挥,一方面从发生的角度而言,需要人之自我之情推之于物,另一方面从溯源的角度而言,也仍然离不开人之情的类推能力,离不开人,由此二程在"感通"理论中强调心之情感的重要作用。

二程"感通"理论对人心情感的关注作用源于佛教"空观"的影响。佛教大乘般若空宗认为,世界上的一切都是不真实的,自然物当然也是不真实的,既然一切都不真实,人就没必要执着于外在的现象,正确的做法是把自然事物看空,转向自己的内心,"借助神秘的直观以证成自身的佛性"①,在心物的关系中,认为心是唯一的真实存在,人们应该做到不执着于某一现象,而是把现象作为直观的机缘,让物归于心的控制。二程接受了佛教关于"空观"的观念,既然一切事物都是不真实的,人只有向自己的内心寻求,这也就是二程将"理"放之于心的原因。既然理在人心,二程从人心出发对"感物"理论进行新的阐发时提出了侧重人心情感的"感通"理论。这种侧重人心情感在感应中的重要性在二程关于"兴"的论述中也得到体现。

二程之前的"比兴"观念主要是以景物描写作为情感的对应和对政治教化起到美刺的作用,关注的是景物和人之情感的对应和象征,二程则主要从接受、兴起的角度谈"兴",《二程集》中有大量这样的表述:

---

① 张节末:《禅宗美学》,北京大学出版社 2006 年版,第 13 页。

《诗》可以兴。某自再见茂叔后,吟风弄月以归,有"吾与点也"之意。(《二程集·遗书》,卷第三)

古之学者必"兴于诗"。"不学诗无以言",故犹"正墙面而立"。(《二程集·外书》,卷第六)

《诗》者,言之述也。言之不足而长言之,咏歌之,所由兴也。(《二程集·经说》,卷第三)

古之人,幼而闻歌诵之声,长而识刺美之意,古人之学,由《诗》而兴。后世老师宿儒,尚不知《诗》义,后学岂能兴起也?世之能诵三百篇者多矣,果能达政专对乎?是后之人未尝知《诗》也。(《二程集·经说》,卷第三)

孔子提出的"兴于诗""兴观群怨"沉寂多时后在宋代又被重新提起,与二程所创立的注重心性修养的理学有密不可分的关系。在二程这里,"兴"多是由诗歌而兴起,注重诗歌对人的情感感发,强调诗歌对人心性修养的作用而不只是作为人之情感的对应和比附。程颐对"兴"的意义的解释是:"兴起其义。"《二程集》载:

夫子言"兴于《诗》",观其言,是兴起人善意。(《二程集·遗书》,卷第二上)

《诗》兴起人志意。(《二程集·遗书》,卷第六)

学之兴起,莫先于《诗》。(《二程集·遗书》,卷第十一)

学《诗》则诵读,其善恶是非劝戒,有以起发其意,故曰兴。(《二程集·外书》,卷第七)

为《诗》之义有六:曰风,曰赋,曰比,曰兴,曰雅,曰颂。……兴者,兴起其义,"采采卷耳,不盈倾筐,嗟我怀人,置彼周行",是

也。(《二程集·经说》,卷第三)

这些说法中,"兴"的含义都是兴起其意或起发其意的意思,即是针对"兴"在心性修养中的作用来论的。在"兴"的问题上,二程的主要贡献在于强调了"兴"在心性修养中的作用,这与前人着眼于追求人之情感和外物的对应是不同的。在此基础上,程颐指出了"兴于诗"的原因和条件。

《二程集》载:

> 古者"兴于《诗》,立于礼,成于乐",如今人怎生会得?古人于《诗》,如今人歌曲一般,虽闾里童稚,皆习闻其说而晓其义,故能兴起于《诗》。后世,老师宿儒尚不能晓其义,怎生责得学者?是不得兴于诗也。……古之成材也易,今之成材也难。(《二程集·遗书》,卷第十八)

这是认为古者"兴于诗"的原因在于社会环境和风俗习惯,并指出后世诗歌"不得兴于诗"的原因在于环境、习惯变迁导致的"不能晓其(诗)义"这一现实情况。

二程还认为:"'兴于诗'者,吟咏性情,涵畅道德之中而歆动之,有'吾与点'之气象。"(《二程集·外书》,卷第三)也就是说,能够"兴于诗"的人,可以让自己的性情得以涵养,并自然而然地具有圣贤气象。这实际上明确指出了"兴"在感发人性情中的作用。

二程的"感通"理论改变了"感物"说将感应的发生归之于外物感召的结论,在感应的发生中强调人之性情的重要作用,在心物关系中,心之性情的主宰作用空前提高了。自此,对人的情感、心境意绪的关注成了文学和艺术理论的特色，时代审美理想也由对外在意境的关注转向了对人心灵世界的关注，"汉唐追求外在的审美意境转向了对主体内心形上境界的挖掘和开拓"①。正是由于注重心物感应过程中心之性情的重要作用，引发了宋代及其后世对内在心性意绪的关注。

第三节　审美"感通"论的特点

在二程之前的"感物"理论中，主要着眼于外物对人心情感之感动作用的一面，即便是有心物情感交互的发生，也仍然是由外物的触动作为源头，心物情感关系中强调的是二者对应的一面，而二程"感通"理论则在前人感于一气流通的基础上，将"感"的源头推之于"理"和"性"，即，必有能感之理和能感之性，感应才会发生。二程论"感通"，是从人心之感开始的，是人心情感的变化导致外在事物的变化而不是相反，也就是说，在心物的关系中，是人心处于主宰地位和决定作用，这一新的阐发，使"感物"理论在经过漫长的对外在物镜的追求后，转向了对人之心境意绪的关注。

二程"感通"说的理论内涵十分丰富，具体说来可作如下分析：

第一，二程"感通"说具有明显的内在自足性特点。

二程的"感通"理论与前人"感物"说的不同在于非常注重"感通"中人心情感的主导作用，对于人心之感，二程强调其内在心性的特点，这一特点是在对"感通"分类的基础上建立起来的。《二程集》载：

---

① 邹其昌：《论朱熹的"感物道情"与"交感"说——朱熹诗经诠释学美学审美创作旨趣研究》，《江汉论坛》，2004 年第 1 期。

在此而梦彼，心感通也；已死而梦见，理感通也。（《二程集·粹言》，卷第二）

将"感通"分为"心感通"和"理感通"两种类型，是二程对"感通"理论的一个重要贡献。就"心感通"来说，所感对象属于现实世界，是现实世界里两种现存事物之间的"感通"；"理感通"则不然，感者与感的对象一个在此岸世界，另一个则在彼岸世界，感者与被感者虽然绝无接触的可能，但依然可以通过"理"达到彼此"感通"。在"感通"的这两种形式中，"心感通"是一种现实存在的事象，是从心而发的感应现象，心在感应中具有优先地位；"理感通"是一种超越的体验，"理感通"内在于"心感通"，它需要借助于心之"感"方能实现其相应状态。实际上，"心感通"和"理感通"在本质上是一致的，都要经过心之发动方能使得这一感应现象得以发生。不管是"心感通"还是"理感通"，都是从人心发动而后有物应之于心的情感变化，人内在的情感变化才是感应发生的关键是二程"感通"论的特色。无论是"心感通"还是"理感通"，都是建基于"理"的普遍性上的。所以，二程说：

心所感通者，只是理也。（《二程集·遗书》，卷第二下）

这是从感知基础而言的，但是，从感知手段而言，两种"感通"却又都是通过"心"进行的。

杨定鬼神之说，只是道人心有感通。（《二程集·遗书》，卷第二上）

这说明二程认为"理感通"需要通过"心"才能实现，"心"在"感通"理论中的主宰作用可见一斑。由此，"理感通"和"心感通"实际上也可以一致地称之为"心感通"，因为说到底，"理感通"仍是一种超越的心理体验，它的最终实现仍然离不开"心感通"，"理感通"和"心感通"说到底就是：以"理"为基础，以"心"为途径的"感通"，这与之前的"感物"理论将感应的发生源于外物触动的观点是截然不同的。二程的"感通"说认为感应的发生是人心之动的结果，是从人心为起始，即便是没有外物的触发亦能发生，它是自足的、内在的。这种对外物触发的忽视是唯心主义的，心物的情感交流是一个双向发生的过程，二程只强调"感通"中情感的先行和主导作用是有待商榷的，物在感应中尽管与情感相比相对次要，但也不是可有可无的。

　　第二，二程的"感通"论与前人"感物"说之侧重点不同。

　　刘勰、钟嵘的"感物"理论，有一个共同点，那就是均强调外物触发人的感觉或者人、物相互间的触发，此感应的过程充满了动荡、冲突。二程的"感通"理论则特别强调"心""情"在感应过程中的重要性。上面列举的听到弹琴感觉杀声的例子，说的就是"感通"中强调情感重要性发展到极端的例子，甚至有将"感通"的发源地归于内心的倾向，表现出明显的唯心主义。无论是"感物"还是"感通"，在心物的关系中，"感觉有待于外物，外物与感觉相比，外物是第一性的，感觉是第二性。而且人的感官是能够给与客观世界的"。①外物作为感应发生的机缘，不是可有可无的。

　　二程之前的"感物"理论认为感应的发生只是在两物接触时，如《乐记》说："人生而静，天之性也。感于物而动，性之欲也。"②认为"性"

---

① 傅小凡：《宋明道学新论——本体论建构与主体转向》，社会科学文献出版社2005年版，第79页。
② 《礼记·乐记》，《四书五经》（上），陈成国点校，岳麓书社1991年版，第566页。

须"感"才会动,是物触动人才"感",感应的源头在于外物。刘勰《文心雕龙·明诗》说:"人禀七情,应物斯感,感物吟志,莫非自然。"①还是把"应物"作为"感"发生的条件。钟嵘《诗品序》说:"气之动物,物之感人,故摇荡性情,形诸舞咏。"②将"感"的发生奠定在"气之动物"的基础上,仍然是以物质性的外在之"气"作为感应发生的前提。这些关于心物关系的感应理论,都将物对人的感知作用置于人的情感之前,是物之变化决定了人之情感的波动,但物与人之间何以会发生共感,或者没有探讨,或者言之不详,张载在前人"感物"理论的基础上,从阴阳二气的角度探讨了感应现象。张载意识到了事物自身的差异性——包含阴阳二端。

在张载那里,感应首先是建立在同一性或差异性的基础上的,"物无孤立之理,非同异、屈伸、终始以发明之,则虽物非物也;事有始卒乃成,非同异、有无相感则不见其成,不见其成则虽物非物,故一屈一伸相感而利生焉"。③这段话的主要意思是说:同异、有无的差异性,是物得以"感"的基础。所以,"感之道不一:或以同而感,圣人感人心以道,此是以同也;或以异而应,男女是也,二女同居则无感也;或以相悦而感,或以相畏而感,如虎先见犬,犬自不能去,犬若见虎则能避之;又如磁石引针,相应而感也。若以爱心而来者自相亲,以害心而来者相见容色自别。'圣人感人心而天下和平',是风动之也;圣人老吾老以及人之老而人欲老其老,此是以事相感也"。④

此处,张载虽然清楚地看到了"感"是相同性质或相异性质的事物间

---

① (南朝)刘勰:《文心雕龙》,王志彬译注,中华书局2012年版,第58页。
② 杨焄译注:《诗品译注》,上海三联书店2014年版,第3页。
③ 《张载·正蒙·动物篇》第五,中华书局1978年版,第19页。
④ 《张载·横渠易说·下经·咸卦》,中华书局1978年版,第125页。

的关系，但是，也正是这种将"感"的基础架设在"两物"之上的倾向，将感应的发生看作外事对人的感应，感应的源头在外而非内。他认为感的发生一定是存在于两物之间："有两则须有感。然天之感有何思虑？莫非自然。"①他把"感"看作自然物质现象，将"圣人感人心而天下和平"看作"风动之也"，人心情感的变化乃是外物作用的结果，所以，张载的感应理论仍属于"感物"说。就感应的基础来说，张载把"神"看作运动的原因，他说："鼓天下之动者存乎神。天下之动，神鼓之也，神则主乎动，故天下之动，皆神为也"。②"神化者，天之良能，非人能。故大而位天德，则穷神知化。"③"神德行者，寂然不动，冥会于万化之感而莫知为之者也。受命如响，故可与酬酢；曲尽鬼谋，故可与佑神"，④借助于"神"，"气坱然太虚，升降飞扬，未尝止息，《易》所谓'絪缊'，庄生所谓'生物以息相吹''野马'者与！此虚实、动静之机，阴阳、刚柔之始。浮而上者阳之清，降而下者阴之浊，其感通聚结，为风雨，为雪霜，万品之流形，山川之融结，糟粕煨烬，无非教也"。⑤正是因为万物变化的原因在于外部的"神"，是"神"为事物的运动提供了力量，这种运动性就成了从外部加予的。也就是说，张载认为万物之气由"神"而动，万物本身也是由"神"而化生的，这就不可能对主体的情感在感应过程中的作用进行充分的认识和尊重。

二程与张载不同，明确地提出"心所感通者，只是理也"。(《二程集·遗书》，卷第二下）指出"感通"的对象是"理"，从而把"感物"理论推进

① 《张载·横渠易说·上经·观卦》，中华书局 1978 年版，第 107 页。

② 《张载·横渠易说·系辞上》，中华书局 1978 年版，第 205 页。

③ 《张载·横渠易说·系辞下》，中华书局 1978 年版，第 219 页。

④ 《张载·正蒙·大易篇》第十四，中华书局 1978 年版，第 49 页。

⑤ 《张载·正蒙·太和篇》第一，中华书局 1978 年版，第 8 页。

到偏重主体情感的"感通"说。二程认为，宇宙世界本就存在着"感"的可能性。《二程集》有这样一句："'寂然不动，感而遂通'，此已言人分上事，若论道，则万理皆具，更不说感与未感。"（《二程集·遗书》，卷第十五）也就是说，"道"是永恒的存在，与"感"或者"未感"没有关系，但从"人分"上看，"道"的存在，是可以通过人心之"感"觉察的。对于这一感应现象，程颐作了这样的描述："絪缊，交密之状。天地之气，相交而密，则生万物之化醇。醇谓酝厚，酝厚犹精一也。男女精气交构，则化生万物，唯精醇专一，所以能生也。"（《二程集·周易程氏传》，卷第三）在这里所描述的万物化生，是建立在"交密"的基础上的，所谓"交密"，指的是阴阳二气相互作用的状态。阴阳二气作用而生男女，男女结合产生万物，万物本身是人精气交构的产物，它们之间发生感应现象只能是从人开始，对此感应二程命之为"内感"，从人心寻找感应的根源地也就顺理成章了。

二程"感通"论与"感物"说在感应起点上的不同导致了其感应过程的不同表现，在"感物"理论中，感应的过程是经过动荡、冲突而后获得和谐，它并没有对"感"的发生的心理状态做出严格的要求和详细的探讨，而"感通"理论则是在人心虚静的状态下获得的心性自足完满的状态，是一种不经过冲突直接达到的和谐状态，此点在后面"感通"的发生过程会有专门论述。

第三，二程的"感通"论比前人的"感物"说更加重视"感"之万物化生的意义。

程颐有云："凡气参和交感则生，不和分散则死。"[1]

这说明气的交感对于事物的存在与否是根本性、决定性的。并且，在二程哲学中，不断地"感"和"应"是事物得以生生"不已"的途径。《二

---

[1] （明）黄宗羲：《宋元学案·伊川学案上》，中华书局1986年版，第630页。

程集》载:"感,动也,有感必有应。凡有动皆为感,感则必有应,所应复为感,感复有应,所以不已也。"(《二程集·周易程氏传》,卷第三)阐发了感应的循环是万物化生原因的思想。

二程还进一步指出:"动"是"感"的主要特点之一,"动"即是生命意义的体现。前人也将"动"看作"感"的特点,但是,二程将"感"的根据建立在事物自身差异的基础上,他们所强调的"动"就不是什么"神"的推动,而是事物自身的运动了。在二程以前的哲学思想中,"感"的发生离不开物。譬如张载,就明确地说:"感亦须待有物,有物则有感,无物则何所感!"① 二程则将感应的发生建基于人心之上,认为正是人心之动才使得感应过程得以产生和完成,在生生不已中人从有限的个体生命融入无限的宇宙生命之中,实现了心物之间、天人之间的感应相通,情境交融。

第四,"咸速"——"感通"的刹那直观性特点。

"感物"理论的一个显著特点先从物感人开始,而后人产生各种情感的反应,然后心物之间实现一种情感的交流沟通,这一感应过程有着时间上的持续性特点,而二程的"感通"论则点出了感应的美学特色——刹那直观性,这一"感通"的刹那直观性在张载那里就已经提及,张载说:

感如影响,无复先后,有动必感,咸感而应,故曰咸速也。②

在张载看来,"感"与"应"的关系就好比影响,没有先后,同时发生,体现了当下即显的特点,感的对象和感者之间不必像"感物"理论那样寻求在主体情感上的对应,而是在当下情境中心物契合,融通无间。

---

① 《张载·张子语录·语录上》,中华书局 1978 年版,第 313 页。
② 《张载·横渠易说·下经·咸卦》,中华书局 1978 年版,第 125 页。

二程在张载的基础上，对"感通"的刹那直观性用形象的语言进行了描述，《二程集》载：

> 阴阳开阖，本无先后，不可道今日有阴，明日有阳。如人有形影，盖形影一时，不可言今日有形，明日有影，有便齐有。（《二程集·遗书》，卷第十五）
>
> 寂然不动，万物森然已具。感而遂通，感则只是自内感，不是外面将一件物来感于此也。[1]

对于感应的发生特点，二程用"形影""感而遂通"等词加以描述，这说明此感应的发生是一种即感即通的状态，《二程集》称之为"咸速"。在这种状态下，人在瞬间进入即感即应的状态，实现心物全然契合，情境交融，不知何者为我，何者为物的境界。这种心物全然契合、道通为一的即感性即超越的状态，是一种整体的审美观照和审美体验，与"感物"理论所需要的物来感人和人应物感的反复过程比较而言，二程的"感通"理论直通美学，它在刹那间发生，具有直觉性的特点，此直觉性使得"感通"说没有了"感物"理论在动荡中求均衡的雄大、奋进、向上的壮美特色，而更多呈现出宽和闲静、温婉纤媚的优美特点。

第五，"感"的愉悦性。

二程的"感通"理论不但迅即发生，即感即通，而且以愉悦性为外在表现。程颐对《周易》的咸卦从愉悦性的方面进行了详细的阐发和论述：

> 咸，感也，以说为主；恒，常也，以正为本。而说之道自有正

---

[1] （明）黄宗羲：《宋元学案·伊川学案上》，中华书局1986年版，第616页。

也，正之道固有说焉：巽而动，刚柔皆应，说也。咸之为卦，兑上艮下，少女少男也。男女相感之深，莫若少者，故二少为咸也。艮体笃实，止为诚慤之义。男志笃实以下交，女心说而上应，男感之先也。男先以诚感，则女说而应也。（《二程集·周易程氏传》，卷第三）

在这段文字中，"说"通"悦"，即是说，"感"以愉悦为主。"感"的愉悦状态，在二程哲学中的描述是"和气充浃"，理想的"感"，是人的情感处于"发而皆中节"的中和状态之时的"感"。《二程集》载："其造于约也，虽事变之感不一，知应以是心而不穷；虽天下之理至众，知反之吾身而自足。其致于一也，异端并立而不能移，圣人复起而不与易。其养之成也，和气充浃，见于声容，然望之崇深，不可慢也；遇事优为，从容不迫，然诚心恳恻，弗之措也。"（《遗书·附录》）至此，"感"便由先秦的自然之感变成了具有美学意蕴的范畴。

二程的"感通"理论与"感物"说相比更强调心物关系中情感的重要地位，肯定了心物关系中"心"的主宰作用，认为人心情感的发动使得感应过程得以产生和完成，在此人心生生不已的感应中，个体有限的生命融入无限的宇宙之中，实现了心物之间的情境交融，这种情境交融当下即现，以愉悦性为显著特色。

第四节　审美"感通"的发生流程

二程的"感通"理论强调人心与外物接触中"心"的主宰作用和地位。二程认为，审美主体的情感决定了心物之间的审美关系的建立与否，在心物关系中，"心"是具有优先地位的因素，只有内心"诚敬"，保持一种适于接受外物的审美心境，才能在心与外物接触时达到有"感"即"应"的自然状态，心物谐和，从而使审美过程得以顺利进行。

在二程对"感通"理论的发生论述中，他们通过"'万物皆备于我'，此通人物而言"（《二程集·遗书》，卷第二下）这个命题说明了人心在感通中的重要地位。在这一方面，二程的论述略有差异。对于程颢而言，"人心"和"物"本来就分有了"天理"，所以，"感"的发生只是人心发动与物相接，即，养成"诚敬"的虚静心境自然会"感即应"；对程颐来讲，其"理"与程颢"理"在"气"中之"理"不同，是一种抽象的存在，所以，在"理"与"气"结合化生万物的过程中，未必皆能归正，这就需要人从内外两面加以检约，这当然离不开人的"诚敬"之心性修养工夫，以形成审美接受的心境，保证审美的顺利发生。

二程之前的"感物"说更多地强调外物对于人心的感召作用和情感的影响，但在二程这里，感应的发生中内心具备感之条件显得更为重要，也就是说，感应的发生需要一种安静平和的审美心境来保障。

对于"感"的条件，二程有如下论述：

> "祖考来格"者，惟至诚为有感必通。（《二程集·遗书》，卷第十一）
>
> 又问："王祥孝感事，是通神明否？"曰："此亦是通神明一事。此感格便是王祥诚中来，非王祥孝于此而物来于彼也。"（《二程集·遗书》，卷第十八）

可以看出，无论是程颢还是程颐，都把内心之"诚"作为"感通"的主要条件或主体条件，认为只有人内心处于一种虚静的状态，才能有感应的发生。而在感应的发生中，与"诚"相应的词即是"静"，"静而后能照"(《二程集·遗书》,卷第十八),人只有具备了虚静的心理状态,才能在"天人本无二"的大前提下使"理"这一存在得以澄明,产生有感必通,感即应的审美过程。

《二程集》载:

> 心兮本虚,应物无迹。(《二程集·文集》,卷第八)
>
> 人心虚,故物能感之。(《二程集·周易程氏传》,卷第四)

可以看出,程颐将心灵的虚静作为感应的发生条件,这里所谓"心虚",与老子"致虚极,守静笃"①(《老子·十六章》)和庄子的"圣人之用心若镜,不将不迎,应而不藏,故能胜物而不伤"②(《庄子·应帝王》)一样,都是去掉意见、情绪、成见的蒙蔽所达到的一种心灵虚静的状态,人心至于虚静的状态,就能凝神静观,超越现实种种外物的负累和人心的私欲,达到一种自由的感受至美至乐的审美心态。所谓"气质沈静,于受学为易。"(《二程集·粹言》,卷第二)就是要在心灵虚静的状态下来获得关于事物的本质直观之意,"感通"的发生亦是在虚静的状态下对"理"的本质直观。但问题是,如何才能使人心达到虚静的状态呢?二程将"思"作为心灵实现"致虚静"的必由之路,《二程集》载:

> 学原于思。(《二程集·遗书》,卷第六)
>
> 学者要思得之,了此,便是彻上彻下之道。(《二程集·遗书》,卷第十四)

---

① 陈鼓应:《老子注译及评介》,中华书局2009年版,第121页。
② 曹础基:《庄子浅注》,中华书局2007年版,第95页。

为学之道，必本于思，思则得之，不思则不得。(《二程集·遗书》，卷第十四)

"为学"在二程并不是单纯的学习，因为二程"为学"的最终目的是"学至于乐则成矣"。(《二程集·遗书》，卷第十一) 意思是说，人生的目的是通过修养、体验来获得人生之乐。因此，在二程看来，此"学"不是认识而是修养、体验，在此修养、体验中，"思"被放到了非常重要的地位上，为何呢? 程颐指出："学莫贵于思，唯思为能窒欲。曾子之三省，窒欲之道也。"(《二程集·遗书》，卷第二十五) 之所以对"思"如此重视，是因为"思"能消解欲望对人的束缚，另外，"天人之际甚微，宜更思索"。(《二程集·遗书》，卷第十八) 天地之"道"非常精微，亦需要人心反思方始见得。而且，"人心至灵，一萌于思，善与不善，莫不知之"。(《二程集·经说》，卷第八)"思"成了人心能否至"诚"的重要条件。此"思"的发生只能是来自人内心性之发动的情，可以看出，要获得虚静的审美心境，需要主体反思的参与。

可以看出，二程"感通"理论对"思"给予了特别的关注，更多地突出了主体在整个感应过程中的重要作用，而心虚静了，感应的发生依然需要外在的机缘，也就是说，要使本源于心的"感"得以发生，也需要外在的机缘："大抵须有发端处，如画八卦，因见河图、洛书。"(《二程集·遗书》，卷第十五) 亦即"感通"的发生也是心物之间的情感交流和沟通，与"感物"说不同之处在于，"感通"理论中"心"在心物感应过程中具有更重要的地位，但是，这一心物感应的发生也要遇到合适的机缘即与人之内心情感相应的外物的触发才能实现。"感通"是在人心虚静的状态下发生，在人心虚静的状态下，心物的对立消失了，主客体的对立在此消隐了，从而达到人心顺适万物的状态，也即"物各付物"的境界，一种天理

140

流行、人欲净尽的天人合一境界。

"物各付物"的理论最早见于庄子。《庄子·齐物论》有云:"昔者庄周梦为胡蝶,栩栩然胡蝶也。自喻适志与!不知周也。俄然觉,则蘧蘧然周也。不知周之梦为胡蝶与?胡蝶之梦为周与?周与胡蝶则必有分矣。此之谓物化。"[1]"物化"即是一种"物各付物"的状态,庄子的这种思想后来被邵雍继承,演变成"以物观物"观。

邵雍关于"以物观物"的典型观点如下:

> 圣人之所以能一万物之情者,谓其圣人之能反观也。所以谓之反观者,不以我观物也。不以我观物者,以物观物之谓也。既能以物观物,又安有我于其间哉?[2]
>
> 潜天潜地,不行而至,不为阴阳所摄者,神也。
>
> 任我则情,情则蔽,蔽则昏矣。因物则性,性则神,神则明矣。
>
> 以物观物,性也;以我观物,情也。性公而明,情偏而暗。[3]

由上可知,邵雍的所谓"以物观物"乃是以性观物,"以我观物"则是以情观物,如果以个人之私情去观天地之物,就会被自己的私情所蒙蔽,不能实现天人合一,如果以性观物,则能"体验到物我一体、我中有物、物中有我、我即是物、物即是我的一种大快乐,是超越小我、超越尘俗、超越物欲的纯净无伪之乐"。[4] 由此,邵雍的"以物观物"是从物我

---

① 曹础基:《庄子浅注》,中华书局 2007 年版,第 33 页。
② (宋)邵雍:《观物篇》六十二,《皇极经世书》卷十二,卫绍生校注,中州古籍出版社 2007 年版,第 506 页。
③ (宋)邵雍:《观物外篇下》,《皇极经世书》卷十四,卫绍生校注,中州古籍出版社 2007 年版,第 528—529 页。
④ 李春青:《宋学与宋代文学观念》,北京师范大学出版社 2001 年版,第 206 页。

一体出发使人进入澄明之境，而"以我观物"则是从物我对立的观点出发观物，"要观物而又不为物所牵引，就必须放去自我，不以情欲之心观物，放弃对物的占有利用欲望，初虚其心，继而以心为物，站在物的地位观物，这时，我与物一道达到一种宇宙的高度"。[①]但邵雍自始至终并没有说明如何可以"以物观物"，而二程则从"思"的角度给出了具体的方法，并从"天理"的角度对"以物观物"的可能进行了论证，提出了"物各付物"的观点：

> 万物皆备于我。心与事遇，则内之所重者更互而见，此一事重，则此一事出。惟能物各付物，则无不可矣。（《二程集·粹言》，卷第二）

在二程看来，在心物关系中，心之情感具有优先的地位，当心之情与外物、外事相遇时，那些与人内心情感相符合、对应、一致的事物才会进入审美主体的视野，只有从天下无一物非我的角度出发，才能消解心物的对立，使得万物各遂其性，各尽其情。天下无一物非我的"物各付物"的状态并非以我之私情观物，恰好相反，它是审美主体摆脱了一切外在的羁绊，所达到的一种"无我"的状态：

> 不以己待物，而以物待物，是谓无我。（《二程集·粹言》，卷第二）

所谓"无我"，即是没有平常知识、欲望的羁绊，在"无我"的状态中，万物各遂其理，"各得其所"：

---

① 张法：《中西美学与文化精神》，北京大学出版社 1994 年版，第 299 页。

夫有物必有则，父止于慈，子止于孝，君止于仁，臣止于敬，万物庶事莫不各有其所，得其所则安，失其所则悖。圣人所以能使天下顺治，非能为物作则也，唯止之各于其所而已。(《二程集·周易程氏传》，卷第四)

这种万物"各得其所"的状态即是各按其"理"而存的状态，也即是庄子的"物化"、邵雍的"以物观物"状态，不过二程把邵雍没有说清楚的"以物观物"从天人合一的角度进行了说明，在二程看来，"物各付物"是因为"以道观之"，从"道"的角度观物即是真正的"物各付物"，这种状态就像风吹动竹子一样：

风竹便是感应无心。如人怒我，勿留胸中，须如风动竹。(《二程集·外书》，卷第七)

程颐以风吹动竹子这样一个实例来说明"感通"的主体性消隐状态，风动竹的例子恰好说明程颐对物我采取的是一种"以物观物"的审美观照。

如果说二程的"感通"理论是"以物观物""物各付物"的话，那么，二程之前的"感物"说则是"以我观物"，"以我观物"由于物我的对立而使得整个感应过程充满着动荡和对立，而"以物观物"则从天人一体的角度来观心物，心与物的对立在此消失了，此感应的过程与"感物"论相比是一种平静和谐的状态，并以"成乐"作为其最终的结果，它比"感物"论更加关注主体的内心体验，自此，尚思辩疑，对人的内心意绪的关注成为宋代及其后世文艺关注和表现的重点。

纵观整个二程的"感通"理论，可以看出，二程的"感通"理论与"感物"说相比更加注重心物交感过程中心灵的虚静、无欲状态，而主静的心理状态使得宋代以前儒学所特有的那种对客体世界的开拓精神渐变萎缩了，对外在事功的追逐兴趣渐然失去，"天行健，君子以自强不息"的具有壮美特点的君子人格逐渐隐去了，代之而起的是一种在理想与现实的冲突中寻求心灵上的淡泊和宁静的处世态度，以及追求心灵安然、自适、平和的"圣贤气象"的优美人格理想的风尚。

第五节　"感通"理论的美学影响

二程"感通"理论的提出，形成了在心物关系上与"感物"说不同的看法，由于"感物"理论是在心物的动荡、冲突中获得一种动态的和谐，它所关注的是人之外的物质世界，反映在人的情感倾向上，就是一种建功立业的开拓气魄；而"感通"理论由于是在心灵虚静的条件下对心物关系采取了一种静观的态度，导致了它对内心生活给予了更多的关注，与"感物"说影响下形成的对建功立业的外向追求不同，"感通"理论更多的是要追求一种心性自足、安然自适的内心生活。"感物"说和"感通"理论的不同也反映在对文艺实践的探索和文艺理论的探讨上。

首先，在文艺实践上，注重主体情感的"感通"理论的出现，使得文学的表现样式发生了很大改变，宋代出现了新的文学体裁——词，相比于诗歌对格律的严格要求而言，词的长短不一的形式更适合表现人的内心情感，并形成了与诗歌迥然有别的婉约柔丽的风格特色。已有学者看到了这种变化所在，指出："唐之盛主要表现为各门类古典艺术均衡发展，量与质同时繁荣，唐代审美总体上体现为宏阔张扬，青春壮丽。宋代审美之盛既表现为对唐代审美成果之全面继承，更表现为古典艺术审美形式、趣味、

144

手法之精致化，词即其典型代表，总体审美风格体现为内敛柔丽。"① 而词的内敛柔丽的风格的形成与"感通"理论的提出是有着内在的关联的。而"唐诗主情，宋诗主意"② 的不同趣味亦不能说与二程的"感通"理论无关。

除了文学体裁的变化，二程"感通"理论的影响在绘画这一艺术形式中表现得尤为突出。宋代的山水画和唐代相比，有了明显的变化，表现在：在表现手法上，宋代的山水画中的树、干、叶的描绘没有了唐代的精描细写，而是用模糊处理的手法来表现，造成或葱郁苍翠或荒寒寂凉的效果，景物成了人的心灵的象征和暗示，模糊处理的目的恰是突出对人之心情意绪的表现。在颜色的表现方面，唐代以石青、石绿为主，在颜色的转折处附以金色提醒，具有炫人眼目的强烈效果，这种对颜色的处理方法容易使人产生支离感，山是山，树是树，截然有别，过渡突兀，这种表现似在有意提醒鉴赏者关注自然景物，着力表现的是外在的世界；而宋代的山水画在青绿山水的基础上吸取了王维的水墨画法，造成山水浑然一体的效果。当然，同是水墨山水，唐代的王维在技法上给宋人以极大的启示，正是在王维的基础上，宋代表现山水的技法才变得日趋完备。正是由于王维和宋代山水画派的努力，写意画的出现才成为可能，而写意画的出现亦与"感通"理论影响带来的对人的心理关注有关。被称为南宋四家的李唐、刘松年、马远、夏圭是南宋著名的山水、人物画家。与对山水精描细写的唐代山水不同，他们的绘画着意表现的是人的心灵，其中马远的山水画画面简略，几乎没有全景，故而被人称为"马一角"。将大量的表现空间留给人的心灵，这也是与"感通"理论有一定关联的。如果说山水画的变迁有其内在的写意倾向的话，以写实为主要特色的花鸟画也受到"感通"理

---

① 薛富兴：《唐宋美学概观》，吉首大学学报（社会科学版），2006 年第 2 期。

② 徐复观：《中国文学精神·宋诗特征试论》，上海书店出版社 2004 年版，第 404 页。

论的影响，追求笔墨的应用，力图在生动写真中追求"意似"，让观者在观摩之中领悟无穷的趣味。可以说，中国艺术在宋代较为注重形似、诗意的特色与二程"感通"理论的提出是有内在关联的。

其次，在文艺理论上，自二程之后，与文艺实践对人心灵的关注相适应，对"感"之理论的关注重点开始强调其主体性特征。"理学家对'交感'之感性特征的强调，更加突出了'交感'理论中的'心''情'对'物'的建构意蕴。"① 这种强调和转向即与二程"感通"理论的提出有关。二程"感通"理论中对情感的重视在后世文论家那里得到不同程度的认同和发挥。

李梦阳《梅月先生诗序》中指出："天下无不根之萌，君子无不根之情，忧乐潜之中而后感触应之外。"② 人之忧乐的情感是早已潜在于人心之中，当遇到与之相对应的外物时就会有感应的发生，肯定了内心忧乐在心物感应关系中的优先地位。

谢榛《四溟诗话》卷三论情境时说："观则同于外，感则异于内"③，意思是说，虽然人们遇到相同的外在事物，但内心由此产生的情感并不相同，这充分说明了在心物关系中情感的决定地位。

由上可知，二程"感通"理论的提出引发了后代对主体情感在感应发生过程中的重要地位的讨论和继承。李贽的"童心说"、汤显祖的"情真说"、公安三袁的"性灵说"、明代中后期的"神韵说"等不能说与二程侧重主体情感的"感通"理论的提出完全无关。

最后，伴随着"感通"理论的转向所引发的人们对心物关系侧重点的变化，文艺呈现出不同的风格，作为对风格差异现象的反馈，文论中出现了对壮美与优美风格的探讨、总结。宋代严羽认为："诗之品有九：曰

---

① 邹其昌：《朱熹诗经诠释学美学研究》，商务印书馆 2004 年版，第 72 页。
② 陈良运主编：《中国历代诗学论著选》，百花洲文艺出版社 1998 年版，第 647 页。
③ 谢榛：《四溟诗话》（卷三），宛平校点，人民文学出版社 1961 年版，第 69 页。

高，曰古，曰深，曰远，曰长，曰雄浑，曰飘逸，曰悲壮，曰凄婉。其用工有三：曰起结，曰句法，曰字眼。其大概有二：曰优游不迫，曰沉着痛快。"①"优游不迫"对应的即是优美的风格，而"沉着痛快"则是壮美的表现，这可以看作"壮美"与"优美"的另一种说法。清代的姚鼐在前人的基础上对壮美、优美的风格进行了系统的总结和阐述，建立了一套较为完整的文学风格论。姚鼐在《复鲁絜非书》中说："其得于阳与刚之美者，则其文如霆，如电，如长风之出谷，如崇山峻崖，如决大川，如奔骐骥；其光也，如杲日，如火，如金镠铁；其于人也，如凭高视远，如君而朝万众，如鼓万勇士而战之。其得于阴与柔之美者，则其文如升初日，如清风，如云，如霞，如烟，如幽林曲涧，如沦，如漾，如珠玉之辉，如鸿鹄之鸣而入寥廓；其于人也，漻乎其如叹，邈乎其如有思，暖乎其如喜，愀乎其如悲。"②姚鼐采用比喻的方法，将阴柔与阳刚两种风格作了较为生动、清晰的描述，从形象、气势、语言表达、艺术效果等方面指出了两种风格的差异。其后的王国维从心物交感过程的角度将优美与壮美两种风格归为无我之境和有我之境，《人间词话》云："有我之境，以我观物，故物皆著我色彩。无我之境，以物观物，故不知何者为我，何者为物。"③其中"有我之境"指的是"感物"理论中的心物交感状态而言的，而"无我之境"则是侧重主体情感的"感通"理论中的心物交感状态，这两种状态表现为动静的不同。《人间词话》又云："无我之境，人唯于静中得之。有我之境，于由动之静时得之。故一优美，一壮美也。"④"无我之境"，是一种审美主体内心平和、恬静的情感状态，"静"是这种情感的典型特点，在心灵的虚静之时，心灵既已静如止水，则外物的感发亦不会在心理上引起轩然大波，其心理感受自然也就表现得恬静、平和，这即是，"'静'中之景，内心情感的平静冲淡表现在景物的描写上，使得景物也同样显得悠然恬静，这时的景物可以说是趋于自在的"。① 静中的景物呈现出令人心旷神怡的、宁静悠长的优美特色。而"有我之境"则是一种内心不能得到平静的心物动荡冲突的情感状态，是心物交感中物对人的感发不止的状态，因为感发不止，才有复杂的心灵反应，呈现为壮美的特点。

综上可知，二程"感通"理论的提出，对文艺实践和理论各个方面都产生了广泛而深远的影响，形成了后世崇尚重审美主体情感抒发、重恬然自适、宁静平和的优美风尚。

总的来说，二程的"感通"理论由"感物"说的自然发生转变到审美发生，与"感物"说中主张在心物双方动荡、冲突的反复中感知优于抒情、外物先于主体的特点不同，二程的"感通"理论对人之心性情感给予了足够的重视，在心物关系中，"感通"理论更加重视主体情感在感应发生中的主导地位，它关注的是在人心虚静的状态下获得心性的自足完满，是一种不经过冲突直接达到的和谐状态，这种和谐状态是在心物本然合一的情况下发生，它比"感物"说少了更多的动荡，多了许多的平和，动荡所造成的对雄大、奋进、向上的壮美君子风格的崇尚逐渐转向对安静、自适、自足的内心追求，一种与此相适应的温婉、宽和、柔静的优美风格在二程"感通"理论的发展中坚实地站稳了脚跟。

---

① 方向：《"有我之境"与"无我之境"辨》，《安徽文学》，2007 年第 11 期。

第四章 "圣贤气象"论——人格美论

　　人格作为一个词义丰富、使用广泛的词汇在不同的学科中有不同的所指。《现代汉语词典》从三个角度对人格进行了界定：一是从心理学的角度对人格进行的界定，认为人格指的是人的性格、气质、能力等特征的总和，它包括心理特征和心理个性两个方面；二是从伦理学角度对人格进行的界定，认为人格亦即个人的道德品质；三是从法律的角度对人格进行的界定，认为人格是人的能作为权利、义务的主体的资格。本文所使用的人格范畴，主要是从伦理学的层面来界定的，指人格的道德规定性，强调的是人的道德品质、道德水准、道德境界等。本文所探讨的人格美即是一种个体人格在道德上所达到的境界而言的。冯友兰先生在《中国哲学简史》中将人格的境界分为四等：顺应自己本然习性的自然境界，追求实际利害的功利境界，以"行义"作为行事原则的道德境界，超越世俗、追求"天人合一"的天地境。①这四种境界中，理学家所讨论和关注的是道德境界和天地境界，这两种境界正是"孔颜乐处"和"圣贤气象"所对应的境

---

　　① 冯友兰：《中国哲学简史》（插图珍藏版），新世界出版社 2004 年版，第 298 页。

界。"孔颜乐处"和"圣贤气象"都是一种人修养至善所达到的精神的愉悦，但两者的侧重点不同，"孔颜乐处"偏重道德满足所获得的精神愉悦，而"圣贤气象"是个体修养至天理至善和人生至乐后在仪礼举止、视听言动上呈现出来的精神风貌。尽管存在着这种差异，但"圣贤气象"和"孔颜乐处"都体现了道德境界和审美境界的完美结合，要探讨二程的"圣贤气象"理论，须从"孔颜乐处"入手。

第一节　"孔颜乐处"的源流

"孔颜乐处"是宋代对先秦儒家学者孔子和颜回"安贫乐道"精神的总结。它作为对《论语》中孔子和颜回"安贫乐道"精神的推崇，是一种超越富贵所达到的高度充实、平静、愉悦的身心和谐状态。孔子死后，孔门一分为八，孔子、颜渊"安贫乐道"的精神在汉代被奉为儒家最高的人格精神和道德境界，直到北宋时期的周敦颐让学生程颢、程颐思考孔颜"所乐何事"，"孔颜乐处"成为理学家共同关注的话题。

《论语》中关于孔颜之乐的描述著名的有两段：

> 子曰："饭疏食饮水，曲肱而枕之，乐亦在其中矣。不义而富且贵，于我如浮云。"① (《论语·述而》)
>
> 子曰："贤哉，回也！一箪食，一瓢饮，在陋巷，人不堪其忧，回也不改其乐。贤哉，回也！"② (《论语·雍也》)

---

① 杨伯峻：《论语译注》，中华书局 2006 年版，第 80 页。
② 杨伯峻：《论语译注》，中华书局 2006 年版，第 65 页。

由上可知，"孔颜乐处"的探讨总是和环境密切联系在一起的，而且并不会因为环境的艰苦而改变其所乐。为何在艰苦的环境中孔颜依然能自得其乐？他们何以能乐？是因为他们有自己所乐的对象，此对象即是"道"。对此，孔子说：

> 知之者不如好之者，好之者不如乐之者。① （《论语·雍也》）

此处孔子所谈的"之"，郭勉愈、巩璠先生如此解释：

> 这里的"之"，可以理解成"道"。知道有"道"，但是并不喜爱它，人和道是疏远的。喜欢"道"，并且去追求它，这就比前者高一个层次了。更高的层次是发自内心的挚爱道，达到人与道合一的程度，这样就能体会到真正的快乐。②

徐复观先生也认为：

> "知之""好之""乐之"的"之"字，指"道"而言。③

看来，学者大多认为孔子、颜回所乐的对象是"道"，"孔颜乐处"亦即探讨孔子、颜子乐道的问题，是在求道得道后所获得的一种精神的愉悦和满足。此处的"道"实际上是一种人生志向和理想：

---

① 杨伯峻：《论语译注》，中华书局 2006 年版，第 68 页。
② 郭勉愈、巩璠编著：《人之为仁——走进儒家的〈论语〉》，北京师范大学出版社 2007 年版，第39 页。
③ 徐复观：《中国艺术精神》，华东师范大学出版社 2001 年版，第 8 页。

> 颜渊季路侍。子曰："盍各言尔志？"
>
> 子路曰："愿车马衣轻裘与朋友共敝之而无憾。"
>
> 颜渊曰："愿无伐善，无施劳。"
>
> 子路曰："愿闻子之志。"
>
> 子曰："老者安之，朋友信之，少者怀之。"①（《论语·公冶长》）

此处所涉及的"志"的问题，是一种人生理想，实也是孔子终生为之奋斗的"道"的问题。此"道"在孔子那里更确切的名称实际上是"仁"，此"仁"即是一种道德修养所达成的理想人格。

要成为仁者，孔子认为必须以依仁而行的礼作为行动的依据和规范，即所谓"克己复礼为仁"②（《论语·颜渊》），并提出"非礼勿视，非礼勿听，非礼勿言，非礼勿动"③（《论语·颜渊》），要求人们在视听言动等一切方面都符合礼的规范，由礼而达仁，礼是通往仁者的必由之路，正是在礼的规范中人们达到了一种道德的人格境界，并因这种道德的满足而获得一种愉悦和自由。人通过修养达到仁者的境界，无论外在环境如何，他们都不会改变自己的快乐，这种不为外在的事物所动而体现出的"富贵于我如浮云"的气概演变成了一种宝贵的精神境界，得志遵礼而后乐，《论语》中作了如是描述：

> 叶公问孔子于子路，子路不对。子曰："女奚不曰，其为人也，发愤忘食，乐以忘忧，不知老之将至云尔。"④《论语·述而》

---

① 杨伯峻：《论语译注》，中华书局 2006 年版，第 58 页。

② 杨伯峻：《论语译注》，中华书局 2006 年版，第 138 页。

③ 杨伯峻：《论语译注》，中华书局 2006 年版，第 138 页。

④ 杨伯峻：《论语译注》，中华书局 2006 年版，第 81 页。

这即是说，人达到此道德境界后，就会忘记世俗的一切束缚，超越世俗的一切羁绊，从而在心理上获得一种宁静的快乐和享受。而且，要达到此一"不知老之将至"的快乐境界，不是一蹴而就的，它有一个积累的过程：

子曰："吾十有五而志于学，三十而立，四十而不惑，五十而知天命，六十而耳顺，七十而从心所欲，不逾矩。"① （《论语·为政》）

在孔子人生修养的15—70岁的历程中，只有到了七十岁时才能够达到这一境界，而且此境界尽管有"从心所欲"的自由，但依然是在不逾矩这一限定内发生，这说明在孔子眼中，所谓的圣人获得的自由依然是有限度的，是求仁而至仁的道德的满足和快乐，一种道德生命的充实所获得的愉悦。

与孔颜之乐密切相关的，是《论语》中关于曾点之志的描述。孔子曾经让自己的学生各言其志，其学生子路、冉有、公西华都从治国的角度论述了自己的志向，而曾点的志向则与他们有着很大的不同，曾点对自己志向的表达是：

"莫春者，春服既成。冠者五六人，童子六七人，浴乎沂，风乎舞雩，咏而归。"夫子喟然叹曰："吾与点也！"② （《论语·先进》）

曾点的意思是，自己希望在暮春三月，换上春服，约上五六个成年人，带上六七个童子，一起去沂水里洗澡，在舞雩台上吹吹风，然后一路唱着歌返回。孔子听完曾点的表述后，发出了"吾与点也"的赞叹。在此

---

① 杨伯峻：《论语译注》，中华书局2006年版，第13页。
② 杨伯峻：《论语译注》，中华书局2006年版，第135页。

段文字中，曾点带着五六个成年人和六七个童子一起去沂水沐浴，沉浸于自然风光中自由自在，体现了人与社会、人与自然的和谐，这种和谐的境界即是一种审美的境界，"所谓'吾与点也'之意，就是物我两忘，天人一体，把自己完全融化在自然界，超然物外，达到了超功利的美学境界"。① 这种对曾点的境界归为超功利的美学境界是有其合理性的，不过，曾点之所以能在艰苦的条件下依然乐其所乐，是因为心中将成"仁"这一外在目的作为依据，其所获得的快乐是一种道德的快乐，是一种在遵循儒家之"仁"的过程中所达到的一种道德审美境界。而审美境界与道德境界的完全融合，到了二程那里，才得到了充分的阐释和完美的结合。

不过，"孔颜乐处"是人通过修养达到道德境界所获得的一种快乐，孔子的这种由道德修养所达成的道德审美境界表现为一种君子的人格理想，孔子在《论语》中多处对君子人格进行了描述和欣赏。孔子在《论语·泰伯》中说："大哉！尧之为君也。巍巍乎！唯天为大，唯尧则之。荡荡乎！民无能名焉。巍巍乎！其有成功也。焕乎！其有文章。"此处，孔子用"大""巍巍""荡荡""焕"等赞美尧的功业和德行，体现了一种气势磅礴的人格境界，体现为壮美的特点。孔子关于此具有壮美风格的君子有明确的描述，孔子说过："刚、毅、木、讷近仁。"②（《论语·子路》）这即是说，"君子"人格具有阳刚、自强不息的特点，而且，君子还具有坚毅的风范，所谓"三军可夺帅也，匹夫不可夺志也"③（《论语·子罕》）就是坚毅的君子风范的最好表述，而"志士仁人，无求生以害仁，有杀身以成仁"④（《论语·卫灵公》）则表现出君子大义凛然的风范和气魄。另外，在

① 蒙培元：《理学范畴系统》，人民出版社 1989 年版，第 511 页。
② 杨伯峻：《论语译注》，中华书局 2006 年版，第 161 页。
③ 杨伯峻：《论语译注》，中华书局 2006 年版，第 108 页。
④ 杨伯峻：《论语译注》，中华书局 2006 年版，第 184 页。

《论语》中，还有大量关于君子风范的描写，它们都是孔颜之乐的道德人格境界的一种体现。再者，就孔子一生不断的求仕之路而言，也体现了其对君子风格的践履。孔子对于圣贤和君子的态度，也是以君子为尚。《论语·述而》有云："圣人，吾不得而见之矣；得见君子者，斯可矣。"① 这即是说，孔子认为在理论上虽然有成为圣人的可能，但现实生活中是很难做到的，这就否决了人人通过学习成为圣人的可能，故而孔子将成为君子作为自己的理想。可以说，虽然孔子有"吾与点也"的感慨，但他更欣赏的是以壮美为特点的君子风范。

孟子在孔子论"仁"的基础上，将"仁"化为人生而有之的"性"："恻隐之心，人皆有之；羞恶之心，人皆有之；恭敬之心，人皆有之；是非之心，人皆有之。恻隐之心，仁也；羞恶之心，义也；恭敬之心，礼也；是非之心，智也。仁义礼智，非由外铄我也，我固有之也，弗思而矣。"②（《孟子·告子上》）这样一来，"仁"就由外在的伦理规范而成为人内心的本性要求，这为宋明理学的内转奠定了基础。与孔子将君子作为人格修养的典范不同，孟子肯定了圣人存在的可能，指出："圣人，人伦之至也。"③（《孟子·离娄章句上》）将圣人作为修养的最高标准，并指出孔子是圣人的代表。《孟子·公孙丑上》认为："圣人之于民，亦类也。出于其类，拔乎其萃。自有生民以来，未有盛于孔子也。"④ 而且，孟子还指出圣人是体悟天道者，"仁之于父子也，义之于君臣也，礼之于宾主也，知之于贤者也，圣人之于天道也"⑤。（《孟子·尽心章句下》）这就将圣人与"天

---

① 杨伯峻：《论语译注》，中华书局 2006 年版，第 83 页。
② 杨伯峻：《孟子译注》，中华书局 2005 年版，第 259 页。
③ 杨伯峻：《孟子译注》，中华书局 2005 年版，第 165 页。
④ 杨伯峻：《孟子译注》，中华书局 2005 年版，第 64 页。
⑤ 杨伯峻：《孟子译注》，中华书局 2005 年版，第 333 页。

道"联系起来，为二程从本体论的高度论证"孔颜乐处"打下了基础。在此基础上，孟子指出圣贤层次的差别，并将颜子作为贤人的代表，"颜子当乱世，居于陋巷，一箪食，一瓢饮；人不堪其忧，颜子不改其乐，孔子贤之"。①（《孟子·离娄章句下》）这就继孔子之后肯定了颜子贤人的地位。对于人生之乐，孟子提出了如下的内在超越之路："可欲之谓善，有诸己之谓信，充实之谓美，充实而有光辉之谓大，大而化之之谓圣，圣而不可知之之谓神"②（《孟子·尽心下》），所谓"充实之谓美"的"充实"，乃是指道德的修养而言的，人内在的道德修养到一定的程度，就会在外散发出光辉，达到一种深不可测的状态和境界。通过人的自觉的修养，就可以将人提升到至善至美的境界，从而获得一种道德的满足。可以看出，孟子将孔子的"仁"由一种外在的道德规范、伦理纲常内在化了，从人心本身寻找其成立的依据，这为二程将性与天道联系打下了基础。

在孟子，其人格的典范是大丈夫，其特征为："富贵不能淫，贫贱不能移，威武不能屈，此之谓大丈夫。"③（《孟子·滕文公下》）这种不为任何外在条件所限制者即是"大丈夫"，要成为"大丈夫"，需要养浩然之气，《孟子·公孙丑上》曰："其为气也，至大至刚，以直养而无害，则塞于天地之间。"④ 所谓的"大""刚"的浩然之气即是壮美风格的表现。这说明孟子与孔子一样，都崇尚具有壮美特点的人格。

孔颜之乐的话题重新引起人们的关注始自周敦颐。孔颜之乐只是向我们展示了他们的乐之状态，至于乐的原因，孔颜本人没有说明，这就给后人留下了无尽的阐释空间。对此，周敦颐认为：

---

① 杨伯峻：《孟子译注》，中华书局 2005 年版，第 199 页。
② 杨伯峻：《孟子译注》，中华书局 2005 年版，第 334 页。
③ 杨伯峻：《孟子译注》，中华书局 2005 年版，第 141 页。
④ 杨伯峻：《孟子译注》，中华书局 2005 年版，第 62 页。

颜子，一箪食，一瓢饮，在陋巷，人不堪其忧，而不改其乐。夫富贵，人所爱也，颜子不爱不求，而乐乎贫者，独何心哉？天地间有至贵可爱可求而异乎彼者，见其大而忘其小焉尔。见其大则心泰，心泰则无不足，无不足则富贵贫贱处之一也。处之一，则能化而齐。①

周敦颐借助颜回来表达自己的理想，他认为颜子身处陋巷而不改其乐，是因为颜子有超出富贵之外的可爱可求的东西。周敦颐认为，富贵是人们都喜爱的，但人生还有比富贵更值得追求的东西，即"大"，"见其大"就会超越贫富贵贱，内心感到无比的平静、愉悦和满足，体验到真正的快乐。周敦颐以颜回的境界作为人生的理想和追求，如何才能达到这一境界呢？《通书·志学》说："志伊尹之所志，学颜子之所学。"②伊尹是治国安民的典范，体现的是外王之道，而颜子则以追求内心的满足为志向，体现的是内圣之道，这说明周敦颐以成为圣贤的人格境界作为自己的理想。对于人格层次的划分，周敦颐作了如是表述：

圣希天，贤希圣，士希贤。③

周敦颐与孟子一样，将人格分为圣、贤、士三个层次，圣人以天为准则，体现了圣人与天为一的思想，亦即"天人合一"，也正是在这层意义上，孔颜之乐超越了单纯道德的满足，是一种属道德而又超道德的审美境界。与孟子的圣可学不同，在周敦颐看来，成圣是很自然的事情。《通书·道》中指出："圣人之道，仁义中正而已矣。守之贵，行之利，廓之

① （宋）周敦颐：《通书·颜子》，上海古籍出版社1992年版，第29—30页。
② （宋）周敦颐：《通书·志学》，上海古籍出版社1992年版，第15页。
③ （宋）周敦颐：《通书·志学》，上海古籍出版社1992年版，第14—15页。

配天地。岂不易简？岂为难知？不守，不行，不廓耳！"① 也就是说，圣人是非常容易达到的境界，而非像孔子所说的那样遥不可及。

可以说，宋代自周敦颐始，孔颜之乐获得了新的阐释，它不再是单纯道德满足的快乐，而是获得了"化而齐"的与天地为一的境界，此境界同时也是审美的境界。同时，先秦以来开启的对壮美的君子人格的崇尚发生了改变，转向以成圣成贤为人格理想的追求。

受到周敦颐的启发，二程也对"孔颜乐处"所乐的对象和乐的原因进行了解说和探讨，《二程集》有多处关于孔颜之乐的探讨，现引如下：

> 昔受学于周茂叔，每令寻颜子、仲尼乐处，所乐何事。（《二程集·遗书》，卷第二上）
>
> 鲜于侁问伊川曰："颜子何以能不改其乐？"正叔曰："颜子所乐者何事？"侁对曰："乐道而已。"伊川曰："使颜子而乐道，不为颜子矣。"侁未达，以告邹浩。浩曰："夫人所造如是之深，吾今日始识伊川面。"（《二程集·外书》，卷第七）
>
> 鲜于侁问曰："颜子何以不能改其乐？"子曰："知其所乐，则知其不改。谓其所乐者何乐也？"曰："乐道而已。"子曰："使颜子以道为可乐而乐乎，则非颜子矣。"他日，侁以语邹浩，浩曰："吾虽未识夫子，而知其心矣。"（《二程集·粹言》，卷第二）

上面两处虽未表明是谁的言语，但黄宗羲将其列为程颐的说辞。以下一段语录即是证明：

---

① （宋）周敦颐：《通书·道》，上海古籍出版社 1992 年版，第 9—10 页。

鲜于侁问："颜子在陋巷，不改其乐，不知所乐者何事?"先生曰："寻常道颜子所乐者何?"侁曰："不过是说所乐者道。"先生曰："若有道可乐，便不是颜子。"[1]

通过以上资料可知，程颢和程颐都探讨了孔颜所乐为何的问题，并坚决否认了孔颜所乐的对象为"道"。不过二人关注的侧重点并不相同：

"饭疏食，饮水，曲肱而枕之，乐亦在其中矣。不义而富且贵，于我如浮云。"虽疏食饮水，不能改其乐，故云"乐亦在其中矣"，非乐疏食饮水也。不义而富贵，视之轻如浮云也。(《二程集·经说》，卷第六)

子曰："颜子非乐箪瓢陋巷也，不以贫累其心，而改其所乐也。"(《二程集·粹言》，卷第二)

或问："陋巷贫贱之人，亦有以自乐，何独颜子?"子曰："贫贱而在陋巷，俄然处富贵，则失其本心者众矣。颜子箪瓢由是，万钟由是。"(《二程集·粹言》，卷第二)

这说明，在程颐看来，所乐的对象并不是关键，所乐的心境才是最重要的。程颢说："颜子在陋巷，'人不堪其忧，回也不改其乐'。箪瓢陋巷非可乐，盖自有其乐耳。'其'字当玩味，自有深意。"(《二程集·遗书》，卷第十二)看来，在孔颜所乐的问题上，程颢关注的是一个"其"字上，此"其"乃是个体内心世界达到的一种乐境。在这一点上，二程达到了一致，即都是以心中的快乐心境作为最终的目标，尽管关注的侧重点不同，

---

[1]　(明)黄宗羲：《宋元学案·伊川学案》，中华书局 1986 年版，第 647 页。

但重内而非外的倾向是一致的。在二程看来，内心道德的满足和愉快是孔颜一直追求的境界，此境界以道德境界为核心，但又超越了道德境界，达到与天地一体的仁者境界。对此仁者境界，二程如是说："仁者在己，何尤之有？凡不在己，逐物在外，皆尤也。'乐天知命故不尤'，此之谓也。若颜子箪瓢，在他人则尤，而颜子独乐者，仁而已。"（《二程集·外书》，卷第一）此处明确地指出，颜子所乐的是"仁"，何谓"仁"？程颢程颐都从"性"的角度做了解释。程颢说："仁义礼智信，五者，性也。仁者，全体；四者，四支。仁，体也"，"义，礼，智，信皆仁也。"（《二程集·遗书》，卷第二上）先秦儒家的"仁"与"义礼智信"是并列的概念，"仁"在先秦儒家一般指的是社会伦理和道德规范，而程颢对"仁"的阐发与先秦儒家相比范围拓展了，它包括了"义礼智信"，此"仁"是全体，是一种本然的存在，是"性"，它贯穿于一切事物之中，而且成为一个本体的范畴，所谓"仁"乃"体也"即是。程颐也从"性"的角度对"仁"做了解释，他说，"爱自是情，仁自是性"（《二程集·遗书》，卷第十八）。可以看出，程颐比程颢表述得更为明确，他直接将"仁"与"性"等同起来，而"性"与"理"在二程那里都是本体的范畴，这样一来，儒家之"仁"就由社会的伦理纲常和道德规范上升到本体的高度，二程所论之"仁"不但是对先秦儒家之"仁"的拓展，而且进行了提升。二程所谓的人至于仁者的境界就由先秦儒家的道德审美境界转向了道德境界和审美境界的结合。此仁者境界体现为一种与万物、天地同流的"浑然与物同体"的境界："孔子所遇而安，无所择。……惟其与万物同流，便能与天地同流。"（《二程集·遗书》，卷第六）所谓"与天地同流"，即是一种天人合一、天人本无二的境界，在此境界中，万物各遂其性："子路、冉有、公西华皆欲得国而治之，故孔子不取。曾皙狂者也，未必能为圣人之事，而能知孔子之志，故曰'浴乎沂，风乎舞雩，咏而归'，言乐得其所也。孔子之志在于

'老者安之，朋友信之，少者怀之'，使万物莫不遂其性，曾点知之，故孔子喟然叹曰:'吾与点也。'"（《二程集·外书》，卷第三）由此可知，"吾与点也"在二程获得了新的阐释，它不再是对外在规范的"仁"达到游刃有余后的快乐和自由，而是"顺理则无尤"（《二程集·粹言》，卷第一），"理"在二程是最高的本体，"顺理"即是顺天，人顺应"天"自然达到的是一种天人合一的境界。

由先秦的孔颜之乐的表述到宋明理学对孔颜之乐的阐发，经历了一个由道德的审美境界到道德境界与审美境界完美结合的转变过程，"由注重外在规律、规范到注重个体内心自适；由道德理性到生活感性"①正是二程孔颜之乐的价值所在。二程认为，孔颜追求道德满足不是作为一种外在的要求，而是发自生命的自觉自愿，是一种建立在感性生活基础上的与道合一的精神境界。

第二节　二程论"圣贤气象"的不同

二程对孔颜之乐从性与天道结合的角度做了阐释，体现了"孔颜乐处"道德境界与审美境界完美结合的特点。"孔颜乐处"作为一种内心道德的满足和快乐，它侧重的是人的心理愉悦的状态，而"圣贤气象"则是一种道德生命的满足和愉悦在个体礼仪举止、视听言动上所显现出的精神风貌，与"孔颜乐处"相比较而言，它侧重的是人的内心愉悦的外在表现。

---

① 李煌明、李红专:《宋明理学"孔颜之乐"理论的发展线索》，《哲学动态》，2006 年第 4 期。

一、"圣贤气象"的提出

二程探讨孔颜之乐的问题，其目的在于确立"圣贤气象"，因此，他们不厌其烦地讨论和叙说"圣贤气象"的本质、特点、层次和境界。《二程集》有一段论述"圣贤气象"的文字：

> 问："横渠之书，有迫切处否？"曰："子厚谨严，才谨严，便有迫切气象，无宽舒之气。孟子却宽舒，只是中间有些英气，便有圭角。英气甚害事。如颜子便浑厚不同。颜子去圣人，只毫发之间。孟子大贤，亚圣之次也。"或问："英气于甚处见？"曰："但以孔子之言比之，便见。如冰与水精非不光，比之玉，自是有温润含蓄气象，无许多光耀也。"（《二程集·遗书》，卷第十八）

这说明在二程看来，"气象"的差别是客观存在的，而这种"气象"判断的根据，源于外在表象之后的内在之志："孔子'与点'，盖与圣人之志同，便是尧、舜气象也。"（《二程集·遗书》，卷第十二）此处的"志"即是对孔子所论"志"的继承，其含义也是"道"，也即是说，"圣贤气象"是人乐其内心之"志"（"道"）的外在表现，也即孔颜所乐的外在表现。

二程所孜孜以求的"圣贤气象"究竟作如何解释，现代学者作了不同的界定，概括而言，主要有以下几种：

有从时代精神和审美主体的角度进行界定，指出"气象"是其外在表现，如邹其昌《朱熹诗经诠释学美学研究》一书认为"气象"是审美主体所具有的气质、风貌和时代精神特色的表现。① 这种从时代特色和个体角

---

① 邹其昌：《朱熹诗经诠释学美学研究》，商务印书馆 2004 年版，第 195 页。

度对其进行界定的方法，具有非常全面的合理性。

不过，更多的人将"气象"作为人的精神修养达到一定阶段后的外在表现，如陈来先生在《朱子哲学研究》一书中认为："'气象'在理学本指达到某种精神境界后在容貌词气等方面的外在表现。由于气象是某种内在精神的表现，在理学的讨论中常常把气象直接作为一个精神修养的重要课题。"① 杨晓塘也认为："这里所说的'气象'，即'圣人'的精神世界的表露，指的是圣人的风度和气派。""二程所说的'气象'，就是我们常说的风度气质，是人格的外在表现，即人的道德、心理、知识、才能、身体等方面素质相互制约、相互作用的综合表现。"② 冯友兰先生则指出："道学家认为，人的精神世界虽是内心的事，但也必然表现于外，使接触到的人感觉到一种气氛。这种气氛，道学家称之为'气象'。"③"气象是人的精神世界所表现于外的，是别人所感觉的。有某种精神世界的人，他自身也可以有一种感觉。这种感觉是内在的。道学家认为有了道学所讲的高的精神世界的人，他本身所有的感觉是'乐'，'乐'是道学所能给人的一种'受用'。"④ 徐仪明在《理学家程颢及其诗》一文中认为："所谓'气象'即人的精神境界的外化，也即人的外在修养。他们理学家将所谓'温润含蓄气象'，作为个人修养达到炉火纯青的标志。"⑤

由以上各种不同类型的观点可知，对"圣贤气象"的表述虽然侧重点有所不同，但都一致认同"气象"是一种精神境界的外化，是道德生命的外在呈现。那么，二程本人是如何对"气象"加以表述的呢？

---

① 陈来：《朱子哲学研究》，华东师范大学出版社 2000 年版，第 53 页。

② 杨晓塘主编：《程朱思想新论》，人民出版社 1999 年版，第 12 页，第 341 页。

③ 冯友兰：《中国哲学史新编》（下），人民出版社 1999 年版，第 137 页。

④ 冯友兰：《程颢、程颐（续）》，《哲学研究》，1980 年第 11 期。

⑤ 徐仪明：《理学家程颢及其诗》，《河南大学学报》（社会科学版），1992 年第 5 期。

"居处恭，执事敬，与人忠"，充此便睟面盎背，有诸中必形诸外，观其气象便见得。(《二程集·遗书》，卷第五)

所谓"有诸中必形诸外"，此"中"即是人的道德修养，而形于外则是这一修养的外在呈现，这说明"气象"是人之道德修养的外在表现。换句话说即是，"圣贤气象"是"孔颜之乐"的外在表现。如果以上是对个人所显现出来的"气象"角度所言的话，那么，二程还从观者的角度对"气象"进行了描述：

看其气象，便须心广体胖，动容周旋中礼，自然惟慎独便是守之之法。(《二程集·遗书》，卷第六)

这是从观者的角度指出对"气象"的把握应从内部着手，换言之，"气象"是由内而外的表现。同时，二程还认为，这种境界的达到，不是由于外在的条件或因素作用的结果，而是自己一己的内心追求，不需要外在力量强加其身。而这种追求之所以能够维持，是对人的内在之"志"（"道"）遵循的必然结果。

二、圣人气象与贤人气象的境界差异

圣人气象和贤人气象的区分主要是从性情的角度入手的，《颜子所好何学论》中已经有所论述探讨，此不赘述。简言之，圣人气象和贤人气象在二程看来并不仅仅是一种道德的人格境界，而是一种"性其情"的审美人格。既然孔颜之乐以"圣贤气象"的方式呈现，而作为人格美不同境界的圣人与贤人在二程那里是迥然有别的：

视听言动皆礼矣，所异于圣人者，盖圣人则不思而得，不勉而中，从容中道，颜子则必思而后得，必勉而后中。故曰：颜子之与圣人，想去一息。孟子曰："充实而有光辉之谓大，大而化之之谓圣，圣而不可知之谓神。"颜子之德，可谓充实而有光辉矣，所未至者，守之也，非化之也。以其好学之心，假之以年，则不日而化矣。……所谓化之者，入于神而自然，不思而得，不勉而中之谓也。孔子曰"七十而从心所欲不逾矩"是也。（《二程集·文集》，卷第八）

这即是说，在程颐看来，圣人和贤人的区别即在于圣人是"不思而得，不勉而中，从容中道"，而贤人则是"思而后得，勉而后中"。换言之，圣人是自然而然地能够达到与万物一体的自由，而贤人则是经过努力修养而后达到与万物一体的自由和快乐，孔子的"从心所欲不逾矩"就是圣人"不思而得，不勉而中"的表现，这种观点是对《中庸》"诚者，不勉而中，不思而得，从容中道，圣人也"①的继承。

在二程看来，圣人也是可以区分为不同类型的，依据即在于：

"九二'利见大人'，九五'利见大人'。圣人固有在上者，在下者。"（《二程集·遗书》，卷第五）根据卦中大人所处位置的不同，圣人亦有与之对应的地方，也有在上者，在下者，二程还以具体的例子来说明圣人的差异之处：

"尧与舜更无优劣，及至汤、武便别。孟子言性之反之，自古无人如此说，只孟子分别出来，便知得尧、舜是生而知之，汤、武是学而能之。文王之德则似尧、舜，禹之德则似汤、武，要之皆是圣人。"（《二程集·遗书》，卷第二上）二程的意思是说，圣人分为生而知之的圣人和学而能之

————————

① 《四书》，陈晓芬、王国轩、蓝旭、万丽华译注，中华书局2017年版，第162页。

的圣人，尧、舜属于生而知之的圣人，而汤、武则是学而能之圣人的代表，尽管有这些先天后天的差异，但他们都归于圣人之列。在此基础上，二程以具体的事例指出了圣贤的区别：

> 孟子常自尊其道而人不尊，孔子益自卑而人益尊之，圣贤固有间矣。（《二程集·遗书》，卷第九）

在二程看来，孟子是贤人的代表，孔子自然是圣人无疑，但圣人是自然地合乎道德，贤人只不过是循道而已，有勉而后中的人化之功，虽然有勉力之功，但最后依然能够获得快乐，因此是贤人。二程将孟子作为贤人而没有划入圣人的范围，原因在于是要突出自己所崇尚的圣人的气象，实际上，孟子作为儒家学者孔子思想的继承者，被后人尊称为亚圣，亚圣当然也应该归为圣人的行列，但二程要在圣贤之间做刻意的区分，而且其划分圣贤的标准与前人不同，因此将孟子作为贤人的代表。二程区别圣人与贤人，是从是否能达到造化之工的角度界定的："孔、孟之分，只是要别个圣人贤人。如孟子若为孔子事业，则尽做得，只是难似圣人。譬如剪彩以为花，花则无不似处，只是无他造化功。'绥斯来，动斯和'，此是不可及处。"（《二程集·遗书》，卷第二上）也即是说，圣人的境界是一种出神入化之工的境界，不须人为努力即可达到，而贤人则需要后天的人为和努力。二程对颜子的快乐即是从这一角度进行阐发的：

> 颜子之乐，非乐箪瓢陋巷也，不以贫穷累其心而改其所乐也，故夫子称其贤。（《二程集·经说》，卷第六）

在二程看来，颜子克服艰苦的条件，不以外在的艰苦束缚自己的本心，努力从道德上修养自己，心理上获得了极大的快乐，因而被孔子作为贤人的代表。

在二程关于人格的划分中，除了圣贤之外，还有低于圣贤境界者，这种人格的代表是子贡：

> 子曰："子贡之知，亚于颜子，知之而未能至之者也。"（《二程集·粹言》，卷第二）

虽然二程没有明确说出这种类型为何种人格，但可以推知，此种人格是低于圣人人格和贤人人格的，是属于功利境界的人格。属于这种人格类型的二程指出了三个："汉儒近似者三人：董仲舒、大毛公、杨雄。"（《二程集·遗书》，卷第三）明显地，董仲舒、大毛公、杨雄都是致力于有所建树的才人，属于功利境界的人。而且，圣人、贤人、才人的人格亦会呈现出不同的气象，《二程集》中有大量这样的描述：

> 仲尼，元气也；颜子，春生也；孟子，并秋杀尽见。仲尼，无所不包；颜子示"不违如愚"之学于后世，有自然之和气，不言而化者也；孟子则露其才，盖亦时然而已。仲尼，天地也；颜子，和风庆云也；孟子，泰山岩岩之气象也。观其言，皆可以见之矣。（《二程集·遗书》，卷第五；《近思录》卷十四《观圣贤》）
>
> 子曰："仲尼元气也，颜子犹春生也，孟子则兼秋杀见之矣。"（《二程集·粹言》，卷第二）
>
> 子曰："颜子具体，顾微耳，在充之而已。孟子生而大全，顾未粹耳，在养之而已。"（《二程集·粹言》，卷第二）
>
> 子曰："仲尼浑然，乃天地也；颜子粹然，犹和风庆云也；孟子岩

岩然，犹泰山北斗也。"(《二程集·粹言》，卷第二)

由上可知，二程将孔子的气象称为"元气"，即是天生完备之意，天生完备，即无任何思而得，勉而中的后天努力；其人格所对应的境界是天地境界，达到此境界的人，"行道德底事，则无须乎此。……他有最深的觉解，以'游心于无穷。'从'无穷'的观点以看事物，则'人世间'中底利害，都是渺小无足道。在他的眼界中，'死生无变于己，而况利害之端乎。'利害不足以介其义，并不是由于他是冥顽不灵，而是由于他的觉解深，眼界大"。① 他是从自同于大全的角度出发去看人与万物的关系，他"知道在社会整体之上，还有一个大全的整体，就是宇宙。他不仅是社会的一个成员，还是宇宙的一个成员。就社会组织来说，他是一个公民；但他同时还是一个'天民'，或说'宇宙公民'。这是孟子早已指出的。一个人具有这样的意义，在做每一件事时，都意识到，这是为宇宙的好处。他懂得自己所做的事情的意义，并且自觉地这样做。这种理解和自觉使他处于一个更高的人生境界，我称之为在精神上超越人间世的'天地境界'。"② 在二程看来，此圣人人格包括生而知之的圣人（孔子和尧、舜）和学而能之的圣人（汤、武），不过，无论是生而知之的圣人还是学而能之的圣人，本无优劣之别，"圣人无优劣，有则非圣人也"。(《二程集·遗书》，卷第二十四) 即圣人都是能够达到天地境界的人。对于处于天地境界的人，二程给予了极高的评价和完全的赞同。

---

① 冯友兰：《宋明儒学哲学述评》，载田文军编：《极高明而道中庸》，中国广播电视出版社1995年版，转引自王建疆：《修养·境界·审美——儒道释修养美学解读》，中国社会科学出版社2003年版，第123页。

② 冯友兰：《中国哲学简史》插图珍藏版，新世界出版社2004年版，第299页。

颜子作为贤人的代表，其"气象"则是竭力顺应着天地本来之"道"而行，努力摒弃一切可能对"道"形成束缚的因素，其内在的道德修养到一定程度，便会由内而充外，与孔子相比，经过修养最后也能达到一种与天地同其大的境界；这种境界是道德的审美境界（对程颢来说，颜子是也，对程颐来说，颜子和孟子皆是）。此境界中的人，"懂得世上并不是只有自己，还存在着一个社会，它是一个整体，自己是社会的一个组成部分。本着这样的理解，他做任何事情，都是为了整个社会的好处；或者用儒家的话来说，他行事为人是为义，而不是为利（'正其义而不谋其利'）他是真正有道德的人，所做的都合乎道德，都具有道德的意义。他的人生境界可以称之为'道德境界'"。① 对此境界中的人，二程肯定了他们对成圣的重要性，但相对于天地境界中的人而言，此类人是微有迹，仍然待进一步完善和提升。在对于贤人的态度上，二程表现得不尽相同，程颢从理想着手，始终关注的是圣人，也一心以成圣为目标，程颐则从现实起步，肯定贤人在成圣道路上的重要性。"程颢追求圣人的境界和气象，程颐则肯定贤人的境界和气象。"② 这导致了二人对于贤者评价的不同：

　　或问于程子曰：孟子还可谓圣人否？程子曰：未敢便道他是圣人，然学已到至处。程子又曰：孟子有功于圣门，不可胜言。仲尼只说一个仁字，孟子开口便说仁义，仲尼只说一个志，孟子便说许多养气出来，只此二字，其功甚多。又曰：孟子有大功于世，以其言性善也。又曰：孟子性善、养气之论，皆前圣所未发。③

① 冯友兰：《中国哲学简史》插图珍藏版，新世界出版社2004年版，第299页。
② 庞万里：《二程哲学体系》，北京航空航天大学出版社1992年版，第313页。
③ （宋）朱熹：《孟子集注·孟子序说》，上海古籍出版社1987年版，第2页。

这说明程颐对孟子给予了极高的评价。而程颢则认为："仲尼，天地也；颜子，和风庆云也；孟子，泰山岩岩之气象也。观其言，皆可以见之矣。仲尼无迹，颜子微有迹，孟子其迹著。"（《二程集·遗书》，卷第五）很明显，"程颢对孟子的气象有所贬，程颐则没有贬孟子的意思"。① 程颐重视贤人在成圣过程中的必要性，而程颢则只以成圣的最高境界来衡量人，这是两者对孟子评价出现区别的重要原因。

对于比圣贤境界更低的才人，程颢的态度非常明确，表现为贬多褒少。

> 明道曰："荀卿才高，其过多。杨雄才短，其过少。"（《二程集·遗书》，卷第十八；《近思录》卷十四《观圣贤》）
>
> 明道曰："董仲舒曰'正其谊，不谋其利；明其道，不计其功。'此董子所以度越诸子。"（《二程集·遗书》，卷第二十五；《近思录》卷十四《观圣贤》）
>
> 明道曰："汉儒如毛苌、董仲舒，最得圣贤之意，然见道不甚分明。下此，即至杨雄，规模窄狭。"（《二程集·遗书》，卷第一；《近思录》卷十四《观圣贤》）

"才高"因而"过多"，杨雄的"规模窄狭"都说明了程颢对才人是颇有微词的。

总体上说，二程对"圣贤气象"的种种解释和界定，都表明了一种对于天地境界（天人合一）的认定和追求，是带有深深的道德色彩的美学境界。

---

① 庞万里:《二程哲学体系》，北京航空航天大学出版社1992年版，第313页。

三、二程本人境界的差异

虽然二程都注重"圣贤气象"，但二程的人格气象却有着明显的差异。这种由道德修养而发之于外的气象在各个方面都得到体现。古代研究者早已发现二程气象的差异并作了归纳，黄宗羲在《宋元学案·明道学案上》中指出：

> 顾二程子虽同受学濂溪，而大程德性宽宏，规模阔广，以光风霁月为怀；二程气质刚方，文理密察，以峭壁孤峰为体。其道虽同，而造德自各有殊也。①

> 明道之学，以识仁为主，浑然太和元气之游行，其披拂于人也，亦无所不入，庶乎"所过者化"矣！故其语言流传如弹丸，说"诚敬存之"便说"不须防检，不须穷索"，说"执事须敬"便说"不可矜持太过"，惟恐稍有留滞，则与天不相似。此即孟子说"勿忘"，随以"勿助长"救之，同一埽迹法也。鸢飞鱼跃，千载旦暮。朱子谓："明道说话浑沦，然太高，学者难看。"又谓："程门高弟，如谢上蔡、游定夫、杨龟山，下稍皆入禅学去。必是程先生当初说得高了，他们只晬见上一截，少下面着实工夫，故流弊至此。"此所谓程先生者，单指明道而言。其实不然。引而不发，以俟能者。若必鱼筌兔迹，以俟学人，则匠、羿有时而改变绳墨、彀率矣。朱子得力于伊川，故于明道之学，未必尽其传也。②

> 明道、伊川大旨虽同，而其所以接人，伊川已大变其说，……大

---

① （明）黄宗羲：《宋元学案·明道学案上》，中华书局 1986 年版，第 540 页。

② （明）黄宗羲：《宋元学案·明道学案上》，中华书局 1986 年版，第 542 页。

程夫子当识其明快中和处，小程夫子当识其初年之严毅，晚年又济以宽平处。是自周元公主静、立人极开宗；明道以静字稍偏，不若专主于敬，然亦唯恐以把持为敬，有伤于静，故时时提起。伊川则以敬字未尽，益之以穷理之说，而曰"涵养须用敬，进学在致知，"……两程子接人之异，学者不可不致审焉。①

由上文可知，程颢和程颐在德性、修养、接人待物等方面都各不相同。在理学的继承者朱熹那里，其《朱子语类》（卷第九十三）从语言和风格的角度对二程气象之不同进行了归纳：

明道说话浑沦，煞高，学者难看。

明道说底话，恁地动弹流转。

明道语宏大，伊川语亲切。

明道说话，一看遍好，转看转好；伊川说话，初看未甚好，久看方好。

明道说话，亦有说过处，……又其说阔，人有难晓处；……伊川较子细，说较无过，然亦有不可理会处。②

从语言和风格的角度对二程进行评价的还有陆九渊：

伊川蔽固深，明道却通疏。③

---

① （明）黄宗羲：《宋元学案·伊川学案下》，中华书局 1986 年版，第 652 页。

② （宋）黎靖德编：《朱子语类》卷第九十三，王星贤点校，中华书局 1986 年版，第 2358—2359 页。

③ 《陆九渊集》卷三十四《语录上》，钟哲点校，中华书局 1980 年版，第 413 页。

二程及其弟子对其"气象"也有觉察和明确表述：

颜子不迁怒不贰过，惟伯淳能之。(《二程集·文集·遗文》)

明道先生坐如泥塑人，接人则浑是一团和气。(《二程集·外书》，卷第十二)

明道犹有谑语，若伊川则全无。……伊川直是谨严，坐间无问尊卑长幼，莫不肃然。(《二程集·外书》，卷第十二)

视其色，其接物也，如春阳之温；听其言，其入人也，如时雨之润。胸怀洞然，彻视无间；测其蕴，则浩乎若沧溟之无际；极其德，美言盖不足以形容。(《二程集·文集》，卷第十一)

伊川与君实（司马光）语，终日无一句合；明道与语，直是道得下。(《二程集·外书》，卷第十二)

朱公掞来见明道于汝，归谓人曰："光庭在春风中坐了一个月。"游、杨初见伊川，伊川瞑目而坐，二子侍立。既觉，顾谓曰："贤辈尚在此乎？日既晚，且休矣。"及出门，门外之雪深一尺。(《二程集·外书》，卷第十二)

明道先生每与门人讲论，有不合者，则曰"更有商量"，伊川则直曰不然。(《二程集·外书》，卷第十一)

伯淳谓正叔曰："异日能尊师道，是二哥。若接引后学，随人才成就之，则不敢让。"(《二程集·外书》，卷第十二)

从上面所引可知，二程的"气象"在性格、待人接物、语言等方面都有着明显的差异。总的来说，二程的"气象"是不同的，程颢表现的是圣人的气象，他所追求和实践的都是圣人的气象，其表现更为圆融疏朗，具有大气浑涵的气质，具有"圣人"一般的气度；程颐则表现了贤人的气象，程颐虽然也以圣人气象为最终目标，但他较为整肃端正，同时也才具敏捷，一副严正贤者的气象。程门立雪和对戴帽尺寸的规定都是其严正贤者气象的表现。相对于程颢来说，程颐显得谨严有余而活泼不足，待人也过于严峻，更多的表现有孟子式的"英气"。

对于"气象"或人格境界的不同，明道自己也有觉解。明道对境界作了如下划分：

愚者指东为东，指西为西，随象所见而已。智者知东不必为东，西不必为西。惟圣人明于定分，须以东为东，以西为西。

坐井观天，非天小，只被自家入井中，被井筒拘来了。然井何罪？亦何可废？但出井中，便见井大。已见天如此大，不为井所拘，却入井中也不害。①

可以看出，"愚者"与"坐井观天"者皆是以"二本"作为体验的出发点，采取的是认识的方法，其求索的结果是达到对客体的认识，属于功利境界的人；"智者"和"出井中"者则从天人"一本"入手，从天人一体的观点出发来看待人与物的关系，这样就可以泯灭内外、物我的界限，进入与道为一的大我境界，圣人与入井中无害者属于进入天地境界、审美境界的观者，与道为一的体验者，他们在整体观照的基础上达到了万物一体的境界。实际上，此境界的划分适用于二程二人。因为程颢的评价放在程颐的语录中且程颐并没有对此进行批判，这就说明程颐赞同其兄的观点。

综上可知，二程的"气象"不同，境界亦呈现出圣人与贤人的差异，天地境界与道德境界的不同。

---

① （明）黄宗羲：《宋元学案·明道学案上》，中华书局 1986 年版，第 566 页，567 页。

四、达致圣人气象的途径

人们要得"圣贤气象"，需要有一个可见的、便于进入的途径，那就是从学颜子入手，《二程集》中有大量关于这类观点的阐述：

> 若颜子底一个气象，吾曹亦心知之，欲学圣人，且须学颜子。（《二程集·遗书》，卷第二上）
> 人须当学颜子，便入圣人气象。（《二程集·遗书》，卷第五）

而且，程颐还一再肯定颜子对于入"圣贤气象"的重要性：

> 子曰："颜子示不违如愚之学于后世，和气自然，不言而化者也。孟子则显其才用，盖亦时焉而已矣。学者以颜子为师，则于圣人之气象类矣。"（《二程集·粹言》，卷第二）

在对颜子和孟子的比较中，选择了更贴近圣人气象的颜子作为学习对象，颜回虽然还未能达到圣人的层次和境界，但是他的气象已经有所接近了，只要再加修养，是可以达到圣人的境界的。

不只是二程，对于宋明理学家而言，学颜子的最终目的都是能够入"圣贤气象"。在对于儒家最高的精神境界上，宋代理学家们的意见还是很一致的。二程之后理学的集大成者朱熹同样遵循了前人的理想人格标准：

> 凡人须以圣贤为己任。世人多以圣贤为高，而自视为卑，故不肯进。抑不知，使圣贤本自高，而己别是一样人，则早夜孜孜，别是分外事，不为亦可，为之亦可。然圣贤禀性与常人一同。既与常人一

同，又安得不以圣贤为己任？①

这说明朱熹从理论上进一步肯定了人皆可为圣贤，人人应以圣贤为己任的使命感，从而扫清了平常人以圣人的境界为理想是否遥远而不可及的疑虑。

总的来说，二程对圣贤人格提出了比前人更为细致的分类，并分析了圣贤气象的不同表现及其所显现的不同境界，并以此作为对人物进行评价的依据和标准，表明了自己成圣成贤的决心和志向，指出了由颜子入于"圣贤气象"的路径，此圣贤的气象亦在二程本人的生活和言论中得到了体现，并成为有宋一代的价值依归和人格美理想。

第三节　二程论"圣贤气象"的特点

二程以成就"圣贤气象"作为自己的人格目标，而"圣贤气象"既然是内在道德修养达到一定阶段的外在呈现，它在道德的修养中完成了对个体生命的提升，实现了天人合一、无往而不乐的道德境界与审美境界。具体来说，二程的"圣贤气象"之乐主要包括以下几个方面的特点：

首先，二程的"圣贤气象"是仁体的发育流行，它以"生生之理，自然不息"为其内在根底，将先秦儒家之"仁"上升到本体范畴。二程对"仁"的解释是"与物同体"：

---

① （宋）黎靖德编：《朱子语类》卷第八，王星贤点校，中华书局 1986 年版，第 133 页。

仁者，浑然与物同体。(《二程集·遗书》，卷第二上)

　　仁者，以天地万物为一体，莫非己也。(《二程集·遗书》，卷第二上)

　　所谓"浑然与物同体""以天地万物为一体"，即是认为自己和宇宙是息息相通的，这种境界是一种很高的精神境界。二程对"仁""生生"的特点论述源于《周易》。《周易》载："天地之大德曰生，"[1]"生生之谓易，"[2]将"生生"作为天地万物的特点，并将乾坤合德，秉承生生的特性，《周易》将乾坤合德作为万物生生不息的源头："乾知大始，坤作成物。乾以易知，坤以简能。"[3]二程在《周易》的天地生生之德的基础上，赋予了"仁"以生生不息的特点。程颐说：

　　生生之理，自然不息。(《二程集·遗书》，卷第十五)

程颢则干脆将"息"解释为事物的新生：

　　息训为生者，盖息则生矣。一事息，则一事生，中无间断。(《二程集·遗书》，卷第十一)

可以看出，生命的鲜活是一个事物的主要特征：

　　天地中只是一个生。(《二程集·遗书》，卷第十八)

---

① 周振甫：《周易译注》，中华书局 1991 年版，第 255 页。
② 周振甫：《周易译注》，中华书局 1991 年版，第 234 页。
③ 周振甫：《周易译注》，中华书局 1991 年版，第 229 页。

这即是说，人和万物都源自生生之理，天地万物都是生生之理的体现。而在二程的体系中，"理"是在"仁"的基础上发展而来的，"理"具有伦理的含义，它是对先秦儒家之"仁"的提升，作为人性依据的"仁"也即是"理"，它通过天道生生不息具于人心：

> "生生之谓易"，是天之所以为道也。天只是以生为道，继此生理者，即是善也。善便有一个元底意思。"元者善之长"，万物皆有春意，便是"继之者善也"。(《二程集·遗书》，卷第二上)

> "天地之大德曰生"，"天地缊缊，万物化醇"，"生之谓性"，万物之生意最可观，此元者善之长也，斯所谓仁也。(《二程集·遗书》，卷第十一)

生生之理("仁")即是天道，天道通过生生而具于人，"道"的伦理含义也通过生生不息而保存于人、物之中，实现了"道"的生命意义和价值意义的统一，而先秦儒家之"仁"因此成为最高的本体存在。

二程的"圣贤气象"是在赋予先秦儒家之"仁"以形上意义的基础上发展而来的，先秦儒者的孔颜之乐虽然最终也能至于乐，但此乐毕竟是在日常生活中获得的道德满足和快乐。自二程始，由于从生生的角度对"仁"进行了新的阐释，其所得之乐便成为一种超越道德境界的审美境界之乐。同为得乐，二程之"圣贤气象"所呈现的快乐比孔颜之乐更能体现审美的特点。

"圣贤气象"是二程修养的最终目标，二程强调要入"圣贤气象"，须"学"颜子，并以"至于乐"作为学成的最终归宿，也即从道德修养入手，实现审美境界和道德境界的结合。所谓"学而至于乐则成矣"，"学而至于乐，就是完成生命的体验，得到情感的升华，提高精神境界，享受到人生的乐趣"，① 此处的"学"即是学习、修养之意，最终结果即是"致中和，天地位焉，万物育焉"。② 程颐继此指出，"若致中和，则是达天理，便见得天尊地卑、万物化育之道"。(《二程集·遗书》，卷第十五) 这种快乐是达到性情中和，与天理为一的天人合一、天理流行的快乐。这种快乐由于"仁"的含义的变化，其乐的范围也在不断地扩大。二程的很多诗歌都描写了这种乐之状态。此"乐"既具有与孔颜仁者之乐相同的地方，也有不同的地方。程颢《明道文集》卷三《秋日偶成》就是这种快乐的呈现，现将此诗摘录如下：

> 闲来无事不从容，睡觉东窗已日红。
> 万物静观皆自得，四时佳兴与人同。
> 道通天地有形外，思入风云变态中。
> 富贵不淫贫贱乐，男儿到此是豪雄。(《二程集·文集》，卷第三)

在这首诗中，"闲来无事不从容，睡觉东窗已日红"表达的是一种审美的心境；"万物静观皆自得"是说人在对万物的静观中获得一种自得的快乐，这是一种人与物同的快乐，一种推己及物的快乐，而这种快乐同时也是一种"四时佳兴与人同"的快乐，一种推己及人的快乐；"道通天地有形外"是对仁体发育流行的最好说明，既然"道"就在日常生活中显现着，"思入风云变态中"，通过"思"的作用，人超越了现实事物的有限性，获得了与道融为一体的审美感受；"富贵不淫贫贱乐，男儿到此是豪雄"即是说，人们不会以富贵贫贱等外在条件而妨碍经由万物一体获得的心中之

---

① 蒙培元：《心灵超越与境界》，人民出版社1998年版，第24页。

② 《中庸》，《四书五经》(上)，陈戍国点校，岳麓书社1991年版，第7页。

乐。换句话说，人们超越了道德层面的富贵贫贱问题，获得了与万物一体的审美感受，此万物一体的感受是道体的自然发育流行，它源于道德而又最终超越道德，获得了一种道德与审美结合的大乐，一种与天道无限相通的快乐。在这首诗歌中，程颢对与"圣贤气象"有着相同实质的孔颜之乐从范围和高度上进行了阐释，指出此"乐"的道德满足和审美愉悦结合的特点。

不过，孔颜之乐的范围侧重推己及人的一面，而二程"圣贤气象"所呈现的快乐不但是与人同乐，与物同乐，而且实现了人与物的沟通，"孔子之志在于'老者安之，朋友信之，少者怀之，'使万物莫不遂其性"（《二程集·外书》，卷第三），这就将孔子的推己及人的志向推向"万物莫不遂其性"，实现了人与万物的沟通，达到了天人合一之乐。如果说孔颜之乐侧重的是道德境界的话，"圣贤气象"则更强调天地境界。

其次，二程"圣贤气象"呈现为仁者之乐，此"仁"虽然提高到本体的高度却就在当下的感性生活中，人只要观万物生意，自然能够体认万物一体之乐，程颐说：

子曰："可观莫如万物之生意。"（《二程集·粹言》，卷第一）

程颐非常注重万物之道生生不息的特点，正是在万物生生之意中，物具有了与人平等的地位，所谓"天地之间，非独人为至灵，自家心便是草木鸟兽之心也"（《二程集·遗书》，卷第一）即是这种人与万物平等的体现。既然人物相通，人只要观自然生物，即能获得物我一理，实现一己生命与宇宙全体的沟通。与程颐相同，程颢也认为在万物中观生意，即可达到天人一体："万物之生意最可观，此元者善之长也，斯所谓仁也。"（《二程集·遗书》，卷第十一）人与万物都是天理生生不息的产物，在生生不息中，万物都成了"仁"的体现和象征，人从天地间的一草一木等动植物中都可见得物我一理，实现天人同乐。

无论是程颢所论的周茂叔窗前草不除，还是程颐所言"心譬如谷种，生之性便是仁也"（《二程集·遗书》，卷第十八），用谷种来称仁，都是要在生机盎然的大自然中体验天理流行和宇宙的生命律动，实现人与天地的贯通、"在万物中一例看，大小大快活"（《二程集·遗书》，卷第二上）的快乐。在生机盎然的万物中，达到天人、内外、物我的合一境界，扩展一己生命于宇宙中。要达到"圣贤气象"，成为圣人，也应从自然生生不息中去体悟其生命活力，"观天地生物气象"（《二程集·遗书》，卷第六），"观物于静中，皆有春意"。（《二程集·粹言》，卷第二）这种生命的"春意"的感觉，既是一种体悟大道的感觉，也是一种审美的境界。在此境界中，人欲尽处，天理流行。

再次，"圣贤气象"之乐是一种遵循天理之乐，这一点从二程关于"仁"与"公""己"等的论述中体现出来：

> "毋意"者，不妄意也。"毋我"者，循理不守己也。（《二程集·遗书》，卷第九）
>
> "毋意"，毋私意也。毋必为，毋固滞，毋彼我，乃曾子所言也。（《二程集·外书》，卷第二）
>
> 棣又问："克己复礼，如何是仁？"曰："非礼处便是私意。既是私意，如何得仁？凡人须是克尽己私后，只有礼，始是仁处。"（《二程集·遗书》，卷第二十二上）

此处的四毋，即是要求去除私意、欲望等的负累，完全顺应本心自然，达到"无我"的境界：

> 至于无我，则圣人也。(《二程集·遗书》，卷第十一)

所谓"无我"即是无小我，如此便没有与道相妨碍的限制，这样一来，便自然能够进入"以天地万物为一体，莫非己也"的天人合一境界。圣人遵循"天道"，圣人本身即是"天理"的体现者和实践者：

> 圣人于天下事，自不合与，只顺得天理，茂对时，育万物。(《二程集·遗书》，卷第六)
>
> 问："圣人与天道何异?"曰："无异。"(《二程集·遗书》，卷第十八)
>
> 圣人之心，与天为一。(《二程集·粹言》，卷第二)

圣人遵循"天理"("天道")，"天道"呈现于人心，人与"天道"融为一体，身心与天地同流，自然呈现乐之气象。圣人与道同一之乐即是一种循理而后与理为一的快乐。在先秦儒者，孔颜之乐讲求的是"知之""好之""乐之"这样一个过程。也即是说，其仁者之乐是修养达到一定程度后获得的一种愉悦的体验，是一种道德的满足和快乐。而二程对"知之""好之""乐之"做了新的阐释："学至于乐则成矣。笃信好学，未知自得之为乐。好之者，如游佗人园圃；乐之者，则己物尔。"(《二程集·遗书》，卷第十一)在这种体验中，自己完全融入其中，此时，知识性的计较消失了，物我的对立消泯了，剩下的是天理流行，无所不由己的精神境界。程颐自己也对这种自得之乐有过这样的描述："阳阳，自得；陶陶，自乐之状；皆不任忧责，全身自乐而已。君子居乱世，如是而已。"(《二程集·经说》，卷第三）也就是说，"只有'自得''自然'，即从容和乐的心境，才能体悟大道"，① 从而达到并体会到与万物一体之乐的境界。只有个人"浑然与物同体"，"乃为大乐"。(《二程集·遗书》，卷第二上）这种大乐的获得乃是一天人，齐上下的结果："须是合内外之道，一天人，齐上下，下学而上达，极高明而道中庸。"(《二程集·遗书》，卷第三）此合内外之道所获得的快乐，用冯友兰先生的话说，是一种"真正持久的快乐"。② 所谓"放这身来，都在万物中一例看，大小大快活"(《二程集·遗书》，卷第二上），"人于天地间，并无窒碍处，大小大快活"(《二程集·遗书》，卷第十五），这种"快活"即是持久的快乐。此种快乐可以让人在天地之间自由无碍，悠游自得，无所不乐。

最后，"圣贤气象"所呈现的是一种顺化自然，柔强并置并以柔为主的优柔不迫之风格。在二程以前，孟子有言："我知言，我善养吾浩然之气。"③ (《孟子·公孙丑章句上》）对此，二程有很多论述和发挥：

> "至大""至刚""以直"，此三者不可阙一，阙一便不是浩然之气。如坤所谓"直方大"是也。但坤卦不可言刚，言刚则害坤体。然孔子于文言又曰："坤至柔而动也刚。"方即刚也。(《二程集·遗书》，卷第十九）

> 孟子曰："其为气也，至大至刚，以直养而无害。"此盖言浩然之气至大至刚且直也，能养之则无害矣。(《二程集·遗书》，卷第二十五）

---

① 李春青：《宋学与宋代文化观念》，北京师范大学出版社 2001 年版，第 28 页。

② 冯友兰：《中国哲学史新编》（下），人民出版社 1999 年版，第 140 页。

③ 杨伯峻：《孟子译注》，中华书局 2005 年版，第 62 页。

此处，二程结合卦义对孟子的"浩然之气"进行了论述，指出"浩然之气"以"至大""至刚""以直"为特征，并指出它们不能归于坤体，原因在于坤体以柔为特点，与孟子的"浩然之气"的三个属性不相符合，字里行间传递了不欣赏孟子浩然之气的信息。二程还从乾坤刚柔的角度对此进行了阐释：

> 刚来而下柔。（《二程集·周易程氏传》）
>
> 柔得中而上行。（《二程集·周易程氏传》）

此处的"刚"代表的是乾，"柔"代表的是坤，乾动而向下，坤动而上升，显示了其柔上而刚下的特点。而万物的化生都要借助于"坤"的生生不息：

> 万物资乾以始，资坤以生，父母之道也。（《二程集·周易程氏传》，卷第一）

君子之道即是合乎"坤德"的：

> 乾健坤顺，坤亦健乎？曰：非健何以配乾？未有乾行而坤止也。其动也刚，不害其为柔也。柔顺而利贞，乃坤德也，君子之所行也。君子之道合坤德也。（《二程集·周易程氏传》，卷第一）

君子遵循"坤德"而行，而"坤德"以柔顺为特点，君子之道合乎"坤德"即是君子之道以柔顺之美为特征。

坤道至柔，而其动则刚；坤体至静，而其德则方。动刚故应乾不违，德方故生物有常。阴之道不倡而和，故居后为得，而主利成万物，坤之常也。含容万类，其功化光大也。主字下脱利字。坤道其顺乎，承天而时行，承天之施，行不违时，赞坤道之顺也。(《二程集·周易程氏传》，卷第一)

正因为"坤道"承接天时运行，顺乎自然，顺理而行，所以自然不会对天理有所违背，从这个角度来说，"坤道"以顺为特征，即以柔顺为特点，也正是"坤道""利成万物"，所以程颐"赞坤道之顺"，对"坤道"的柔顺特点给予了很高的评价。

二程对周敦颐窗前草不除的回答是"与自家意思一般"(《二程集·遗书》，卷第三)，这说明二程重顺化、以柔顺为尚的理想。这种平淡柔顺的美，一如大自然的万事万物，虽然有活泼泼的生机生意存在，但是并不显得刚强，因此，作为人格上的"刚强"，就理所当然是应该被否定的了。对于人才的评价，二程亦以"坤德"的柔顺作为评价的标准：

义勇也是拘束太急，便性轶轻劣。大凡长育人才，且须缓缓。(《二程集·遗书》，卷第七)

子曰："圣人责人缓而不迫，事正则已矣。"(《二程集·粹言》，卷第二)

无论从人才的培育还是圣人行事而言，都不可"拘束太急"，而要"缓缓""缓而不迫"。二程还以这种标准对伯夷、邵雍等进行评价：

问："伯夷不念旧恶，何也？"曰："此清者之量。伯夷之清，若推

其所为，须不容于世，必负石赴河乃已，然却为他不念旧恶，气象甚宏裕，此圣人深知伯夷处。"（《二程集·遗书》，卷第十八）

尧夫襟怀放旷，如空中楼阁，四通八达也。（《二程集·粹言》，卷第二）

可以看出，这些评价的标准都是以"坤德"的柔顺特点作为标尺的。对于如何才能达到这种柔顺不迫的气象，二程也给予了指导：

人有实无学而气盖人者，其气有刚柔也。故强猛者当抑之，畏缩者当充养之。（《二程集·遗书》，卷第十八）

这是从事物中和的角度而论，取中道而行，是达到柔顺不迫境界的根本原则。同时，这种境界是由内而外形成的，表现在外就是气象的从容不迫：

或问："燕处倨肆，心不怠慢，有诸？"子曰："无之。入德必自敬始，故容貌必恭也，言语必谨也。虽然，优游涵泳而养之可也，拘迫则不能入矣。"（《二程集·粹言》，卷第一）

也就是说，此气象的达到是一个持久的过程，"子曰：凡志于求道者，可谓诚心矣，欲速助长而不中理，反不诚矣。故求道而有迫切之心，虽得之，必失之"。（《二程集·粹言》，卷第一）只有人的内在修养已经达到了那样的境界，外在才能显现出来，反言之，如果单纯为了求取这种外在的境界而有所行为，实际上也是难以达成所愿的，只有经过持久的修养，才能出现"然久幽之操，确乎如石，胸中之气冲如也"（《遗书·附录》）的情形。"冲如"即是优游，悠闲。"优裕，优闲，一也。"(《二程集·外书》，卷第六) 如此便会出现有道者之气象，"道有冲漠之气象"。(《二程集·遗书》，卷第十一)"冲漠"即是平淡自然。邹其昌在《朱熹诗经诠释学美学研究》一书中解释说：

> "平淡"是指一种澹泊自然、清新玄远、平和静谧之艺术风格和审美境界。"平淡"同时也是一种人格追求和生命境界，强调的是人在现实的、繁复的事物面前如何平静地对待一切诱惑，保持住人生固有之生命本色的心灵状态。①

因此，"优闲"是达到"圣贤气象"的一种体现和标志。在这种以柔顺为尚的风格影响之下，中国美学史发生了由壮美到优美的转向。

二程对"圣贤气象"的推崇，得到了后世的认同和发挥。程颐的弟子朱熹"用'气象'范畴评论和把握审美对象，而且'气象'在朱熹的著述中是极其普遍和突出的基本范畴，俯拾可得"。② 朱熹对于人物的评价甚至不少在语言上沿袭二程的说法。如《朱子语类》对孔子、颜子和孟子的评述："孔子，元气也；颜子，和风庆云也；孟子，泰山岩岩之气象也。"③ 几乎是二程评价的直接翻版。严羽《沧浪诗话·诗辨》中指出："诗之法有五：曰体制，曰格力，曰气象，曰兴趣，曰音节。"④ 这明显是和朱熹一样将"气象"放在了很重要的位置上，认为"气象"是诗歌艺术境界中很重要的因素之一，这显然是对气象的一种发挥；严羽还多次用气象来评价

① 邹其昌：《朱熹诗经诠释学美学研究》，商务印书馆 2004 年版，第 212 页。

② 邹其昌：《朱熹诗经诠释学美学研究》，商务印书馆 2004 年版，第 204—205 页。

③ (宋) 黎靖德编：《朱子语类》卷第九十三，王星贤点校，中华书局 1986 年版，第 2361 页。

④ 郭绍虞校释：《沧浪诗话校释》，人民文学出版社 1961 年版，第 7 页。

历代诗人和诗歌。纪昀在《瀛奎律髓刊误》卷一评杜甫《登楼》诗时说："何等气象！何等寄托！"① 王国维《人间词话·十》："太白纯以气象胜。'西风残照，汉家陵阙'，寥寥八字，独有千古。后世唯范文正之《渔家傲》、夏英公之《喜迁莺》差堪继武，然气象已不逮矣。"② 如此种种，不胜枚举，这都说明，二程倡导的"气象"已经发展成为一个重要的美学范畴，此范畴不但用来评价人物本身的气貌，并被广泛地应用到一切艺术和审美评价中，对中国古典美学后期的发展产生了深远的影响。

二程的"圣贤气象"是人通过道德修养达致天理至善和人生至乐后在仪礼举止、视听言动上呈现出来的精神风貌，体现了道德境界和审美境界的完美结合；圣人气象和贤人气象的差异表现为天地境界和道德境界的不同，人们可以通过学习颜子达到"圣贤气象"的人格美境界；"圣贤气象"呈现的是一种顺化自然，柔强并置并以柔顺为主的优柔不迫之风格，它成为二程文艺批评和人物品藻的审美原则，引发了宋代美学的优美转向。

---

① 叶朗总主编：《中国历代美学文库》（清代卷下），高等教育出版社 2003 年版，第 45 页。

② 滕咸惠校注：《人间词话新注》，齐鲁书社 1986 年版，第 3 页。

第五章　艺术哲学论

二程的艺术哲学是建立在其天理论理学基础上的，其"体用一源，显微无间"的理气观形成了"理本文末"的艺术本体论，这一观点决定了其对文的地位、作用和文之风格的看法，"文"作为二程所论本体"道"的表现形式之一，是人的道德修养的外在呈现。因此，人们可以由文而体道，但人只有进入虚静的审美心境，通过"涵泳"和"玩味"的鉴赏过程，才能达到物我两忘、天人合一的自得境界。

第一节　艺术本体论

"本体论立意在于为现实世界人为地设定一个外在根源"①，艺术的本体论即在为艺术人为地设立一个外在的根源。在二程的理学思想中，"理"（"道"）是万物的本原，是万物产生、发展、变化的根本和依据，它体现

———————

① 夏之放：《论块垒——文学理论元问题研究》，人民出版社 2007 年，第 181 页。

在自然、社会之中，自然也会表现在艺术之中。"道"是艺术的本原，艺术是"道"的表现形式之一，是人修养至道在"文"上（艺术的表现形式，亦称"文"）的自然发用。在"文"与"道"的关系上，"道"不但决定了"文"的地位和作用，而且决定了"文"的含蓄特点。虽然"作文害道"，但"文"作为"道"的表现形式之一，人们可以通过"文"而体"道"，二程对"文"的矛盾中呈现出"理本文末"论的特点。

一、文道观渊源

二程对文道关系的看法既是对历史上文道关系观点的继承，又从体用的角度对其进行了提升，要对二程的文道观进行全面的理解，须从历史上对文道关系的看法入手。

先秦儒家最早对文道关系进行探讨的是孔子。孔子对文质关系的看法实际上奠基了后世文道观的基本论调。《论语》记载："棘子成曰：'君子质而已矣，何以文为？'子贡曰：'惜乎，夫子之说君子也！驷不及舌。文犹质也，质犹文也。虎豹之鞟犹犬羊之鞟。'"[1]（《论语·颜渊》）可见，"文"和"质"的关系在孔子那里基本上是并重的，孔子所言之"质"相当于道德之善，而"文"则是道德之善的外饰表现，在孔子看来，人内在的道德之善和其外饰是同等重要的。但孔子在"文"与"质"的关系上还是有所侧重的，他提出了"行有余力，则以学文"[2]（《论语·学而》）的主张，显示了孔子对"质"的重视。但是，在"行有余力，则以学文"的说法中，这个"文"是指狭义的文，这一点很少有人提出异议。历代经学的权威阐释者如二程、朱子，也是这样理解的，他们对于诗文的态度，也最终渊源

---

[1] 杨伯峻：《论语译注》，中华书局 2006 年版，第 142 页。

[2] 杨伯峻：《论语译注》，中华书局 2006 年版，第 5 页。

于孔子的这种态度：先质后文，行有余力，则以学文。也即是说，人要先进行道德修养，在道德修养达到一定阶段后，自然能够行文。这一点在孔子论述言、文之间关系的语录中，也有清楚的表述，例如《论语》中的下列记载：

> 子贡问君子。子曰："先行其言而后从之。"① (《论语·为政》)
> 子曰："古者言之不出，耻躬之不逮也。"② (《论语·里仁》)
> 子曰："君子欲讷于言而敏于行。"③ (《论语·里仁》)
> 子曰："予欲无言"。子贡曰："子如不言，则小子何述焉？"子曰："天何言哉？四时行焉，百物生焉，天何言哉？"④ (《论语·阳货》)
> 子曰："有德者必有言，有言者不必有德。仁者必有勇，勇者不必有仁。"⑤ (《论语·宪问》)

在以上所述的"行"与"言"、"德"与"言"的关系中，相对于"行""德"的主导地位，"言"和"文"都处在次要的、从属的地位。此时的"文"显然是指狭义之"文"，如果把孔子的"德""质""行"看作社会政治和道德伦理的要求，那么，规定"文"服从"道"（道德伦理要求）的目的，就是极端功利和偏狭的。

先秦儒家奠定的文道中外在文饰和道德修养关系的格局，在先秦以后经过各种各样的修正，一直保持在儒家的学术传统中。到了二程，在保留

---

① 杨伯峻：《论语译注》，中华书局 2006 年版，第 18 页。
② 杨伯峻：《论语译注》，中华书局 2006 年版，第 44 页。
③ 杨伯峻：《论语译注》，中华书局 2006 年版，第 44 页。
④ 杨伯峻：《论语译注》，中华书局 2006 年版，第 211 页。
⑤ 杨伯峻：《论语译注》，中华书局 2006 年版，第 164 页。

"道"和"文"的道德修养和道德外饰含义的同时，还从体用的角度对二者的关系进行了发展。

明确地将"文"作为"道"的表现的提法出现在《荀子》中。《荀子·儒效》有言："圣人也者，道之管也。天下之道管是矣，百王之道一是矣。故《诗》《书》《礼》《乐》之归是矣。《诗》言是，其志也；《书》言是，其事也；《礼》言是，其行也；《乐》言是，其和也；《春秋》言是，其微也。故《风》之所以为不逐者，取是以之也……《颂》之所以为至者，取是而通之也；天下之道毕是矣。"① 在荀子看来，"道"是"文"的最高准则，《诗》《书》《礼》《乐》都是"道"的表现形式，此时的"道"与孔子对"道"的道德修养方面的侧重不同，强调的是"道"作为本体层面的含义。荀子在文道关系上的明确态度成了后世儒者从体用角度看待文道关系的重要依据。

荀子之后，魏晋南北朝的刘勰对文道关系的看法进行了系统的论述。刘勰关于文道关系的看法集中体现在《原道》中，他说："文之为德也大矣，与天地并生者，何哉？夫玄黄色杂，方圆体分，日月叠璧，以垂丽天之象；山川焕绮，以铺理地之形：此盖道之文也。仰观吐曜，俯察含章，高卑定位，故两仪既生矣。惟人参之，性灵所钟，是谓三才。为五行之秀气，实天地之心生。心生而言立，言立而文明，自然之道也。旁及万品，动植皆文。龙凤以藻绘呈瑞，虎豹以炳蔚凝姿；云霞雕色，有逾画工之妙；草木贲华，无待锦匠之奇。夫岂外饰，盖自然耳。至如林籁结响，调如竽瑟；泉石激韵，和若球锽。故形立则章成矣，声发则文生矣。夫以无识之物，郁然有彩，有心之器，其无文欤？"② 可以看出，刘勰的文道观既继承了孔子从道德之善的内容和外饰的角度论述文道关系的一面，又吸收

① 《荀子》，方勇、李波译注，中华书局2015年版，第102页。
② （南朝）刘勰：《文心雕龙》，王志彬译注，中华书局2012年版，第3页。

了荀子对文道关系的体用表述。在刘勰，"道"和"文"的内涵都进一步扩大了，"道"不仅是先秦儒家之道，更包含道家的自然规律之道，这种思想是对《周易》"《易》与天地准，故能弥纶天地之道。仰以观于天文，俯以察于地理，是故知幽明之故"①的文道观的继承。而"文"作为"道"的体现，自然其内涵和外延也与孔子之"文"有了很大的不同。不过刘勰在文道观上有一点与孔子是相通的，那就是在文道关系中"道"的地位要高于"文"。《宗经》篇有云："《经》也者，恒久之至道，不刊之鸿教也。故象天地，效鬼神，参物序，制人纪，洞性灵之奥区，极文章之骨髓者也。……若禀经以制式，酌雅以富言，是即山而铸铜，煮海而为盐者也。故文能宗经，体有六义：一则情深而不诡，二则风清而不杂，三则事信而不诞，四则义贞而不回，五则体约而不芜，六则文丽而不淫。"②刘勰的这段话体现了对经的崇尚和对"道"至上地位的维护，坚持"文道关系"中"道"的决定地位，这一思想在唐代古文运动中得到了极大的响应。刘勰的文道观为后来的文道观定了基调，"刘勰这种为文宗经的文艺思想，对后世影响甚大，后人之论，不管是'文以载道''文以明道'也好，还是'文以害道'也罢，无非是从正反两个方面阐明刘勰的意思，经与文的主从关系却从未被怀疑过，只是在不同的历史时期，于具体论述中各有侧重，或重文而兼及经义，或崇经以带动文风"。③

刘勰关于文道关系的思想在后世得到了极大的发展。唐代韩愈，提倡古文，树立道统的文学观。韩愈在《原道》中说："吾所谓道也，非向所谓老与佛之道也。尧以是传之舜，舜以是传之禹，禹以是传之汤，汤以是传之文、武、周公，文、武、周公传之孔子，孔子传之孟轲，轲之死，不

① 周振甫：《周易译注》，中华书局1991年版，第232页。
② （南朝）刘勰：《文心雕龙》，王志彬译注，中华书局2012年版，第22—28页。
③ 罗立刚：《宋元之际的哲学与文学》，复旦大学出版社2007年版，第207页。

得其传焉。"① 在《答尉迟生书》中，韩愈又说："抑所能言者，皆古之道。"②
指出为文的目的在于明道，极力在文风靡靡的情形下引起人们对"道"的
关注。在韩愈这里，这个"道"就是儒家伦理之道，其后的柳宗元进一步
扩大了"道"的外延。柳宗元在《答韦中立论师道书》中提出："本之《书》
以求其质，本之《诗》以求其恒，本之《礼》以求其宜，本之《春秋》以
求其断，本之《易》以求其动，此吾所以取道之原也。参之谷梁氏以厉其
气，参之孟、荀以畅其支，参之庄、老以肆其端，参之《国语》以博其趣，
参之《离骚》以致其幽，参之太史公以著其洁，此吾所以旁推交通而以为
之文也。"③ 可以看出，这比韩愈的"道"的范围要更加宽泛。当然，韩愈、
柳宗元虽然提倡"道统"，但并没有完全忽视"文"的地位。韩愈、柳宗
元本人的文章，有很多是文采飞扬的，特别是柳宗元的山水游记，写得是
很有文学色彩的。

可以看出，文道关系的发展在历史上大致呈现出这样的特点："道"
是以伦理之善作为内容，而"文"则是伦理之善的表现形式；或者"文"
是现象，"道"是本体，但就儒家总体的文道观而言，更偏重于将文道观
局限在伦理内容和外饰表现的界定上，而"文"与"道"的关系在宋代得
到了不同程度的发展，其内涵和外延与之前相比也有了很大的变化。到了
二程，"文"与"道"的关系发展到极端的地步，终至于演变成"作文害道"
之论，从而引起了学者对二程文道观的激烈争辩。

二、二程的文道观

宋代文道观在新的形势下出现了几种不同的看法，其中有四种比较典

---

① 叶朗总主编：《中国历代美学文库》，（隋唐五代卷下），高等教育出版社 2003 年版，第 36 页。
② 叶朗总主编：《中国历代美学文库》，（隋唐五代卷下），高等教育出版社 2003 年版，第 44 页。
③ 叶朗总主编：《中国历代美学文库》，（隋唐五代卷下），高等教育出版社 2003 年版，第 185 页。

型的文道观：一是以杨亿、刘筠为代表的西昆体诗文，它以富艳华丽为主要特点，适应了北宋开国升平的要求，因而得到了极大的发展，是文道关系中重文一派的代表。但受文道关系的历史惯性和要求复古的浪潮的影响，西昆体遭到了激烈的批评。二是以石介、柳开、王禹偁为代表的古文家率先举起了反对西昆体的大旗，表现了明显的重道轻文的倾向，成为宋代古文运动的先声。欧阳修在文道关系上的看法显得更为周全。他主张"文"要为"道"服务，切忌"弃百事不关于心"，并主张"道胜者其文不难而自至"，[①]但他对"文"也给予了充分的重视，指出"言以载事，而文以饰言。事信言文，乃能表见于后世。《诗》《书》《易》《春秋》，皆善载事而尤文者，故其传尤远"[②]，充分肯定了"文"对于"道"的重要性。可以看出，欧阳修在文道关系上持文道并重观。与上述文道观点明显不同的是理学家的文道主张。二程之前的理学家中对文道关系发表看法比较有代表性的是周敦颐，他说："文，所以载道也。……文辞，艺也；道德，实也。"[③]又说："圣人之道，入乎耳，存乎心，蕴之为德行，行之为事业。彼以文辞而已者，陋矣！（陋第三十四）"[④]周敦颐的"文"和"道"与古文家和时文家对"文"与"道"看作形式和内容的关系不同，指的是现象和本体、形式和内容双层内涵。在周敦颐看来，本体、内容之"道"要远远重于现象、形式之"文"，但周敦颐毕竟没有彻底否定"文"的地位，而是将"文"作为传"道"的工具。而到了二程那里，对文道关系的看法，发展到极端的程度，提出了著名的"作文害道"观。

---

① （宋）欧阳修：《答吴充秀才书》，载《文忠集》卷四十七，《文渊阁四库全书》（电子版），上海人民出版社，迪志文化出版有限公司1999年版。

② （宋）欧阳修：《代人上王枢密求先集序书》，载《文忠集》卷六十七，《文渊阁四库全书》（电子版），上海人民出版社，迪志文化出版有限公司1999年版。

③ （明）黄宗羲：《宋元学案·濂溪学案上》，中华书局1986年版，第491页。

④ （明）黄宗羲：《宋元学案·濂溪学案上》，中华书局1986年版，第493页。

（一）"作文害道"说

程颐"作文害道"的提出，在文学批评史上引起了强烈的反响。大致看来可以将这些意见分为两类：

一类是据此判断二程从根本上是否定文学的，持这类观点的学者不在少数。有学者认为："不仅纯文艺的诗词韵语为他们（二程）所鄙视，自然是连韩愈欧阳修那一般人的作品和思想观念，也都要感到不满意了。他们这样重视道，道便成为一个至尊的神圣的东西，高出一切，落得文学与异端同类了。""文章既与异端并举，自然学文好文之事，都是害道的了。""他们否认文学一切的意义与价值，把作家看作是俳优，把文学看作是异端，把从事文学的工作，看作是玩物丧志的无聊事体了。"① 这些看法指出了程颐文道关系的特点，有一定的合理性。与此相似的观点还有，"（程颐）从道学的狭隘立场出发，把道和文、道德修养和文章写作完全对立起来，得出作文害道的结论"，"他们完全没有理解文学的性质和作用"，"不仅是轻视了文学，实际是否定了文学"②，"程颐把理学家的'重道轻文'变为'文'和'道'的对立，直截了当地提出了'作文害道'说，把散文变为语录讲义式的东西"。③ 也有学者从文学的社会功能的角度对此进行了评价，指出："'文以载道'说其实是一种价值观，它把文学的社会政治功能置于审美功能之上。这种观点如果推向极端，即是'作文害道'，从根本上否定文学。"④ 可以看出，上述观点的共同之处是将二程作为持文道

---

① 刘大杰：《中国文学发展史》（下卷），百花文艺出版社 1999 年版，第 63 页，第 64 页，第 64 页。

② 复旦大学中文系古典文学教研组：《中国文学批评史》（中册），上海古籍出版社 1981 年版，第 112 页。

③ 张梦新主编：《中国散文发展史》，杭州大学出版社 1996 年版，第 362 页。

④ 莫砺锋、黄天骥主编：《中国文学史》（第三卷），高等教育出版社 1999 年版，第 5 页。

截然对立观点的代表。

另一类对二程的文道观的看法则认为二程在文道关系上是持"道本文末"或"道由文传"观点的,如"理学家一般都重道轻文,二程便是如此","比较起来,程颐轻视文学尤甚"。① 这就说明了程颐虽然有"作文害道"的提法,但毕竟没有彻底地否定文的存在价值。"(程颐)一方面歧文与道为二,而以为学文则害道;一方面又合文与道为一,而以为明道则能文。于是才主张文不可学,亦不必学。"② 这种对文道的看法显得较为合乎二程的本意。相似的看法又如:"道学家虽反对文学,可是他们的道学也不能不借文学表现,所以周敦颐主张文以载道,二程主张道为文心。"③ 有学者从"文"的含义入手对二程的文道观提出了自己的见解:"程颐提出'作文害道',一是为了否定一般文学家的作文之路,二是为了否定一般文学家所作的文。"④

可以看出,学者对二程文道观点的看法尽管存在分歧,但有一点是相同的,那就是,认为二程是"道"本论者,观点的分歧仅在于二程对"文"的不同态度上,而这种对于"文"的态度只有回到二程本人的言论,考察他们谈话的具体语境,才能对二程的文道观获得全面的理解。首先,"学文好文之事,都是害道的"的话,在程颐的论述中的确出现过。判断他言论的具体性质,必须依据该观点出处的原文。为便于分析,现将原文引用如下:

　　问:"作文害道否?"曰:"害也。凡为文,不专意则不工,若专

① 王运熙、顾易生主编:《中国文学批评通史》(宋金元卷),上海古籍出版社 1996 年版,第 759 页。

② 郭绍虞:《中国文学批评史》(上卷),百花文艺出版社 1999 年版,第 314 页。

③ 罗根泽:《中国文学批评史》(三),上海古籍出版社 1984 年版,第 75 页。

④ 成复旺、黄保真、蔡钟翔:《中国文学理论史》(二),北京出版社 1987 年版,第 336 页。

意则志局于此，又安能与天地同其大也?《书》云:'玩物丧志'，为文亦玩物也。吕与叔有诗云:'学如元凯方成癖，文似相如始类俳;独立孔门无一事，只输颜氏得心斋。'此诗甚好。古之学者，惟务养性情，其佗则不学。今为文者，专务章句，悦人耳目。既务悦人，非俳优而何?"曰:"古者学为文否?"曰:"人见《六经》，便以谓圣人亦作文，不知圣人亦摅发胸中所蕴，自成文耳。所谓'有德者必有言'也。"曰:"游、夏称文学，何也?"曰:"游、夏亦何尝秉笔学为词章也?且如'观乎天文以察时变，观乎人文以化成天下'，此岂词章之文也?"

或问:"诗可学否?"曰:"既学时，须是用功，方合诗人格。既用功，甚妨事。古人诗云'吟成五个字，用破一生心'，又谓'可惜一生心，用在五字上'。此言甚当。"先生尝说:"王子真曾寄乐来，某无以答他，某素不作诗，亦非是禁止不作，但不欲为此闲言语。且如今言能诗无如杜甫，如云'穿花蛱蝶深深见，点水蜻蜓款款飞'，如此闲言语，道出作甚?某所以不常作诗。"(《二程集·遗书》，卷第十八)

从这段原文，我们可以分析出以下要点:

第一，程颐明确地提出"作文害道"，并指出自己反对的实际是"专务章句"的做法。并且，程颐在这里借用《尚书》"玩物丧志"的话作了类比。

第二，古人的"文"，不是指"辞章之文"，而是"有德者"之言，是"天文"和"人文"，即自然之文、道之文等，是圣人"摅发胸中所蕴"，自然成文的结果，这种"文"显然是"道"的显现。换句话说，古人的"道"和"文"是本体和现象的关系，既然如此，有"道"则必有"文"。

第三，对吕与叔诗歌给予高度评价。一方面说"作文害道"，一方面又对吕与叔的诗句给予好评，原因在于，程颐在讲"作文害道"的时候，隐含了对"文"的区分。他反对的仅仅是"专务章句"的文，也即辞藻华丽之文，肯定的是另两类"文"——"有德者"之"言"和圣人"摅发胸中所蕴"自然产生的"文"，也即是肯定了有内容的"文"和体道之"文"。

第四，批评了"妨事"的"闲言语"。这是对自己"不常作诗"的夫子自道，也是为"文"所划定的标准。程颐将那些只是"吟咏情性"（单纯抒发情感）之作称为"妨事"的"闲言语"，认为这类"文"既没有包含应有的伦理内容，也不能体现天地自然之道，自然应该被摒弃。

与程颐的"作文害道"相类，程颢也有这方面的看法，《二程集》记载："（谢显道）昔录《五经》语作一册，伯淳（按：程颢，字伯淳）见，谓曰：'玩物丧志。'"（《二程集·外书》，卷第十二）另外，程颢"以记诵博识为玩物丧志。（《二程集·遗书》，卷第三）这说明，程颢也是"作文害道"论者。

二程反对"专务章句"之文，认为其妨道、丧志，细究起来，可以概括为以下几个方面的原因：

第一，从专意为文的可能后果讲即"作文"会"妨事"——"不能与天地同其大"。也即是，如果作空洞无物的闲言语，其中既然没有对天地之道的承载，也没有任何伦理内容，自然不能够体悟天地自然之大道。正是基于这种立场，二程对所有专力于为文的做法皆不以为然。

第二，程颐提出"作文害道"有其特定的时代背景。宋初，晚唐五代的浮艳文风影响极大，欧阳修领导的古文运动，对骈俪文风进行纠正，提出"道圣文至""事信言文"等主张。对于宋代初年的文学风气，二程自然也是很清楚的，他们针对当时各个文学流派的主张，进一步发挥了孔丘"有德者必有言"的观点，指出"作文害道""玩物丧志"的危害。可以看出，二程在文道关系上比极力纠正文章流弊的韩愈、欧阳修要极端得多。

他们的这种观点，从要求文章要有内容的角度看，并不是没有道理的。李春青在《宋学与宋代文学观念》中说："在'宋学'价值观及其言说方式的比照之下，仅仅'吟咏情性'的诗歌作品即使不是'害道'的'闲言语'（伊川语），无论如何也是达不到诗的最高境界的。""'作文害道'之论貌似偏激，实则大有道理。即使今天的价值标准衡量，那些玩弄文字游戏或充当传声筒的'作文'也是有害无益的。伊川反对这样的'作文'，斥之为'玩物丧志'是不为过的。"① 文章如果没有承载内容就会成为玩弄文字的游戏，没有存在的价值，反对为文也就不无道理。《二程集》载："学也者，使人求于内也。不求于内而求于外，非圣人之学也。何谓不求于内而求于外？以文为主者是也。学也者，使人求于本也。不求于本而求于末，非圣人之学也。何谓不求于本而求于末？考详略，采同异者是也。是二者皆无益于身，君子弗学。"（《二程集·遗书》，卷第二十五）这确实代表了北宋文学发展的正确方向，缺点是其谈法稍微有点过头。救弊之言，虽然过头了些，原其本意在于强调为人为学的大本，其价值还是应该给予充分肯定的。

通过以上分析可以看出，程颐提出的"作文害道"是有其特定的适应性的，所谓"害道"之文也并非指向一切文，他对吕与叔诗歌的欣赏和评价就证实了这一点。无论如何，二程的文道观绝非其"作文害道"一句就可全然明了，二程的文道观也绝非几句话可以简单了解，对其文道观的全面理解需要从二程本人的看法始得，以下我们逐一解析。

（二）"理本文末"论

二程在文道的关系上并没有直接将"文"作为"道"（"理"）这一本

---

① 李春青：《宋学与宋代文学观念》，北京师范大学出版社 2001 年版，第 108 页，第 213 页。

体的自然流行发见，"道"（"理"）经过了"感"的发生论流程至于"文"，其间经历了复杂的过程，它借助气而生文，气虽由"道"生但气有生灭，既生之气并不能必然返归于"道"，由"道"所生之"文"也未必一定可以经由"文"而返回"道"，这也就是二程提出"作文害道"、由"文"而达"道"的"理本文末"文道观的原因。"文"在二程那里有不同的所指，他的害道之"文"也仅仅限于那些闲言语，辞藻华丽之文，对于体道之文和有明确的思想内容之文二程并不反对，二程创作的大量的载道之文就说明了这一点。

我们在前面已经讨论过：二程的哲学体系是"理一元论"。同时，鉴于二程的"理"和"道"具有相同方面的含义，我们现在谈论的"文道关系"，当然也是"文"和"理"的关系。二程的文道观与前代相比，其最突出的地方在于从本体和现象的角度对"道"和"文"的关系进行了论述，提出了以"理"为本的"理本文末"观点。

1. 道的确立

二程的文道观是在继承前人的基础上发展而来的，其"道"与"文"的关系中当然有道德之善和外饰关系的一面，认为"文"是道德修养的自然结果——有德者必有言。

"行有余力"者，当先立其本也。有本而后学文，然有本则文自至矣。（《二程集·外书》，卷第六）

学者当以道为本。（《二程集·文集》，卷第九）

《五经》之言，非圣人有意于文也；至蕴所发，自然而成也。（《论学篇》，《二程集·粹言》，卷第一）

由上可知，二程是主张要在立道之后才能学文，明显地表现出重道轻文的取向。不过他们理论的实质，倒不是否定文，而是主张必须是"至蕴所发，自然而成"，从完美的道德中"摅发"出来的"文"才是好文。

在此基础上，二程从德与言的角度提出了文道关系中由德而言的观点。

> 不知圣人亦摅发胸中所蕴，自成文耳。（《二程集·遗书》，卷第十八）

> 孔子曰："有德者必有言。"何也？和顺积于中，英华发于外也。故言则成文，动则成章。（《二程集·遗书》，卷第二十五）

二程继承了孔子关于文道关系的一般观念，认为人的道德修养至一定程度，自然能够成文，而在德与文的关系中，二程和孔子一样，同样强调了德先于言的方面，指出："有德者必有言，而曰'我于辞命不能'者，不尚言也。"（《二程集·外书》，卷第二）换言之，虽然道德修养达到一定的程度能够自然发而为文，但说我不擅长于辞令，只是表明自己不以为文为尚，至于言而成章，则是不得已的事情，所谓"六十以后著书"（《二程集·遗书》，卷第二十四）乃不得已而为之之事。

二程在继承儒家文道观的基础上，有其超于前人的地方，那就是他们从体用的角度论述了自己对文道关系的新看法。二程的文道观是建立在其哲学观之上的，《二程集》载："理必有对待，生生之本也。有上则有下，有此则有彼，有质则有文，一不独立，二则为文。非知道者，孰能识之？"（《二程集·周易程氏传》，卷第二）即是说"理""一不独立"，必然有其表象。从本体与现象的角度，指出了"文"与"道"的不可分割性，但在二者的轻重关系上，《二程集》载："理者，实也，本也。文者，华也，末也。理文若二，而一道也。文过则奢，实过则俭。奢自文生，俭自实生，

202

形影之类也。"（《二程集·粹言》，卷第一）这即是说，就"文"与"理"
（"道"）的关系和地位而言，在二程看来，"理"（"道"）是决定性的。但
是，正如"理本文末"这句话所暗含的意思："文末"并不是"文"没有价值，
只是价值小些，在"理"（"道"）和"文"的关系上，"理"（"道"）为体
而"文"为用，这是二程对儒家文道观的提升。

可以看出，二程是从内容与形式、本体和现象的角度来论述文道关系
的，在"文"与"道"之中，二程表现了明显的重道倾向，确立了道先文
后、道体文用、道本文末的文道观。

2. 文的地位和作用

二程虽然皆有重道轻文的倾向，但他们从修身养性的角度，对文学
所具有的涵养道德、陶冶性情的作用有着充分的认识，尽管有"作文害
道""玩物丧志"之论，但要认识"道"，却不能忽视"文"，或者说，"文"
在体"道"中具有重要的作用。二程对"文"的重视是有其哲学依据的。《二
程集》中有多处表达了这种观点，如：

理无形也，故因象以明理。（《二程集·粹言》，卷第一）

理无形也，故因象以明理。理见乎辞矣，则可由辞以观象。（《二
程集·遗书》，卷第二十一上）

圣人以卦之象，推之于天下之事。（《二程集·周易程氏传》，卷第二）

上述"理"与"象"的关系即是"道"与"文"关系的表征，可以看
出，在二程这里，"道"必须经由"文"才能得以显现。换言之，如果没
有"文"，"道"亦不能为人们所认识，也正是从体道的角度"文"获得了
其存在的价值和意义，"道"和"文"具有了一致性。

但二程所论"道"与"文"的一致是有前提的，其前提是"文"在二

程那里有着不同的类别：

> 有有德之言，有造道之言，有述事之言。有德者，止言已分事。造道之言，如颜子言孔子，孟子言尧、舜。止是造道之深，所见如是。(《二程集·遗书》，卷第二上)

此处的"有德之言""造道之言""述事之言"就相当于二程所要讨论的"文"之概念，他们对言的分类实际上就是对文的区分。"有德之言"是将发生的事情如实记录下来而已，"造道之言"则是将别人的事情加以陈述，二程为便于人们理解，又进行了细说："言有多端，有有德之言，有造道之言。有德之言说自己事，如圣人言圣人事也。造道之言则知足以知此，如贤人说圣人事也。"(《二程集·遗书》，卷第十八)

从上可知，二程在三类文中，对于述事之言没有给予任何解说，是因为述事之言并不是道德修养的必然呈现，在体道中亦没有太大的作用，所以避而不谈。实际上，二程所论的"有德之言"相当于圣人所作之经：

> 道之在经，大小远近，高下精粗，森列于其中。(《二程集·遗书》，卷第一)
>
> 如圣人作经，本欲明道。今人若不先明义理，不可治经。(《二程集·遗书》，卷第二上)
>
> 道之大原在于经，经为道，其发明天地之秘，形容圣人之心，一也。(《二程集·文集》，卷第二)
>
> 圣人之道，传诸经学者，必以经为本。(《二程集·文集》，卷第八)

这即是说，"道"在经，经亦是"文"的一种，"道"不能不依靠它来明义。圣人之所以作文，其原因也在于明道，《二程集》中有多处这样的表述：

圣人作经，本欲明道。今人若不先明义理，不可治经，盖不得传授之意云尔。（《二程集·遗书》，卷第二上）

经所以载道也，器所以适用也。学经而不知道，治器而不适用，奚益哉？（《二程集·遗书》，卷第六）

古之学者，先由经以识义理。盖始学时，尽是传授。后之学者，却先须识义理，方始看得经。如《易》，《系辞》所以解《易》，今人须看了《易》，方始看得《系辞》。（《二程集·遗书》，卷第十五）

圣人作《易》，以准则天地之道。《易》之义，天地之道也。（《二程集·经说》，卷第一）

《诗》《书》《易》言圣人之道备矣。（《二程集·外书》，卷第九）

圣人所做之经是"文"的一种形式，二程对此是持完全赞同的态度的。对此种类型的言或"文"，二程并不反对。

对于历史诸子之文，其中承载了某些义理，此种"文"的作用主要在于透过表面的"文"得知其后所蕴含的道理，对这种"文"的态度要看人们从中得知义理的多少来判定。此类我们暂且称之为义理之文，也即是二程所言之"造道之言"，是贤人说圣人事。此种"文"二程分为有德者必有言和有德者未必有言两类，对于前者，二程持赞成态度。

凡读史，不徒要记事迹，须要识治乱安危兴废存亡之理。（《二程集·遗书》，卷第十八）

子曰："有学不至而言至者，循其言可以入道。"门人曰："何谓也?"子曰:"'真积力久则入',荀卿之言也;'优而柔之,使自求之,厌而饫之,使自趋之,若江河之浸,膏泽之润,涣然冰释,怡然理顺',杜预之言也;'思之思之,又重思之,思而不通,鬼神将通之,非鬼神之力也,精诚之极也',管子之言也。此三者,循其言皆可以入道,而三子初不能及此也。"(《二程集·粹言》,卷第二)

可以看出,能够由内在的道德修养所发而成的义理之文,二程并不认为"作文害道""玩物丧志",相反,不是由内在的道德修养而发的言论或内在的道德修养没有适宜地表现在自己的言之中,对此类文章二程是持反对态度的。

二程明确反对的仅仅是第三类"闲言语"的诗文,认为对这类文如果"学者先学文,鲜有能至道"。(《二程集·外书》,卷第十二)原因在于这类诗文既不是承载道的工具,也没有承载义理,此类文章是二程坚决反对、痛加贬斥的。

二程尽管提出"作文害道"和"玩物丧志"之论,但他们重点谈论的并不是他们反对的这类文章,而是把关注的焦点放在了前两类即体道之文和义理之文上,此两类"文"与"道"比起来,其价值在于能够体道和传载义理。

虽然二程在文道关系上提出了"作文害道"的观点,具有明确的反对为文的意识,但从"文"作为"道"体现的角度,二程还是肯定了"文"在体"道"中的地位,认为通过"文"可以达"道","文"在达道中有着不可忽视的价值和作用。就其作用的方面,文的价值有以下几个方面的体现:

首先,二程认为为文即穷经有很强的实用价值:

穷经，将以致用也。如"诵诗三百，授之以政不达，使于四方，不能专对，虽多亦奚以为？"今世之号为穷经者，果能达于政事专对之间乎？（《二程集·遗书》，卷第四）

读书将以穷理，将以致用也。今或滞心于章句之末，则无所用也。此学者之大患。（《二程集·粹言》，卷第一）

这说明二程从伦理功用的角度指出了读书或者学文的重要性，认为读书学文可以让人在政治活动中顺利地表达自己的意愿和志向，即"突出文学本身的现实取向性和人文理性。展示了二程对宇宙、人生的独立思考和感悟，更表露了他们借助文学来展现对现实的关注与思考以及淑世情怀"。① 这一看法有很大的合理性，二程在不少的作品中的确表示出对现实的关怀和关注。

其次，二程认为为文可以使人变化气质：

《二程集》载："学之兴起，莫先于《诗》。《诗》有美刺，歌诵之以知善恶治乱兴废。"（《二程集·遗书》，卷第十一）"学者不可以不看《诗》，看《诗》便使人长一格价。"（《二程集·外书》，卷第十二）这就从涵养性情的角度对"文"给予了肯定和赞赏，因此，有学者所言的二程"否定了文的独立审美特征和艺术价值"② 的看法是显失偏颇的。

由此可见，在二程那里，存在着对文的两种价值评判标准："一种是作为理学家所认可的道德尺度，另一种是作者潜意识中的美学尺度。按照道德尺度，'文'必须载'道'，纯粹文学只能是玩物丧志；而按照美学尺度，'文'自有其值得欣赏玩味之处，间或作诗也无妨。这体现出理学美学的

---

① 姜海军《二程文道观及其时代性分析》，《北京大学研究生学志》，2006 年第 86 期。

② 姜海军：《二程文道观及其时代性分析》，《北京大学研究生学志》，2006 年第 86 期。

矛盾之处。"① 虽然存在着两种评判标准，但二程在批评实践中侧重以伦理道德的标尺作为主要的准则。

最后，文除了能够体道所具有的价值外，本身也有自己独立的存在意义，具有审美价值，即："德盛者言传，文盛者言亦传。"（《二程集·遗书》，卷第二十五）这即是说，不但通过道德修养成文可以流传于世，同样地，"文"如果做到极高的程度亦能流传久远，这就肯定了文所具有的审美价值。《二程集》中亦有多处通过肯定"言"从而肯定"文"的内容，如：

> 凡学者读其言便可以知其人，若不知其人，是不知言也。（《二程集·遗书》，卷第二十二上）
>
> 学者须要知言。（《二程集·遗书》，卷第二十二上）

这就是说，通过对人的语言的了解可以获得关于此人的认识，因而了解人的语言或者说"文"就显得非常重要了。"学者须要知言"正说明了"文"对于学者的重要性。

总之，二程的文道观呈现出以道为本、由文体道的"理本文末"论特点。二程关于文道关系的理论在其创作和批评中也得到了很好的贯彻和体现。

3.创作与批评实践

二程关于本体与现象、内容与形式的文道观，不但有直接的理论表述，而且体现在其创作和批评实践中。

在创作上，二程既创作了借助自然景物抒情明理的诗歌，又有对"理"

---

① 邓莹辉：《两宋理学美学之形成初探——兼论理学家的文学创作与批评》，福建师范大学 2003 级古代文学专业博士论文。

直接描述的作品，更有对现实社会、人生深刻关注的大量上书奏表。程颢的《偶成》即是一首借景言理、借文以显道的作品。在此诗歌对自然景物的描述中，体现了人与万物一体的自得之乐，在自然的大化流行中包含着深刻的哲理之思。程颐所写的《闻舅氏侯无可应辟南征诗》一诗中，"道大不为当世用，著书将期来者知"两句说明了作者作此诗的意图，显然是以体认大道为终极目标。在各种上书、奏表中，基本上都是论述世事或关心民生疾苦之作。如程颢的《论王霸札子》《论十事札子》，程颐的《上仁宗皇帝书》等，就是这方面的代表作品。

　　二程以伦理内容为主的文道观亦在其对文学家和《诗经》等经典的评判中体现出来。就对文学家的评判而言，我们从二程对杜甫和韩愈的评价中即可见出。前述对杜甫的两句诗"穿花蛱蝶深深见，点水蜻蜓款款飞"指斥为"闲言语"，正说明二程是以道德标准作为评价尺度来评判文学的存在价值。在对韩愈的评价上，二程亦是遵循了这一标准。"韩愈亦近世豪杰之士。如《原道》中言语虽有病，然自孟子而后，能将许大见识寻求者，才见此人。至如断曰：'孟氏醇乎醇。'又曰：'荀与杨择焉而不精，语焉而不详。'若不是佗见得，岂千余年后便能断得如此分明也？"（《二程集·遗书》，卷第一）可见，程颢充分肯定了韩愈在传道中的重要地位。而程颐对韩愈则既有肯定，又有批判："问：'退之《读墨》篇如何'？曰：'此篇意亦甚好，但言不谨严，便有不是处。……大凡儒者学道，差之毫厘，谬之千里。……退之乐取人善之心，可谓忠恕，然持教不知谨严，故失之。至若言孔子尚同兼爱，与墨子同，则甚不可也。后之学者，又不及杨、墨。杨、墨本学仁义，后人乃不学仁义。但杨、墨之过，被孟子指出，后人无人指出，故不见其过也。'""退之晚年为文，所得处甚多。学本是修德，有德然后有言，退之却倒学了。因学文日求所未至，遂有所得。如曰：'柯之死不得其传。'似此言语，非是蹈袭前人，又非凿空撰得出，必有所见。若无所见，不知言所传者何事?""退之正在好名中。"(《二程集·遗书》，卷第十八) 程颐将韩愈的《读墨》篇从意上给予了肯定，但又认为其语言不够严谨，并指出其将孔子和墨子等量齐观是错误的看法。同时，在程颐看来，德与言的关系是"有德者必有言"，是先在道德修养达到一定程度后发而为文，而韩愈所论修德的顺序存在问题，是从文字入手，然后获得其中的义理，而不是从义理修养开始自然为文，因此程颐认为韩愈"倒学"了。

二程以伦理尺度作为评价文学的标准亦体现在其对经典的解读中。在《诗经》的研究上宋代呈现出两种路径:以《序》说《诗》和以《诗》说《诗》。二程则是以《序》说《诗》的坚决维护者。程颐指出:"学《诗》而不求《序》，犹欲入室而不由户也。"(《经说》卷第三)《序》分为《大序》和《小序》，二程认为《诗》之《大序》是孔子所作，《小序》乃国史所为:

> 问:"《诗》如何学?"曰:"只在《大序》中求。《诗》之《大序》，分明是圣人作此以教学者，后人往往不知是圣人作。自仲尼后，更无人理会得《诗》。"(《二程集·遗书》，卷第十八)
>
> 《诗·小序》便是当时国史作。如当时不作，虽孔子亦不能知，况子夏乎? 如《大序》，则非圣人不能作。(《二程集·遗书》，卷第十九)
>
> 《诗·大序》，孔子所为，其文似《系辞》，其义非子夏所能言也。《小序》，国史所为，非后世所能知也。(《二程集·遗书》，卷第二十四)

这种《大序》是孔子所作，而《小序》是国史所为的看法基本上是确定的，二程肯定《大序》，辨明《小序》，原因在于持"盖发于人情怨愤，圣人取其归止于礼义而已"(《二程集·经说·诗解·国风》)的判断标准，这是对孔子"思无邪"的发展，并指出，"孔子删《诗》，岂只取合于雅诵之音而已，亦是谓合此义理也。如《皇矣》、《烝民》、《文王》、《大明》之类，其义理，非人人学至于此，安能及此？作诗者又非一人，上下数千年若合符节，只为合这一个义理，若不合义理，孔子必不取也。"(《二程集·遗书》，卷第二上）指出孔子删定诗歌亦是遵循了义理的标准，而止于礼义就是合于义理。在此基础上，对《小序》亦是以《大序》的义理为标准进行了删定：

> 问："《诗·小序》何人作？"曰："但看《大序》即可见矣。"曰："莫是国史作否？"曰："《序》中分明言'国史明乎得失之迹'，盖国史得诗于采诗之官，故知其得失之迹。如非国史，则何以知其所美所刺之人？使当时无《小序》，虽圣人亦辨不得。"曰："圣人删诗时，曾删改《小序》否？"曰："有害义理处，也须删改。今之《诗序》，却煞错乱，有后人附之者。"(《二程集·遗书》，卷第十八）

同时，程颐还从"理"的角度对《诗经》的一些内容进行了重新的阐释。在对《大雅·烝民》进行阐释时，程颐有云："诗曰：'天生烝民，有物有则，民之秉彝，好是懿德。'故有物必有则，民之秉彝也，故好是懿德。万物皆有理，顺之则易，逆之则难，各循其理，何劳于己力哉？"(《二程集·遗书》，卷第十一）与前人对人之性情的关注不同，二程从"理"的层面强调了人"循理"的必要性。又如，程颐对《缀蛛》的解释也是从"天理"的角度入手的："言奔则女就男。卫国化文王之道，淫奔人知耻而恶绝之，诗人道是意，以风止其事。……婚姻，男女之交也。人虽有欲，当有信而知义，故言其大无信，不知命，为可恶也。苟惟欲之从，则人道废而入于禽兽矣。女子以不自失为信，所谓贞信之教。违背其父母，可谓无信矣。命，正理也。以道制欲则顺命，言此所以风也。"（《二程集·经说》，卷第三）此阐释从天理人欲的角度对男女之情加以解说，是典型的以理说《诗》，以伦理作为读诗和评诗的出发点和归宿。

二程对《诗经》和古文家的评判、解释遵循的是伦理价值趋向和义理标准，这种标准在加强诗歌的温柔敦厚传统方面有其特定的价值，但对文学自身的价值重视不够，不过这也恰好从另一个角度说明了二程"理本文末"的文道观点。

（三）文之风格：含蓄

二程从"体用一源，显微无间"的角度确立了其以道为本，由文体道的"理本文末"（道本文末）文道观，不但"文"的地位和作用由"道"所决定，而且其特点也由"道"所规定。道以"简"为特点，作为"道"在艺术上的表现形式的"文"，自然也以言简含蓄为特点。《二程集》中，多处表现了二程对言简含蓄之文的极力提倡。《二程集》载：

> 语高则旨远，言约则义微。大率《六经》之言涵蓄，无有精粗。欲言精微，言多则愈粗。（《二程集·遗书》，卷第十五）
>
> 言贵简，言愈多，于道未必明。杜元凯却有此语云"言高则旨远，辞约则义微。"大率言语须是含蓄而有余意，所谓"书不尽言，言不尽意"也。（《二程集·遗书》，卷第十八）

含蓄之言更益明道，相反地，如果言过于繁杂就不利于体道，因此二程提出言要简、要含蓄的主张。此一主张是"道"之"易简"特点的自然表现：

圣贤德业久大，得易简之道也。天下之理，易简而已。有理而后有象，"成位乎其中"也。(《经说》卷第一)

　　"天理"之"理"以"易简"为特点，"文"作为"易简"之理的体现，自然应该以"易简"为特点。二程还以反面的实例说明了过于奢华的语言对于"道"的妨害："杨子之学实，韩子之学华，华则涉道浅。"(《二程集·遗书》，卷第六)并从正面指出只有含蓄之文才能明道："子曰：立言，所以明道也。言之，而知德者厌之，不知德者惑之，何也？由涉道不深，素无涵蓄尔。"(《二程集·粹言》，卷第一)

　　那么，此言简之文究竟具有何种特点呢？首先，它表面上与平常的语言表达没有差异，实际上却意味深长：

　　圣人之言依本分，至大至妙事，语之若寻常，此所以味长。(《二程集·遗书》，卷第十五)

　　也即是说，它意在言外，韵味十足，在风格上呈现出优柔的特点："大率诗意贵优柔不迫切，此乃治《诗》之法。"(《二程集·外书》，卷第一)"诗意贵优柔不迫切"一句，表明了二程对优柔风格的欣赏，这种优柔即是平淡的同义语，它可以看作二程为文很重要的一条文艺原则或者说是理想境界，这种为文特点以"冲和"为特色：

　　圣人之言，冲和之气也，贯彻上下。(《二程集·遗书》，卷第十一)

　　"冲和"即是优柔、平淡风格的另一种表述。在此基础上，二程还运用比较的方法对圣人和学者的文章进行了对比，指出了其不同的特点："圣人文章，自然与学为文者不同。如《系辞》之文，后人决学不得，譬之化工生物。且如生出一枝花，或有剪裁为之者，或有绘画为之者，看时虽似相类，然终不若化工所生，自有一般生意。"（《二程集·遗书》，卷第十八）将圣人文章比作化工生物，学者之文比作雕琢之美，生动有力地说明了自然之美的可贵。二程所提倡的自然之风的"文"源于二程理学由"性"而至"理"的思想。在二程看来，"性"是"理"在人性上的体现，是天之所赋，人要通过性情的修养回归天理，必须"无欲""静"，这种无欲的心境能造成一种淡泊的心境，淡泊的心境自然能够创作出平淡、自然风格的诗歌，这也是体认天理过程中的自然的副产品。

可见，二程所提倡的"文"除了内容上要合于义理的要求、体现"道"本体之外，还在形式上以言简而味长、优游不迫、自然而然为特点。

通过以上的分析可知，二程虽然提出了"作文害道"之论，不过他们反对的"文"是指时文、训诂之文。二程在文道关系中，虽有"作文害道"的提法，但其所论之"文"的重心不是"闲言语"之文，而是有特定的所指，此"文"在内容上要求合于义理并体现本体之道，形式上要求言简含蓄，"文"在呈现"道"的同时，还要能致用：具有经世致用和审美的价值。二程以"道"为本的文道观，为朱熹"文由道出""文道合一"观的明确提出和完善奠定了基础。

第二节　艺术鉴赏论

二程的艺术本体论肯定了"文"在体"道"过程中的地位和作用，其艺术鉴赏论自然可以由文入手，通过文而体道，实现物我两忘、天人合一的自得境界。二程的鉴赏论以其理学思想为基础，认为"性"作为"天理"在人身上的体现，人们可以由性达理，而读书是一种涵养性情的有效方式，通过对书之内容的"涵泳""玩味"，人们就能实现涵养心性、通达天理的目的。但"涵泳"和"玩味"是建立在对文义正确理解的基础上的。因此，二程鉴赏论包含着两个层面，一是通过训字与通解的结合获得"文"的表层含义，这是艺术鉴赏得以进行的前提和基础；二是在此基础上通过"涵泳"和"玩味"涵养性情、体认圣贤之道，提升人格，进入自得境界。

一、训字与通解

如果从创作的角度来讲是"道盛"而文自至，"有德者必有言"的话，那么从接受的角度来说，对"道"的体悟却需要从"言""文"开始。二程的由文至道虽然由对文义的理解开始，但必须以通解为标尺，才能不为"文"所梏。以下具体分析之。

在具体阅读"文"的方法上，二程主张要从对字义的求解开始，《二程集》载：

> 凡看文字，先须晓其文义，然后可求其意；未有文义不晓而见意者也。（《二程集·遗书》，卷第二十二上）

所谓"文义"即是指文章的表层含义，而"意"则是文中所含有的表层义下面的深层意蕴，程颐要求阅读具体的文章时，要从对文字的理解开始，先理解表面意义，然后发现其中的深刻意蕴。而深刻意蕴的获得是建立在对文字表面意义的理解上，由此，程颐反对字字训释，主张通解，他以具体的例子来说明通解的必要性：

孟子之时，去先王为未远，其所学于古者，比后世为未缺也，然而周室班爵禄之制，已不闻其详矣。今之礼书，皆掇拾秦火之余，汉儒所傅会者多矣，而欲句为之解，字为之训，固已不可，又况一一追故迹而行之乎？（《二程集·粹言》，卷第一）

这就是说，人们在阅读古代典籍时，由于时代相差久远，且其中加入了许多附会之处，已经不是经典的本来面目了，在这种情况下，如果还是一味地去字字求解其本义，按照其中记载的一一去实行，那是非常荒谬可笑的事情。既然如此，对待经典的正确的方法是要在对文本原义理解的基础上，获得一个大致的解释和理解，而不要被具体的文义所桎梏。程颐以伯夷不食周粟的例子说明概观文章大意的必要性：

问："伯夷叩马谏武王，义不食周粟，有诸？"曰："叩马则不可知。非武王诚有之也，只此便是佗隘处。君尊臣卑，天下之常理也。伯夷知守常理，而不知圣人之变，故隘。不食周粟，只是不食其禄，非饿而不食也。"（《二程集·遗书》，卷第十八）

此段是程颐对于伯夷不食周粟的解释，程颐认为不食周粟并不是伯夷真的不吃周代的粮食，而是不接受当朝的俸禄，并非饿了也不吃粮食的意思，这种解释显然是一种通解而非拘泥于句子的表面字义，这就涉及文义和文意、训字和通解的关系问题，即，当字面的意义和整个句子的理解以及常理相冲突的时候，为学者应当以概观大义为主。故《二程集》中说：

善学者，要不为文字所桔。故文义虽解错，而道理可通行者不害

也。(《二程集·外书》,卷第六)

　　这就要求以道理通行无碍为鉴赏的标准,如此,即使文字的表面含义有所改变,也不至于妨碍对其中义理的理解。对此,伊川以时人看《易》的例子加以说明:

　　　　今时人看《易》,皆不识得《易》是何物,只就上穿凿。若念得不熟,就上添一德亦不觉多,就上减一德亦不觉少。譬如不识此兀子,若减一只脚亦不知是少;添一只脚亦不知是多。若识,则自添减不得也。(《二程集·外书》,卷五;《近思录》卷三《致知》)

　　只有明白了《易》中所载只是一个义理,才不会因为个别字的原因而产生穿凿附会的解释,这就要求学者的灵活掌握:

　　　　学须是通,不得如此执泥。(《二程集·遗书》,卷第十八)

　　"通"、不"执泥"即是要求为学者不为字面意义所局限的意思。《孟子·万章上》载:"故说《诗》者,不以文害辞,不以辞害志。以意逆志,是为得之。"[1] 对于"不以文害辞",程颢如此解释:

　　　　"不以文害辞。"文,文字之文,举一字则是文,成句是辞。诗为解一字不行,却迁就他说,如"有周不显",自是作文当如此。(《二

_____

[1]　杨伯峻:《孟子译注》,中华书局 2005 年版,第 215 页。

程集·外书》，卷第一；《近思录》卷三《致知》）

这是说当字面的意思和整个诗的理解发生冲突的时候，应该以对诗的概观为要旨，不背离其大意。不过，这并不意味着不要解释、理会单个字词的意思，如程颐说："学者不泥文义者，又全背却远去；理会文义者，又滞泥不通。如子濯孺子为将之事，孟子只取其不背师之意，人须就上面理会事君之道如何也。又如万章问舜完廪浚井事，孟子只答佗大意，人须要理会浚井如何出得来，完廪又怎生下得来，若此之学，徒费心力。"（《二程集·遗书》，卷十八）也就是说，文意的获得离不开字词的意义，如果不顾及文字的意义，那就不会得出对文章的全面理解，其理解也会滞泥而不通达。可见，文字在整个意义的理解中是有它应有的地位的。那么，如何才能既遵照字义而又不会出现差错呢？二程指出，要把字词放在具体的语言环境中加以解释，就像程颐所说的，"凡观书，不可以相类泥其义。不尔则字字相梗，当观其文势上下之意。如'充实之谓美'与《诗》之美不同"。（《二程集·遗书》，卷第十八）不只程颐是这样，程颢亦是如此：

> 谢显道云：明道先生善言《诗》，佗又浑不曾章解句释，但优游玩味，吟哦上下，便使人有得处。"瞻彼日月，悠悠我思；道之云远，曷云能来？"思之切矣。终曰："百尔君子，不知德行；不忮不求，何用不臧！"归于正也。
>
> 伯淳常谈《诗》，并不下一字训诂，有时只转却一两字，点掇地念过，便教人省悟。又曰："古人所以贵亲炙之也。"（《二程集·外书》，卷第十二）

这与张载所说的"其言相互发明"，意思是一致的："以中庸文字辈，直须句句理会过，使其言互相发明。"① 这也就是说，不要拘泥于文字的字面意思，应该综合整篇文章或诗歌的大意，这样一来，才能抓住重点所在。程颐也在《易传序》中对这一观点进行了解说：

> 易，变易也，随时变易以从道也。其为书也，广大悉备，将以顺性命之理，通幽明之故，尽事物之情，而示开物成务之道也。圣人之忧患后世，可谓至矣。去古虽远，遗经尚存。然而前儒失意以传言，后学诵言而忘味。自秦而下，盖无传矣。予生千载之后，悼斯文之湮晦，将俾后人沿流而求源，此《传》之所以作也。
>
> 《易》有圣人之道四焉："以言者尚其辞，以动者尚其变，以制器者尚其象，以卜筮者尚其占。"吉凶消长之理，进退存亡之道，备于辞。推辞考卦，可以知变，象与占在其中矣。君子居则观其象而玩其辞，动则观其变而玩其占。得于辞，不达其意者有矣；未有不得于辞而能通其意者也。至微者理也，至著者象也。体用一源，显微无间。观会通以行其典礼，则辞无所不备。故善学者，求言必自近。易于近者，非知言者也。予所传者辞也，由辞以得其意，则在乎人焉。(《二程集·周易程氏传》)

"予所传者辞也，由辞以得其意，则在乎人焉"，这句话很好地说明了上文中所说的道理。

综合来看，二程主张鉴赏中在具体解释文章时，应该从上下文的语境中去理会词句的意义，而不是孤立地解释，这样才不会妨碍对整个文章意义的理解。在寻求了文章的表面意义后，应该探求其所蕴含的深层意蕴。

---

① 《张载·经学理窟·学大原下》，中华书局 1978 年版，第 284 页。

正如张载说言，"《序卦》不可谓'非圣人之蕴'，今欲安置一物，犹求审处，况圣人之于《易》！其间虽无极至精义，大概皆有意思。观圣人之书，须布遍细密如是，大匠岂以一斧可知哉!"[①] 非"一斧可知"即是要寻求其内在的蕴含意义，而这种深刻的含义，不是浅尝辄止的读书方法所能奏效的。只有在反复揣摩而又不失大意的基础上，才能达到融会贯通即"浃洽"。也即，"人心常要活，则周流无穷，而不滞于一隅"。(《二程集·遗书》，卷第五)心活即是能融会贯通，学以致用意。否则，"读书而不留心于文义，则荒忽其本意；专精于文义，则必固滞而无所通达矣"。(《二程集·粹言》，卷第一)

二程解读经典以求字义开始，但又不为字义所拘，而是主张融会贯通，以训字和通解相结合的方法来获得对文意的理解，认为只有这样的理解才能通达无碍。

二 "涵泳"与"玩味"

如果说二程在文义上的训字和通解是审美鉴赏的基础的话，那么，其关于"涵泳""玩味"的理论则是鉴赏的展开和进行，具有审美体验的特点，在"涵泳"和"玩味"中，"涵泳"体现了审美体验的全面性，而"玩味"则表现了审美体验的深刻性。

如果说二程训字与通解依据的依然是文字本身，只不过一则局限于字字计较，一则是突破锱铢必较而求得通达之意，两者都仅仅局限于文字表层的含义，如果仅仅停留在这一阶段，就会造成非常严重的后果：

解义理，若一向靠书册，何由得居之安，资之深？不惟自失，兼亦误人。(《二程集·遗书》，卷第十五)

---

① 《张载·横渠易说·序卦》，中华书局 1978 年版，第 238 页。

这即是说，要获得文中所深蕴的义理，仅仅依靠对书册的理解是不够的，为此，二程又引进了"涵泳"和"玩味"两个范畴。这两个范畴是二程理学美学的重要范畴，两者都是在审美鉴赏过程中建立起来的，在二程的理学美学中占有十分重要的地位。两者表现了审美过程中的阶段性和层次性，它们在鉴赏过程中的侧重点和深度有所不同，总起来说，"涵泳"体现了审美体验的全面性，而"玩味"则体现了审美体验的深刻性。下面，我们来具体研究一下这两个审美范畴。

（一）涵泳源流

"涵泳"，从字义训诂的角度来说，"涵"有沉浸其中之义，而"泳"则体现了这种沉浸的状态，这一范畴，在二程理学美学思想中占有重要地位。有学者已经对其义源作了简单梳理：

> "涵泳"原意为"水中潜行"，如《文选·左思·无都赋》"涵泳乎其中"，就是写"鱼"在"水中潜行"。韩愈《禘祫议》："臣生遭圣明，涵泳恩泽。"这里的"涵泳"已转意为"沉浸"。程颐开始将"涵泳"用于"求道""穷理"之方，加以推崇。①

这里，对"涵泳"意义的解释存在着一个由本义到引申义的发展过程，《文选》即是使用的"涵泳"之沉潜的本义，而"涵泳恩泽"则是比喻义，用"沉浸"加以解释是比较恰切的。正是由于韩愈的比喻用法，为二程将其用于求得义理的方法奠定了基础。程颐把"涵泳"的对象鲜明地确立为"道""理"，成为一个艺术鉴赏论的范畴。程颐明确地指出，要进入"涵泳"

---

① 邹其昌：《论朱熹诗经诠释学美学诠释方式》，《湖南师范大学社会科学学报》，2004年第1期。

的审美体验，必须具有"敬"的审美心境：

> 入德必自敬始，故容貌必恭也，言语必谨也。虽然，优游涵泳而养之可也，拘迫则不能入矣。（《二程集·粹言》，卷第一）

此段的第一句明确地指出为学的目的在于入德，即追求圣贤的人格境界，而这种境界的获得是从"敬"开始，通过优游"涵泳"而获得，将"敬"与"涵泳"共同作为入德的方法，可见将其作为体道的方式和一种心理状态是没有问题的，而"敬"和"涵泳"的最终目标都是入德，也即达致"圣贤气象"，提升人格境界。换言之，"涵泳"的最终结果是"圣贤气象"的人格境界的自然呈现，正如有学者所言："'涵泳'便成为理学所铸合的新范畴，它既是一种心理表达，又是一种体认方式和心态表现。"① 这种看法是符合二程"涵泳"的本来归属的。"涵泳"在二程看来主要指的是追求理想人格时一种特定的审美体验心境和状态。对此二程有相当系统的论述：

> 夫子言"兴于《诗》"，观其言，是兴起人善意，汪洋浩大，皆是此意。（《二程集·遗书》，卷第二上）
>
> 余所论，以大概气象言之，则有苦心极力之象，而无宽裕温厚之气。非明睿所照，而考索至此，故意屡偏而言多窒，小出入时有之。更愿完养思虑，涵泳义理，他日自当条畅。（《二程集·文集》，卷第九）
>
> "兴于《诗》"者，吟咏性情，涵畅道德之中而歆动之，有"吾与

---

① 吴功正：《说"涵泳"》，《福建论坛·人文社会科学版》，2006 年第 6 期。

点"之气象。(《二程集·外书》,卷第三)

可以看出,"涵泳"的对象是"义理""道德",这显然是理想的人格境界,通过"涵泳"所要达到的是一种心灵境界,显然,它是一个理学范畴,但此理学范畴给人的不是紧张而是"自得":

> 学者须敬守此心,不可急迫,当栽培深厚,涵泳于其间,然后可以自得。但急迫求之,只是私己,终不足以达道。(《二程集·遗书》,卷第二上)

也即是说,"涵泳"虽然是一个理学的范畴,但经过"涵泳"的方法达到的则是"自得"的状态,一种轻松愉悦的心理感受,这样的话,"涵泳"就由一个理学范畴而变得具有审美的意味了。无怪乎有学者说:"'涵泳'既为学诗之法,同时又是欣赏诗作的主要方式。'涵泳'的过程本身就是审美的过程。"① 这样看来,"涵泳"所具有的审美性质,就是显而易见的了。

由上可知,二程的"涵泳"是在对文本含义有了初步理解的基础上,进入一种"诚敬"的审美心境,对审美对象进行全面体验,反复地感受和体味,从而最终获得对"道"之本体的深层把握的审美过程。

(二)玩味源流

二程的"涵泳"是在心灵虚静的状态下,心物相融合的关系呈现,正是由于"涵泳"的开始,才有了心对物"玩味"的展开和深化。

二程的"玩味"是在庄子"游"和"味"的基础上结合产生的一个新

---

① 李春青:《宋学与宋代文学观念》,北京师范大学出版社 2001 年版,第 127 页。

名词。"玩味"由"玩"和"味"组成，其"玩"相当于"游"字。《论语·述而》里有"子曰：'志于道，据于德，依于仁，游于艺'"①的话，庄子亦有"逍遥游"的著名表述。而所谓"游心"，"不是现实生活之游，而是精神、内心之游。在虚静状态下，排除了外界纷繁事物的干扰，祛除了心中的世俗欲念，'独与天地精神往来'，集中全部心神进入'神与物游'的心理状态，就可以从具体的时空环境中超越出来，提供广阔的心理时空，有利于展开审美想象。"②显而易见，这是一种层次极高的审美境界，它对于后世文艺发展的影响，作用是不可估量的。

在庄子之后，刘勰和陆机也有关于"游"的论述：

故思理为妙，神与物游。③（刘勰《文心雕龙·神思》）

是以《诗》人感物，联类不穷；流连万象之际，沈吟视听之区。写气图貌，既随物以宛转；属采附声，亦与心而徘徊。④（《文心雕龙·物色》）

刘勰的"游"，主要指的是心的主动地位和物的感召作用两相结合的程度。陆机《文赋》有云："精骛八极，心游万仞。"⑤他偏重于心对物的自由把握，尤其强调了心对物的那种超越时空的掌握力，在这里，心既是审美主体能动性的一种积极反映，同时又是审美的一种自由境界的表现。宋代的张载则将"游"进行了解释，他说：

① 杨伯峻：《论语译注》，中华书局 2006 年版，第 76 页。
② 陈德礼：《人生境界与生命美学——中国古代审美心理论纲》，长春出版社 1998 年版，第 14—15 页。
③ （南朝）刘勰：《文心雕龙》，王志彬译注，中华书局 2012 年版，第 320 页。
④ （南朝）刘勰：《文心雕龙》，王志彬译注，中华书局 2012 年版，第 520 页。
⑤ 叶朗总主编：《中国历代美学文库》（魏晋南北朝卷上），高等教育出版社 2003 年版，第 163 页。

艺者，日为之分义，涉而不有，过而不存，故曰"游"。①

　　张毅对"游"的审美作用如是认为："'游'代表的是独立的艺术人格和自由解放的精神状态，一方面要消解实用的观念，自己决定自己，同时要自己不与外物对立，以达到彻底的和谐。"② 徐复观先生也指出：

　　其起步的地方，也正和具体的游戏一样，是从现实的实用观念中得到解脱。康德在其大著《判断力批判》中认为美的判断，不是认识判断，而是趣味判断。趣味判断的特性，乃是"纯粹无关心的满足"。所谓无关心，主要是既不指向于实用，同时也无益于认识的意思。这正是庄子思想中消极一面的主要内容，也即是形成其"游"的精神状态的消极条件及其效用。③

　　二程的"玩"也正是在"涉而不有，过而不存"的"无关系"的基础上产生的。

　　"玩味"之"味"，在这里由最初的名词之"味道"转化为"体味"之"味"。

　　在中国美学中，首次把饮食文化中的"味"推广、深化，提高到美学深层结构中的，是老子。老子说："道之出口，淡乎其无味，视之不足见，听之不足闻，用之不足既。"④（《老子》第三十五章）又说："为无为，事无事，味无味。"⑤（《老子》第六十三章）

① （明）黄宗羲：《宋元学案·横渠学案上》，有德篇第十二，中华书局 1986 年版，第 726 页。
② 张毅：《儒家文艺美学——从原始儒家到现代新儒家》，南开大学出版社 2004 年版，第 439 页。
③ 徐复观：《中国艺术精神》，华东师范大学出版社 2001 年版，第 38 页。
④ 陈鼓应：《老子注译及评介》，中华书局 2009 年版，第 196 页。
⑤ 陈鼓应：《老子注译及评介》，中华书局 2009 年版，第 293 页。

什么是"味无味"呢？前一个"味"，是观照、体味、领悟的意思，后一个"味"（"无味"），实际上就是老子所说的"道"。"所谓'味无味'，就是观照、体味、领悟道的本质特征和深刻意蕴，体味、领悟美的最高境界。在这里，'味'已经不是'五味'之味，它超越了有限的感官愉快，而达到一种自由自在的精神愉悦，已是一种纯粹的审美享受了。"①陆机《文赋》里说："或清虚以婉约，每除烦而去滥，阙大羹之遗味，同朱弦之清泛。虽一唱而三叹，固既雅而不艳。"②此处的"遗味"，即是寻求"象外之象""味外之味"。刘勰《文心雕龙·物色》里有"味飘飘轻举，情晔晔而更新"③的表述，这里的"味"，也正是审美感受和体验之意。钟嵘的"滋味说"较成系统，在中国美学史上影响也较大，与陆机的"遗味"说有异曲同工之妙。《诗品》中的"滋味"在司空图的诗学中得到了进一步的发展，如其《与李生论诗书》云："文之难而诗尤难。古今之喻多矣，而愚以为辨于味而后可以言诗也。江岭之南，凡足资于适口者，……倘复以全美为工，即知味外之旨矣。"④此处"辨于味"之"味"，"味外之旨"都是指追求言外之意的丰富意蕴。

在二程看来，玩味之"味"，指的是一种审美关系。"'味'作为一种审美心理学范畴，实质上是一种体验，是对审美活动中主客体的象征关系的体验。'味'不是纯客体的属性，也不是纯主体的感受，而是存在于审美主客体的关系之中。"⑤应该指出的是，和"涵泳"不同，"玩味"虽然

① 陈德礼：《人生境界与生命美学——中国古代审美心理论纲》，长春出版社1998年版，第145页。
② 叶朗总主编：《中国历代美学文库》（魏晋南北朝卷上），高等教育出版社2003年版，第165页。
③ （南朝）刘勰：《文心雕龙》，王志彬译注，中华书局2012年版，第524页。
④ 叶朗总主编：《中国历代美学文库》（隋唐五代卷下），高等教育出版社2003年版，第410—411页。
⑤ 陈德礼：《人生境界与生命美学——中国古代审美心理论纲》，长春出版社1998年版，第154—155页。

带有主客观两方面的因素，但是在审美的过程之中，如果说"涵泳"是主体沉浸在客观的美的对象之中，是一种主客融合的过程，那么"玩味"则是一种深刻体验的过程，也就是说，在审美的层次和程度上，"玩味"显然是要比"涵泳"更进一步的。

二程在提出"玩味"时，是与具体的"玩味"对象结合在一起加以讨论的：

> 玩心神明，上下同流。(《二程集·遗书》，卷第七)
>
> 读书要玩味。(《二程集·遗书》，卷第十四)
>
> 《中庸》之书，其味无穷，极索玩味。(《二程集·遗书》，卷第十八)
>
> 凡看《语》《孟》，且须熟玩味，将圣人之言语切己，不可只做一场话说。人只看得此二书切己，终身尽多也。(《二程集·遗书》，卷第二十二上)

二程"玩味"的对象与"涵泳"的对象基本相同，是"书"、《论语》《孟子》、"圣贤气象"等，与"涵泳"相同，这说明二程的"玩味"虽是一个理学范畴，但它是通过对"书""圣贤气象"的阅读涵养心性而后达到了"上下同流"的境界，如此看来，它是审美的范畴。不过，"玩味"与"涵泳"相比程度要深，它是经历了主客融合过程后的一种主体对客体的积极把握和深刻体验。同时，获得"圣贤气象"并非"玩味"的唯一目的，它还要在其中获得"意味"：

> 所谓日月至焉，与久而不息者，所见规模虽略相似，其意味气象迥别，须潜心默识，玩索久之，庶几自得。学者不学圣人则已，欲学

之，须熟玩味圣人之气象，不可只于名上理会。如此，只是讲论文字。(《二程集·遗书》，卷第十五)

上述文字中，"玩索"与"玩味"意义基本一致，二程也经常换用，他们明确指出，"玩味"的对象除了"气象"之外，还有"意味"的层面，"意味"的获得显然是审美的鉴赏，如此看来，"玩味"在二程虽是理学范畴，但同时也是作为审美的范畴使用的。

（三）玩味提出的原因

二程之所以提出"玩味"这一范畴，主要有以下几个方面的原因：

第一，因为"玩味"的对象不只是要获得其表面的文义，而且要深悟其中真味，悟得圣人气象的内在意蕴，如果"文"的把握通过认识可知的话，但对于"圣人气象"，它呈现出优游不迫的风格，且此"气象"乃是生生不已、富有春意的一个流动整体，其中含有丰富的意蕴，故而只能靠"玩味"始得。

第二，就"文"而言，其存在的价值在于体现圣人之道，由道而文的创作过程中，存在着许多未知的内容以及灰度区，对这些灰度区的呈现也只能靠"玩味"才可还原。

第三，就接受的过程而言，如果人们只是借助于"圣人气象"或"文"的表面意义去领悟其深刻的意蕴，是不可能尽得其"味"的：

《论语》《孟子》，只剩读著便自意足，学者须是玩味。若以语言解著，意便不足。某始作此二书文字，既而思之，又似剩。只有些先儒错会处，却待与整理过。(《二程集·外书》，卷第五)

但将圣人言语玩味久，则自有所得。当深求于《论语》，将诸弟子问处便作己问，将圣人答处便作今日耳闻，自然有得。孔、孟复生，不过以此教人耳。若能于《论》《孟》中深求玩味，将来涵养成甚生气质！（《二程集·遗书》，卷第二十二上）

类似的论述还有很多，由这些论述我们知道，如果没有主体的积极玩味，其背后的意蕴就不可能呈现。也正是由于上述三个原因，二程提出"玩味"这一既包含认识又超越认识的审美鉴赏术语。审美鉴赏以主体性凸显为标志，如果"涵泳"关注的是心物两方的话，那么"玩味"则是心对物的积极把握和超越，是主体性的充分显现。

（四）玩味的结果：自得

"玩味"作为一种达致"圣贤气象"的过程，它以"自得"为最高境界。"玩味"作为鉴赏过程的深化，在二程那里，是与"思"、（工夫之）"自得"紧密联系在一起的，魏宗禹在《简论二程洛学的思想特征、创新精神及现代价值》一文中分析说：

嵇康在《与山巨源绝交书》中说："达到兼善而不渝，穷则自得而不闷。"这个"自得"是自我感觉舒适和得意的意思，表示一种悠然自得的心理状态。《孟子·离娄下》说："君子深造之以道，欲其自得之也。自得之，则居之安；居之安，则资之深；资之深，则取之左右逢其原，故君子欲其自得之也。"孟子认为以道做学问、即依据思维发展规律做学问，可以达于较深的造诣者，就是因为经过了一个自觉而有所得的认识过程。自觉有所得可以积累丰富的知识，可能融合会通，形成独立见解而开拓创新。上述自得之说有两方面的意思，一是如嵇康所言，是一种安于本性的惬意的心态；二是如孟子所言，是

229

一种思想方法中的认识论。二程对此都很赞赏。①

也就是说,"自得"在二程那里,既是一种惬意的心态也即"自得",是修养到一定程度的境界体现,同时也是一种认识方法,但这种认识方法不是主客二分的认识,而是一种反身而诚的体验,可以说,在二程看来,"自得"包括工夫和境界两个层面的含义。这种看法有部分真理性,实际上,二程的"自得"论其涵盖的范围要更广阔一些。对于前者,张载有言:"志于道者,能自出义理,则是成器。""学贵心悟,守旧无功。"②"心解则求义自明,不必字字相校。"③"须是自求,己能寻见义理,则自有旨趣,自得之则居之安矣。"④张载的"心解""心悟"就是自己有所得的含义,此时的"自得"是从工夫的角度来讲的。张载的"自得"之义在二程那里进一步发展为"切己":

> 先生曰:"凡看《语》《孟》,且须熟玩味,将圣人之言语切己,不可只作一场话说。人只看得此二书切己,终身尽多也。"(《二程集·遗书》,卷第二十二上)

"切己"即是自己体认、自己有所悟的意思。

问:"'吾道一以贯之',而曰'忠恕而已矣',则所谓一者,便是

---

① 魏宗禹:《简论二程洛学的思想特征、创新精神及现代价值》,《江南大学学报》(人文社会科学版),2003 年第 1 期。
② 《张载·经学理窟·义理》,中华书局 1978 年版,第 274 页。
③ 《张载·经学理窟·义理》,中华书局 1978 年版,第 276 页。
④ 《张载·经学理窟·义理》,中华书局 1978 年版,第 273 页。

仁否?"曰:"固是。只这一字,须是仔细体认。"(《二程集·遗书》,卷第二十三)

"仔细体认"显然是自我体认,自我觉悟,进一步说即是自己由内体会得之,因此程颐说:"学者要自得。六经浩渺,乍来难尽晓,且见得路径后,各自立得一个门庭,归而求之可矣。"(《二程集·遗书》,卷第二十二上)程颢也说:"若夫至仁,则天地为一身,而天地之间,品物万形为四肢百体。夫人岂有视四肢百体而不爱者哉? 圣人,仁之至也,独能体是心而已,曷尝支离多端而求之自外乎?"(《二程集·遗书》,卷第四)这都要求对"仁"的境界的获得要自选门径,自己获得自己的体悟。程颐还特别指出了"自得"的重要性:

> 治经,实学也。"譬诸草木,区以别矣。"道之在经,大小远近,高下精粗,森列于其中。譬诸日月在上,有人不见者,一人指之,不如众人指之自见也。如《中庸》一卷书,自至理便推之于事。如国家有九经,及历代圣人之迹,莫非实学也。如登九层之台,自下而上者为是。人患居常讲习空言无实者,盖不自得也。……今有人心得识达,所得多矣。有虽好读书,却患在空虚者,未免此弊。(《二程集·遗书》,卷第一)

程颢还用游别人园圃的例子来说明"自得"及其乐趣:"学至于乐则成矣。笃信好学,未知自得之为乐。好之者,如游佗人园圃;乐之者,则己物尔。"(《二程集·遗书》,卷第十一)所谓"自得""己物"就是指超越主客二分后所达到的物我一体的审美意识,说明了人在审美过程中主体参与的重要性。因此,牟宗三先生在《历史哲学》一书中特别指出:"吾人看历史，须将自己放在历史里面，把自己个人的生命与历史生命通于一起，是在一条流里面承续着。……从实践看历史，是表示：历史根本是人的实践过程所形成的，不是摆在外面的一个既成物，而为我们的'知性'所要去理解的一个外在体。"① 这即是"切己"之工夫，经过"自得"之功夫，方有"自得"之境界。对于此切己体验，程颢还用虎伤人的例子进行了说明。"真知与常知异。常见一田夫，曾被虎伤，有人说虎伤人，众莫不惊，独田夫色异于众。若虎能伤人，虽三尺童子莫不知之，然未尝真知。真知须如田夫乃是。"(《二程集·遗书》，卷第二上) 以此说明自我体认对于获得"真知"("自得"境界)的重要意义。同样地，学而不自有所得，亦非善学。工夫不到，便不能"自得"，即使有所得，所得亦不深切。关于"自得"的自有所得，二程还有很多论述，如：

治经固学之事，苟非自有所得，则虽五经，亦空言耳。(《二程集·粹言》，卷第一)

学而不自得，则至老而益衰。(《二程集·粹言》，卷第一)

义有至精，理有至奥，能自得之，可谓善学矣。(《二程集·粹言》，卷第一)

除此之外，二程的"自得"还有自然而然的意思，是在自然而然中获得的一种境界：

明道曰：大抵学不言而自得者，乃自得也；有安排布置者，皆非自得也。(《二程集·遗书》，卷第十一)

---

① 牟宗三：增订八版《历史哲学》(全一册)，台北学生书局1984年版，第1页。

排除安排布置，即是要求自己创造这种"自得"境界自然而然的意义。它不是外在的力量可以增加其进度或修养的程度的，而是内在"自我"的一种要求，它需要身临其境，细心体会："当深求于《论语》，将诸弟子问处便作己问，将圣人答处便作今日耳闻，自然有得。"（《二程集·遗书》，卷第二十二上）这个过程，其实就是一种"消化"的过程，通过这一过程，自然而然地达到理想的境界。

　　再者，二程的"自得"还有一层意思，那就是自己的独特体验之意。从经典的阅读中发出自己的独特见解，这其实也就是一种创见，是真有所得的标志。

　　　　明道尝曰："吾学虽有所受，天理二字却是自家体贴出来。"（《二程集·外书》，卷第十二）

　　这种"自家体贴"即是一种生命体验、审美体验，卢国光在《宋儒微言》中指出："正是经过这样的'自家体贴'，使二程的生命意识从自然升华为自觉，也就是超越物我之别的个体意识，在复归本性的意义上冥同物我，既体验到万物之'理一'，同时也就体验出孔颜所乐何事。"① 然而要想获得独特的"自得"之见，就离不开"思"的参与。《论语·为政》："学而不思则罔，思而不学则殆。"② 相较而言，二程更重"思"，《二程集》中有很多这样的表述：

　　　　学原于思。（《二程集·遗书》，卷第六）

---

　　① 卢国光：《宋儒微言》，华夏出版社 2001 年版，第 333 页。
　　② 杨伯峻：《论语译注》，中华书局 2006 年版，第 18 页。

学而善思，然后可与适道；思而有所得，则可与立。(《二程集·遗书》，卷第二十五)

不深思则不能造于道，不深思而得者，其得易失。然而学者有无思无虑而得者，何也？曰：以无思无虑而得者，乃所以深思而得之也。以无思无虑为不思而自以为得者，未之有也。(《二程集·遗书》，卷第二十五)

为学之道，必本于思，思则得之，不思则不得也。(《二程集·遗书》，卷第二十五)

不思故有惑，不求故无得，不问故不知。(《二程集·遗书》，卷第二十五)

二程关于"思"的阐述，还有很多，此"思"不是理性思考，而是指反思体验，体会欣赏，对于此"思"，卢连章和蒙培元给出不同的解释，卢连章认为，"这里讲的深思和自得，都是说经过思虑作用之后而得到的一种知识或道理"。[①] 而蒙培元则认为，此思乃"反回到自身，使心中德性之知得以发明的直觉思维，这才是真正的'内学''自得'之学"。[②] 应该说，这两种理解，指出了"思"的意蕴，而二程在前人基础上对"思"的发展在于指出了"思"在体悟大道中的重要性及其原因。二程的"思"固然有上面的两层意思，因此朱熹解释"思"为"读书需要想象和思考"[③] 正切合二程的本义。不过从"玩味"的角度，此"思"偏重于"多想，是在品味中读者、欣赏者的'期待视野'和作品本文的'召唤结构'相互作

---

① 卢连章：《程颢程颐评传》，南京大学出版社 2001 年版，第 318 页。

② 蒙培元：《理学范畴系统》，人民出版社 1989 年版，第 375 页。

③ (宋) 朱熹：《近思录》，吕祖谦编订，江苏古籍出版社 2001 年版，第 101 页。

用、相互生发的过程"。① 可以说，正是多思好思，才能进入一种"涵泳"或"玩味"的状态。而要"思"而有独得之见，则离不开"问""疑"，因此程颐说："学者要先会疑"（《二程集·外书》，卷十一），"孔子弟子善问，直穷到底。……不是孔子弟子不能如此问，不是圣人不能如此答"。（《二程集·遗书》，卷第十九）二程将这种善于发问、疑问的方法实践在自己的读书过程中：

> 《礼记》之文多谬误者。《儒行》《经解》，非圣人之言也。夏后氏郊《鲧》之篇，皆未可据也。（《二程集·粹言》，卷第一）
>
> 《礼记》《儒行》《经解》，全不是。……煞害义理。（《二程集·遗书》，卷第十九）
>
> 孟子言三代学制，与《王制》所记不同，《王制》有汉儒之说矣。（《二程集·粹言》，卷第一）
>
> 《周礼》之书多讹阙，然周公致太平之法亦存焉，在学者审其是非而去取之尔。（《二程集·粹言》，卷第一）

之所以发现《礼记》等经典的诸多问题，都是由于二程很好地实践了"思"的审美体验。陈德礼认为，思"从心理学角度说，是对接受主体'潜在语言环境'进行回味和反思的过程，这是一种回溯性的审美心理活动，它不仅可以使接受者获得一种余音绕梁、三日不绝的审美感受，而且还可以修正接受者先前阅读中的错觉和偏差"。②

"思"的作用，显然不仅仅是读书勘误这么简单，二程之所以如此重

---

① 陈德礼：《人生境界与生命美学——中国古代审美心理论纲》，长春出版社 1998 年版，第 164 页。
② 陈德礼：《人生境界与生命美学——中国古代审美心理论纲》，长春出版社 1998 年版，第 164 页。

视"思",是因为它是和"玩味"结合在一起的,是倡明"大道"的必经之路。程颐认为,"本朝经典,比之前代为盛,然三十年以来,议论尚同,学者于训传言语之中,不复致思,而道不明矣"。(《二程集·粹言》,卷第一)"不复致思,而道不明",这从反面指出,由于未能很好地贯彻"思"的原则,便不能发现经典中的"道"。程颐还说:"凡读史,不徒要记事迹,须要识治乱安危兴废存亡之理。且如读《高帝》一纪,便须识得汉家四百年终始治乱当如何,是亦学也。"(《二程集·遗书》,卷第十八)此处的"治乱安危兴废存亡之理"即是由"思"之所得。

所谓"思""涵泳"及"玩味",最终的目的都是一个"道"("理")字。这里,二程对求道的整个过程,作了一个由浅入深的梳理,而最终对"道"的完全体认和把握、超越便是"自得"境界的实现。"'自得'境界是一种'天人合一''中和'的高度自由的精神状态。"① 在此"自得"境界中,"人于天地间,并无窒碍处,大小大快活"。(《二程集·遗书》,卷第十五)此"大快活"也就是万物一体,天人合一。这种物我两忘、天人合一的自得境界正是一种审美观照和审美体验的结果。

第三节 艺术哲学的影响

二程的艺术哲学在继承前代的基础上从本体与现象的角度做了发挥,其对文道关系的看法和文的含蓄风格的提倡以及"涵泳""玩味"的鉴赏方法对后代产生了深远的影响。

首先,程颐"作文害道"观,虽然表明了自己反对为文的立场,但和

---

① 邹其昌:《朱熹诗经诠释学美学研究》,商务印书馆2004年版,第138页。

程颢一样，他还是不得不承认"文"的特定地位。在此基础上，二程共同树立了言简、平淡的文风，主张追求明白晓畅的语言风格。这种平淡的文风追求得到了同时代及后代人的认同。吴可《藏海诗话》载："文章先华丽而后平淡，如四时之序，方春则华丽，夏则茂实，秋冬则收敛，若外枯中膏者是也，盖华丽茂实已在其中矣。"① 这就将平淡作为比华丽更高的境界作为追求的目标。周紫芝《竹坡诗话》中记载东坡与其侄书云"大凡为文，当使气象峥嵘，五色绚烂，渐老渐熟，乃造平淡"②，就体现了宋人在文艺理论和理想境界上的追求。葛立方在《韵语阳秋》（卷第一）中也对平淡之境进行推崇。他指出，"大抵欲造平淡，当自组丽中来，落其华芬，然后可造平淡之境"，③ 认为平淡是诗歌高层次境界的一种表现。程颐的弟子朱熹在二程对文章看法的基础上，"终于不能不承认文辞有一定的地位，并指出文辞以平易通达为贵，反对华美新巧，这一点还是较为可取的"。④ 朱熹"对诗歌既不持摒弃不作的态度，又反对沉溺其间。所谓'适怀''真味发溢'即是性情的自然流露。他并不赞成在诗中直接宣讲道学，而是要求作者将对道的认识、体悟化为内心的感受，然后以诗歌的形式溢发出来。这样的诗决不是争奇斗巧，为作诗而作。故所作的诗也自然地富于生机，活泼泼地，与天地之大德相合，如此便具有了有道者的气象"。⑤ 这些不能不说是来自二程的影响。朱熹不但继承了二程提倡的平淡文风，又在此基础上进一步发展："朱熹论诗文语言文字，力主平正安稳，平淡自摄，这是论家屡常言及者，也是人们易于理解者。"不过，朱熹还主张：

---

① 丁福保辑：《历代诗话续编》（电子版），中华书局1983年版，第331页。

② （清）何文焕辑：《历代诗话》（上），中华书局1981年版，第348页。

③ （清）何文焕辑：《历代诗话》（下），中华书局1981年版，第483页。

④ 复旦大学中文系古典文学教研组：《中国文学批判史》，上海古籍出版社1981年版，第117页。

⑤ 王运熙、顾易生主编：《中国文学批评通史》（宋金元卷），上海古籍出版社1996年版，第773页。

"'文字奇而稳方好，不奇而稳，只是阘葺'。此间之所谓'奇'，断非奇巧奇怪之奇，而必是奇警之奇。而奇警之奇，又不能'硬执他底横说'，而是须落脚在辞气清俊而意义透彻上。"①虽然形式有所变化，但同样不出平淡的大领地。事实上，"'平淡'问题的突出，显示出伦理与审美（具体说就是理学与文学）开始走向合一，尽管这一过程是极为复杂而曲折的"。②此平淡的形成是以理节情的结果，因此含有丰富的韵味。我们甚至可以说，正是对平淡诗风的崇尚，使得韵味成为中国古典美学后期主要的审美趋向。

平淡以优柔为特征，对优柔风格的崇尚也引发了以"韵"制胜的审美风尚。严羽的"兴趣"、张炎的"意趣"、明代中后期和王士祯的"神韵"都是这一平淡之风的余影。关于此点，李泽厚先生在《实用理性与乐感文化》一书中有明确的论述：

自此以后，所谓"韵"或"韵味"便压倒了以前"气势"、"风骨"、"道""神"、"格"等等，成为更突出的美学范畴。王渔洋的"神韵说"，便是它的最后成果。这里的"韵"也不再是魏晋时代的"气韵"、"神韵"，而是脱开了那种种刚健、高超、洒脱、优雅，成为一种平平常常、不离世俗却又有空幻深意的韵味，这也就是冲淡。冲淡的韵味，正是通过这"镜花水月"式的空幻的美的许多具体形态，展现在艺术中的。它们大都是：有选择地描绘非常一般的自然景色来托出人生——心灵境界的虚无空幻，而使人玩味无穷，深深感慨。它的特色是如前面所说的动中静，实中虚，有中无，色中空。只有这样，

---

① 韩经太：《理学文化与文学思潮》，中华书局1997年版，第124页。
② 邹其昌：《朱熹诗经诠释学美学研究》，商务印书馆2004年版，第227页。

才能有禅意和冲淡。①

这种艺术趣味，深深地影响了宋代以后的文艺创作，并形成了中国封建社会后半期比较明显的民族审美意识，这种审美意识以柔弱平和为风格特点，正像有学者所说的那样，"如果'气象浑成'体现的是'性情中和'之美的'阳刚'方面，具有崇高、神圣性质；那么，'平淡'则更突出了'性情中和'的'阴柔'方面。平易而淡远之美，为'中和'美之最高境界形态"。② 这种审美境界，尤其在文论上产生了非常大的影响，出现了一些有代表性的理论，如严羽《沧浪诗话·诗辨》有云：

诗之品有九……其大概有二：曰优游不迫，曰沉着痛快。③

就严羽的审美理想来说，显然他是以"优游不迫"为诗歌的最高境界的，这和他的"兴趣"说是联系在一起的，同时也和"以禅喻诗"密不可分。如果从风格的角度来说，这种"优游不迫"的审美境界，也可以说就是严羽《沧浪诗话》中"神韵"一说的总体概括。到了清代，王士祯则鲜明地举起了"神韵"的旗帜，可算是对宋代这种审美风尚的继承和发展，他在《芝廛集序》中说：

凡为画者，始贵能入，继贵能出，要以沉着痛快为极致。予难之曰：吾子于元推云林，于明推文敏；彼二家者，画家所谓逸品也，所云沉着痛快者安在？给事笑曰：否，否，见以为古澹闲远而中实沉着

---

① 李泽厚：《实用理性与乐感文化》，北京三联书店 2005 年版，第 313 页。

② 邹其昌：《朱熹诗经诠释学美学研究》，商务印书馆 2004 年版，第 212 页。

③ 郭绍虞校释：《沧浪诗话校释》，人民文学出版社 1961 年版，第 7—8 页。

痛快，此非流俗所能知也。①

这种"古澹闲远"，正是王士祯"神韵"一说的主要风格，实际上仍然是宋代理学中以优柔为美思想的一种继承和发展。

以上这些理论观点，不能不说与二程对"含蓄""优柔不迫切"诗歌风格的提倡有关。当然，二程提倡的偏于优柔一极的审美风格，既是其个人的审美趣味所导致的一个结果，同时又是中国古代封建社会后半期江河日下的情势在文艺和民族审美意识中的一种体现。不过，二程对于言简的提倡也产生了负面的影响，即导致了"以语录为文"的风气。②

其次，在文与道的关系问题上，就文的方面而言，程颐在提出"作文害道"时，并没有明确地说出其反对的到底是什么类型的文，对于每一类型的文究竟该采取何种态度，这一任务由程颐的弟子朱熹完成。朱熹在二程"有德必有言"思想的基础上，将"文"分成三类，并明确了对每一类文章的态度，其观点集中体现在《读唐志》中：

孟轲氏没，圣学失传，天下之士背本趋末，不求知道养德以充其内，而汲汲乎徒以文章为事业。然在战国之时，若申、商、孙、吴之术，苏、张、范、蔡之辩，列御寇、庄周、荀况之言，屈平之赋，以至秦汉之间，韩非、李斯、陆生、贾傅、董相、史迁、刘向、班固，下至严安、徐乐之流，犹皆先有其实，而后托之于言。唯其无本而不能一出于道，是以君子犹或羞之。及至宋玉、相如、王褒、杨雄之徒，则一以浮华为尚，而无实之可言矣。雄之《太玄》《法言》，盖亦

---

① 陈良运主编：《中国历代诗学论著选》，百花洲文艺出版社1998年版，第929页。
② 郭预衡：《中国散文史》（中），上海古籍出版社2000年版，第536页。

长杨、校猎之流而粗变其音节，初非实为明道讲学而作也。东京以降，讫于隋唐，数百年间，愈下愈衰，则其去道益远，而无实之文亦无足论。①

在这段话中，朱熹将"文"分成三类：有本之文、有实无本之文、无实之文，并明确地表示了对三种"文"的不同态度，这些态度我们从程颐的论述中都可以找到对应。

潘立勇在《朱子理学美学》中指出："无论是周敦颐还是程颐，均未能将文道在本体上合一，因此或是文道两分，或是重道废文。"② 这种评价有待商榷，就程颐来讲，他虽然提出"作文害道"，不过在以经传道这一点上他没有表现出丝毫的反对为文之意，朱熹的有本之文实际上正是在二程以经传道的基础上形成，只不过二程没有作明确的划分，朱熹在他们的基础上完成了这一任务而已。

从"道"的角度来看，朱熹论"道"和二程一样，包含着宇宙之"道"和伦理之道，这一点也是受到二程的影响的。与之相关，二程的论文与道的关系语言不详，但朱熹在文与道的关系上明确地指出自己反对的是既不体现本体之道，也不表现伦理内涵、一味浮华的文。在此基础上，提出文道合一的观点。二程虽然在自己的论述中有文道合一的表示，但文与道在何种情况下合一，何种情况下未能合一，并没有进行进一步的分析。至于文道合一的情况，朱熹继承了二程关于道器关系的看法，根据道器不离的理论，指出"道"作为本体意义解时，此时文道是合一的，朱熹在《与汪尚书》己丑中有言，"道外有物，固不足以为道，且文而无理，又安足以

---

① （宋）朱熹：《晦庵先生朱文公文集》卷七十，《朱子全书》（第贰拾叁册），上海古籍出版社、安徽教育出版社 2002 年版，第 3374—3375 页。

② 潘立勇：《朱子理学美学》，东方出版社 1999 年版，第 203 页。

为文乎？盖道无适而不存者也"。① 此时"道"是作为本体意义解，所以道文是合一的；"像朱熹，他不着意写自己的文章、大著，却以注好'四书'为一生任务，至死方休"②，就是在此种情形下的文道合一。

但当"道"作伦理意义解的时候，此时的"文"就未必与"道"完全合一了，原因在于当二程讲理与气的关系时，程颢持理气一元论，程颐则持"理"为抽象，"气"携理而行的观点。当程颢的理气一元和程颐的理气能够完全合一之时，在朱熹那里，其"道"虽然作伦理意义解也依然能够合一，但当程颐在理气关系上论气未必一定回归"理"时，在此种情况下，朱熹认为道文就未必合一了。也就是说，二程关于道器、理气的观点被朱熹借用到道文关系中来，作为文道合一与否的哲学依据。

无论如何，"道"在文道关系中始终处于中心这一点在后世产生了深远的影响，稍后的黄庭坚在《与王观复书》中说："所送新诗，皆兴寄高远，但语生硬，不谐律吕，或词气不逮初造意时，此病亦只是读书未精博耳。'长袖善舞，多钱善贾'，不虚语也。南阳刘勰尝论文章之难云：'意翻空而易奇，文征实而难工。'此语亦是。沈、谢辈为儒林宗主时，好作奇语，故后生立论如此。好作奇语，自是文章病。但当以理为主，理得而辞顺，文章自然出群拔萃。"③ 这不能说与二程丝毫没有关系。

朱熹在文道关系上既有与二程相同的一面，又进行了深入的发挥和阐释：

"道者，文之根本；文者，道之枝叶。""才要作文章，便是枝叶，害

---

① （宋）朱熹：《晦庵先生朱文公文集》卷三十，《朱子全书》（第壹拾贰册），上海古籍出版社、安徽教育出版社 2002 年版，第 1305 页。

② 李泽厚：《论语今读》，生活·读书·新知三联书店 2004 年版，第 19 页。

③ （宋）黄庭坚：《宋黄文节公全集·正集卷第十八》，《黄庭坚全集》（二），四川大学出版社 2001年版，第 470 页。

著学问，反两失也。""近世诸公作诗费功夫，要何用？……今言诗不必作，且道恐分了为学功夫。然到极处，当自知作诗果无益。"①

"夫文与道，果同耶异耶？若道外有物，则为文者可以肆意妄言而无害于道。惟夫道外无物，则言而一有不合于道者，则于道为有害，但其害有缓急深浅耳。屈、宋、唐、景之文，熹旧亦尝好之矣。既而思之，其言虽侈，然其实不过悲愁、放旷二端而已。日诵此言，与之俱化，岂不大为心害？于是屏绝不敢复观。……况今苏氏之学上谈性命、下述政理，其所言者非特屈、宋、唐、景而已。学者始则以其文而悦之，以苟一朝之利，及其既久，则渐涵入骨髓，不复能自解免。其坏人材、败风俗，盖不少矣。"②

朱熹不但在理论上对文道关系进行了明确表述，且用其确立的标准去批评当时的现实状况。

朱熹有云："今人不去讲义理，只去学诗文，已落第二义。"③

由此王运熙等评价说："朱熹论文关注的中心是道，明道者始能写出好文章，而阅读好文章亦是为了明道。"④ 这一看法是准确的。

之后，很多理论家也有与二程相似的言论：

宋濂《芝园后集卷第一·徐教授文集序》，"必期无背于经，始可以言文"，"文之至者，文外无道，道外无文"，"道积于厥躬，文不期工而自工"。⑤

王若虚《滹南诗话》卷一曾引其舅尝论诗云："文章以意为之主，字

① （宋）黎靖德编：《朱子语类》卷第一百四十，王星贤点校，中华书局1986年版，第3319、3333页。

② （宋）朱熹：《答吕伯恭》，《晦庵先生朱文公文集》卷三十三，《朱子全书》（壹拾贰），上海古籍出版社，安徽教育出版社2002年版，第1428页。

③ （宋）黎靖德编：《朱子语类》卷第一百四十，王星贤点校，中华书局1986年版，第3334页。

④ 王运熙、顾易生主编：《中国文学批评通史》（宋金元卷），上海古籍出版社1996年版，第771页。

⑤ 罗月霞主编：《宋濂全集》（第三册），浙江古籍出版社1999年版，第1351—1352页。

语为之役。主强而役弱，则无使不从。世人往往骄其所役，至跋扈难制，甚者反役其主。"①

元好问《论诗三十首》："斗縻夸多费览观，陆文犹恨冗于潘。心声只要传心了，布谷澜翻可是难。"②

严羽《沧浪诗话·诗辨》："夫诗有别材，非关书也；诗有别趣，非关理也。然非多读书，多穷理，则不能极其至。"③

叶燮《原诗》内篇（下）："文章者，所以表天地万物之情状也。"④

可见，二程的文道观在后世得到了很好的继承，而且有了更深刻的理解和多方面的发展。

二程的艺术鉴赏论中提出的"涵泳""玩味"理论对中国古典美学的接受理论也产生了深远的影响。这种影响，在宋代就已经形成，如朱熹说：

> 但须沉潜讽诵，玩味义理，咀嚼滋味，方有所益。
>
> 读《诗》之法，只是熟读涵味，自然和气从胸中流出，其妙处不可得而言。⑤

可见，"玩味"的对象已经由二程的"气象"转到了《诗》、"义理""滋味"，是一种审美的心理过程。其"玩味义理"和"咀嚼滋味"就是二程"玩味""圣贤气象"的明晰化，同时，由于朱熹将对象扩大到了文学文本上，因此其中富含的美学意蕴就更为明显。朱熹本人也作有大量的诗歌，并且

---

① 叶朗总主编：《中国历代美学文库》（宋辽金卷下），高等教育出版社 2003 年版，第 460 页。

② 叶朗总主编：《中国历代美学文库》（宋辽金卷下），高等教育出版社 2003 年版，第 517 页。

③ 郭绍虞校释：《沧浪诗话校释》，人民文学出版社 1961 年版，第 26 页。

④ （明）叶燮：《原诗》（内篇下），霍松林校注，人民文学出版社 1979 年版，第 21 页。

⑤ （宋）黎靖德编：《朱子语类》卷第八十，王星贤点校，中华书局 1986 年版，第 2086 页。

其水平非同一般，这种情况，即是对二程"涵泳""玩味"审美思想继承、实践的结果。宋人魏庆之《诗人玉屑》卷之十三记朱熹论读诗法：

> 诗须是沉潜讽诵，玩味义理，咀嚼滋味，方有所益。
>
> 须是先将诗来吟咏四五十遍了，方可看注。看了又吟咏三四十遍，使意思自然融液浃洽，方有见处。
>
> 诗全在讽诵之功。
>
> 看诗不须着意去里面分解，但是平平地涵泳自好。①

这就是说，对于诗歌深层意义的方法的使用和内在深层意蕴的把握，都离不开"涵泳"和"玩味"，这是对朱熹强调"涵泳"和"玩味"在鉴赏过程中的重要性的总结，而朱熹对"涵泳"和"玩味"作为美学范畴的强调是受到二程的影响的。

宋代的理论家严羽在《沧浪诗话·诗辨》中从"悟"的角度对"涵泳"进行了另一个层面的发掘，指出：

> 惟悟乃为当行，乃为本色。然悟有浅深，有分限，有透彻之悟，有但得一知半解之悟。汉魏尚矣，不假悟也。谢灵运至盛唐诸公，透彻之悟也；他虽有悟者，皆非第一义也。②

严羽将"悟"分为各种不同的层次，对"透彻之悟"的获得只有待"涵泳"方可得之，虽没有明确提到"涵泳"，但其义已在其中。

---

① （宋）魏庆之编：《诗人玉屑》（上）卷之十三，上海古籍出版社1978年版，第267—268页。
② 郭绍虞校释：《沧浪诗话校释》，人民出版社1961年版，第12页。

明代谢榛也强调读书的"熟读""玩味"方法，如《四溟诗话》卷三云：

> 历观十四家所作，咸可为法。当选其诸集中之最佳者，录成一帙，熟读之以夺神气，歌咏之以求声调，玩味之以裒精华。得此三要，则造乎浑沦，不必塑谪仙而画少陵也。①

读书要熟读"玩味"方可有得，如此才能达到"浑沦"的境界，而不必跟随在李、杜的后面，作手眼相追的模仿。在谢榛看来，"玩味"是真正具有审美境界的诗歌所必需的一个条件和要素。以上这些诗歌理论，大大地丰富发展了二程的"涵泳""玩味"思想，因此在中国美学史上是有重要意义的。

二程在孟子的基础上发展了"自得"说，并丰富了其内涵，后代论者受到二程对"自得"理论重视的影响，也从各个方面给予了继承和发展。如叶燮《原诗》内篇（下）：

> 譬之一木一草，其能发生者，理也。其既发生，则事也。既发生之后，夭矫滋植，情状万千，咸有自得之趣，则情也。②

这是从审美对象对于主体的影响而言的，对象和主体的内在感情有所契合，则产生了美感。王若虚《滹南诗话》卷三有云：

---

① （明）谢榛：《四溟诗话》（卷三），宛平校点，人民文学出版社1961年版，第80页。

② （明）叶燮：《原诗》（内篇下），霍松林校注，人民文学出版社1979年版，第21页。

> 古之诗人，虽趣尚不同，体制不一，要皆出于自得。①

这是从古代诗法的角度讲的，虽然"趣尚"有所不同，体制也不一致，但是共同的特点则都是"要皆出于自得"，可见，能够"自得"，乃是诗歌创作中一种很高的技巧。王阳明也有"夫君子之论学，要在得之于心。众皆以为是，苟求之心而未会焉，未敢以为是也；众皆以为非，苟求之心而有契焉，未敢以为非也"②的论述，从明心的角度对"自得"给予了论述，指出得与不得，全在于自己的判断，是强求不来的。

至于二程关于文章的阅读方法，后人也有借鉴和发展。黄庭坚《跋书柳子厚诗》云：

> 予友生王观复作诗，有古人态度，虽气格已超俗，但未能从容中玉佩之音，左准绳、右规矩尔。意者读书未破万卷，观古人之文章，未能尽得其规摹，及所总览笼络，但知玩其山龙黼黻成章耶？③

其中"总览笼络"即是强调通读抓住要领，而王观复的读书方法，恰恰不能从总体上来把握，因此总缺少一点从容的气象。

可以说，二程以"涵泳""玩味"为主的鉴赏方法，对整个中国古典美学后期的发展从各个方面产生了深远的影响。

总的来说，二程的艺术哲学论以其理学为基础，其关于艺术本体的思

---

① 叶朗总主编：《中国历代美学文库》（宋辽金卷下），高等教育出版社 2003 年版，第 473 页。

② （明）王守仁：《王文成全书·卷二十一·答徐成之（壬午）》，《文渊阁四库全书》（电子版），上海人民出版社，迪志文化出版有限公司 1999 年版。

③ （宋）黄庭坚：《宋黄文节公全集·正集卷第二十五》，《黄庭坚全集》（二），四川大学出版社2001 年版，第 656 页。

想在前代文道观的基础上发展而来，又从本体和现象的角度做了发挥，提出了"理本文末"的文道观，反对辞藻华丽之文的同时肯定了文在体道中的地位，并以含蓄之文作为为文的标准；既然"文"作为现象乃"道"之本体的显现，人们可以通过训字与通解的方法理解文义，并"涵泳""玩味"其中的深刻意蕴，达致天人合一的"自得"境界。二程的艺术本体论和鉴赏论在后世得到了很好的继承和发展。

结　语

　　在中国哲学史上，二程是以理学家的身份著称于世的，他们提出的"天理"论标志着宋代理学的定型。作为宋明理学的奠基者，他们借助于"天理"概念，在先秦儒家思想和道家思想以及佛家思想的基础上，将儒家仁理提升到宇宙本体的高度，建立了融自然、社会、人生于一体的严密精深的天理论体系，此体系以"存天理、灭人欲"的封建色彩在人们心目中留下了深刻的烙印，也因此建构了二程冷冰冰的道学家面孔，这与美学给人的温情脉脉可谓是冰火两重天，自然而然地，其作为研究对象被拒之于美学的领地之外。然而，理学体系本身却是丰富的、复杂的、充满张力的，其内部也有对感性的合理肯定和赞成，无论是从美学的历史发展还是理学自身的丰富内涵来说，二者之间都存在着一定的亲缘性。

　　二程的理学是将儒家仁理提高为本体并自然显现在万物之中的，其所建立的天理论哲学体系以"理"为最高的本体，此本体既是自然的本体、伦理的本体，同时也是宇宙的最高本体，它具有生生不已的特点，宇宙本体体现在自然、社会人事、文艺等万物之中，"极高明而道中庸"，其内容是善的，其外在形式体现为感性形象，理学的目标在于通过道德修养以提高人的精神境界，给人以极大的精神自由和愉悦，这一点与美学对自由和愉悦的追求也是相通的。二程对达到其伦理本体的途径在其哲学体系中是用"诚敬""格物致知"等表述出来的，这些包含着审美心态、审美修养、审美心胸等的理学范畴，本身就具有美学的因素，在二程的修养论中，包含着一种追求"与道为一""从心所欲不逾矩"的自由追求和自觉自愿，这与美学对自由和愉悦的追求有着相通的旨趣。因此，无论是从工夫还是本体的角度，二程的理学同时也是美学，二者在追求精神自由和愉悦这一点上是相通的。

二程关于美的论述是散见于其理学体系中的，其整个理学体系以"天理"为核心向外辐射，本文在全面阅读和深入思考二程理学思想的基础上，发现了其理学体系中最具有美学本质、相互间有系统关联的部分内容，即二程的审美本体论、审美主体论、审美发生论、人格美论、艺术哲学论等作为阐释的主要内容，从这几个方面对二程的理学美学思想进行细致深入的思考、梳理和阐释。事实上，二程的理学美学思想是对先秦儒家美学思想的继承和发展，体现了儒家美学重存养的特点和修养论美学的特色。

一、二程理学美学的历史地位

二程的理学美学继承了儒家美学一贯重视现实人生的特点，是一种重视道德修养和人生境界的美学。它继承了孔子在文质关系上的看法，非常注重道德修养和文采之间的关系，主张人的内在道德修养达到一定的程度必然会发于文，主张"有德者必有言"；在文艺与现实的关系上，二程继承了孔子对文学与现实政治关系的看法，肯定了文学对现实的认识作用，主张通过"文"来表达自己的社会理想和对政治的见解，看到了文艺对现实的积极作用的一面。但二程在文道的关系上又表现出与先秦儒家不同的一面，他们为文找到了形上的依据——"道"，认为一切"文"都是"道"的流行发见，这种从"道"的角度对"文"的作用和地位进行审视的方式使二程在艺术哲学上呈现出与其前的儒家美学家不同的特点：重"文"在体"道"中的作用但又提出"玩物丧志""作文害道"。中国儒学美学在二程之前虽也主张通过道德修养来实现理想的人格境界，但总的来说，其关于修养的内容和方式论述相对零散，二程理学美学作为一种道德人格的修养论美学，其美学修养方式和内容与之前的儒家美学相比更为系统，建立了在日常生活中的主敬存养功夫论，从"动容貌""整思虑"内外两个方面进行了规范，以成就内外皆善的道德审美人格。

二程的理学美学是在其天理论哲学体系的基础上建立起来的，二程受禅宗心性观的影响，在"理"与"心"的关系上一方面主张"理"是本体，是万物的本原和审美的依据，但又主张对天理的体悟需要通过心性的修养才可实现，提出了"尽心知性知天"的修养路径。二程理学美学在"理"与"心"上的徘徊导致了自身的进一步分裂，发展到王阳明，审美的本体由"理"转到"心"，人的情感、心绪在审美中的作用被空前地发展，个性自由和解放也因而成为理学美学发展道路中的必然呈现。由二程理学发展起来的心学的继承者李贽直接走向了理学的对立面，针对二程等理学家"存天理，灭人欲"的主张提出了"童心说"，旗帜鲜明地对理学美学思想的局限性进行了抨击，导致了理学美学的终结。

二程理学美学思想在继承儒家美学心性修养美学特点的基础上从修养的工夫角度进行了更为系统的论述。二程作为理学思想的奠基者，其理学美学思想对其后的理学美学家以深刻的影响，二程理学美学思想中通过心性修养以达致天理的修养路径注定了其自身爆破的可能，以至于最后走向一味抒发感情而不受理性约束的阶段，这对我们建构中国美学的未来发展以思路上的启发和借鉴。

二、二程理学美学的影响

作为在先秦儒家美学思想继承基础上发展而来的二程理学美学，在文艺与政治的关系、文艺社会作用的看法上遵循了儒家美学的一贯传统，将儒家美学温柔敦厚的诗教传统发挥到极致，体现了注重人格修养的儒家美学特色。

首先，在对文艺地位的看法上，孔子要求在政治活动中"赋诗言志"，认为"诵《诗》三百，授之以政，不达；使于四方，不能专对；虽多，亦奚以为？"①（《论语·子路》）孔子主张在政治外交活动中通过赋诗来表达自己的志向。二程作为儒家美学思想的继承者，写了大量的奏表、上书，以此来表达自己的政治见解和对理想社会的建设，这同样是儒家以文达意的表现。文艺除了可以表达自己的思想和志向，也有很强的认识和教育作用，孔子从文学所具有的社会作用的角度对"文"给予了极大的肯定，提出了"兴观群怨"说，并以"思无邪"作为评价文艺的标准。二程在对待文艺的地位和作用上与孔子等儒家美学家如出一辙，他们充分肯定了文艺所具有的感化人心的作用，提出了通过"兴于诗"感发人心从而达到社会治理的目的，并从"理"的角度对文艺的地位进行了区别对待，在肯定"文"所具有的感发人心从而成就圣贤人格的同时，提出了"作文害道""玩物丧志"之论，对"文"的地位大加鞭挞，甚至走向了否定文的道路，将儒家温柔敦厚的诗教传统发挥到极致。

---

① 杨伯峻：《论语译注》，中华书局 2006 年版，第 152 页。

二程作为理学美学思想的代表，提出"性即理"，主张通过身心修养成就圣贤的人格境界，呈现出心—性—理的发展理路，到陆九渊则由二程的"理"本体向"心"本体发展，但陆九渊在认"心"为本体的同时，又给"理"本体以合理的肯定，陆九渊在"心"本体与"理"本体之间摇摆，并没有真正确立起"心"本体的地位，王阳明在陆九渊的基础上明确地提出"心即理"①，将人心作为道德的本体，自然地将人之道德理性和自然感性混为一谈，并被后继者作为情感欲望得以大行其道的依据，走向了文学抒写性灵一路，站到了温柔敦厚诗教传统的反面。直到明末清初的哲学家王夫之，"兴观群怨"之温柔敦厚的诗教传统才得以恢复。王夫之从诗歌社会作用的角度对诗歌加以肯定，指出"曲写心灵，动人兴观群怨"②，兼顾了诗歌抒情和主理两个方面，这既是对文学一味抒写性灵的纠正，又是对儒家温柔敦厚诗教传统的恢复。其后的叶燮和叶燮的学生沈德潜也都是温柔敦厚诗教的提倡者和有力支持者，对维护儒家温柔敦厚的诗教传统起到了很好的传承作用。

　　二程理学美学作为儒家美学发展史上温柔敦厚儒家诗教传统的一环，其对温柔敦厚的极端发挥和由此引起的反驳以及修正说明了二程理学美学在中国美学和理学美学史上具有关键的转折作用，它直接影响了其后的美学理论家和理学美学家对诗教传统的新的阐释、修正和进一步发挥。

　　其次，二程的理学美学主张通过心性的修养达致天理至善和人生之乐，成就审美的人格。审美人格的完成需要"性其情"，即以理节情，主张在日常生活中通过修养实现性情的自然，而性情的自然反映到文艺上，

①　（明）王守仁：《王文成全书·卷一·传习录》，《文渊阁四库全书》（电子版），上海人民出版社，迪志文化出版有限公司 1999 年版。

②　（明）王夫之：《夕堂永日绪论》内篇三三，《姜斋诗话》卷二，舒芜校点，人民文学出版社 1961 年版，第 158 页。

即表现为对优美的审美理想的崇尚。这种优美的审美风格反映到文学上，形成了中国古典美学后期尚韵的美学特色。在文学语言上，提倡"绚烂之极归于平淡"，在表达技巧上主张"活法""无法"，由此形成了言简而味长的有韵味的文学作品。作为优美风格典型代表的又一形态的绘画，受到二程理学美学以理节情的影响，由宋代以前主要表现"气韵生动"的外在境界转向了表现人的主观的情感意绪。山水画、写意画在宋代得到极大发展，画面构图改变了以往对空间的大量运用而是以虚当实，计白当黑，趋向精巧和细致，被称为"残山剩水"的马远、夏圭，即是这种构图的典型代表；技法上大量运用变形、改变常规的方法；色彩上改变了对艳丽色彩的青睐转而注重笔墨本身在绘画中的作用。这些变化都服从于个人情感的抒发，表现个体内心的情感意绪和心灵境界，由此给审美者留下了丰富的想象空间，增加了艺术的余味，呈现了中国古典美学由宋代开始的优美转向特点。

最后，如果说温柔敦厚的诗教传统和优美转向是二程理学美学对中国美学的正向影响的话，那么，承认性情的自然，任由感情的自然抒发以至于情欲泛滥，则是二程理学自身爆破所带来的美学上的反向影响。这种反向影响在文学和文学理论两个方面都得到了体现。就文学本身而言，宋词、宋明话本、明清小说和戏曲都将描写的内容指向了世俗人情，描写了多姿多彩、人情味浓厚的社会生活，大胆肯定了人世间的真情真爱，从语言上、审美趣味上都呈现了与儒家正统文艺有别的艺术趣味。与文学上的这种变化相适应，文论上出现了像李贽的"童心说"、汤显祖的"情真说"、公安三袁的"性灵说"、袁枚的"性灵说"等一大批反映人性觉醒、思想解放的理论家及其理论观点，引发了明代及其后世张扬个性的文艺新思潮的兴起。

三、二程理学美学的局限

二程理学美学在中国美学史上产生重大影响的同时，也有其自身不可避免的局限。具体说来，有如下几个方面：

首先，二程理学美学在文与道的关系上，采取了一种儒家既有的伦理价值标准，只对能够承载义理之文和传道之文给予了肯定，虽然也承认"文盛者言亦传"，但以伦理道德第一，审美价值第二作为评价文艺的标准，这势必对文所具有的审美特点和规律有所忽视，这种评价标准发展到极致，就会使文艺成为道德宣传的工具和附庸，文艺自身的审美价值和规律自然得不到关注和发展。文艺以表现人的情感为主要职能，而一种只是传载道德说理工具的文学样态充斥文坛，既不利于人们对其中的道德义理心悦诚服地接受，又不利于传载道德义理之文的持久发展。

其次，二程理学美学通过"性其情"来实现审美的人格，形成了艺术上崇尚优美的审美理想，在这一审美理想的影响下，出现了很多韵味十足的文艺作品。但这也把文学局限在远离现实的狭小圈子中，沉浸于文学作品的韵味创作则使他们消泯在文艺的海洋中，缺少了一个文人应有的入世情怀，当然也不利于创作出深刻的警醒人世的文艺作品。由二程倡导所形成的中国古典美学后期崇尚优美的风尚与之前儒家美学所崇尚的侧重壮美的审美风尚相比较，缺少了儒家美学所具有的开拓精神，对于社会现实和人生的不公不能及时觉醒，反而更易随遇而安、回避退守，不利于人们认识世界和改造世界。

最后，儒家美学重视通过道德的修养实现审美的人生境界，二程作为儒家美学的继承者，在人的道德修养中同样较少重视对客观世界的认识，这就阻碍了人们向外在世界开拓的步伐；而过于强调"理""性"对人之

"情"的压抑、束缚，则会剥夺个体情感欲求存在的合理地位，有着禁欲主义的倾向；其"存天理，灭人欲""饿死事小，失节事大"的封建观念对人格自由、个性解放形成很大的阻碍，这与美学所追求的情感自由表达和精神愉悦的自由人格背道而驰，不利于个体人格自由、全面的发展。而没有个体人格的自由、全面发展，就不会实现真正意义上的和谐、有序的理想社会。

四、二程理学美学的现代意义

二程理学美学尽管有着自身理论内容所带来的不可避免的局限，其理论内容本身和体系性仍给我们以极大的启示。

首先，二程的全部理学美学思想是建构于"天理"或"道"这一范畴上的，对二程"天理"或"道"之理解是理解其理学美学的基础和前提。"天理"或"道"在指认最高本体这一点上具有完全相同的意义，它是二程理学美学的出发点和终极归宿，是自然和社会的本原，当然也是自然美的依据。二程的"道"是在吸收儒、道、佛等思想的基础上建构起来的，二程的"道"以儒家的"仁"理为基础和核心，具有伦理道德的含义，同时，它将道家对"道"的本体阐释也吸收进来，如此，儒家之"仁"在二程的理学体系中得以提升到本体的地位。在此基础上，佛家的"理事说"对二程的体系建构也起到了非常重要的作用，它将宇宙本体辐射到自然、社会、文艺中，二程关于理象、道器、体用关系的论述是宇宙本体和现象的依据，也是自然美的本体和现象的依据。作为最高本体的"道""理"就在自然万物之中，以感性的形态呈现出来，如鸢、鱼、草等都是道体的象征，人们只要"勿忘勿助""闲邪"，就可以在这些自然之物中体验天理流行，实现天人合一的境界。

这种天人合一的境界是人与自然和谐共生的理想状态，它对我们处理由工业革命急速发展所造成的人与自然之间的紧张关系以重要的启示。长期以来，自然作为人类生存物质的提供者，被人类开发、利用到无以复加的程度，随之而来的各种自然灾害给人们敲响了警钟。它让人们意识到：自然不只是人类物质生活的提供者，同时也应该是人们最为亲密的朋友。我们应该以审美的态度来对待自然，把自然看成和人类一样具有生命的物质，在科学认识自然的基础上，合理利用自然资源，规范人们对自然的过度采伐行为，科学、合理地调节人与自然的矛盾，实现人与自然的共生、和谐、可持续发展，进入人和自然的和谐状态，实现人类的审美化生存。

其次，二程继承儒家修养美学的特点，认为人通过心性修养达到一定阶段自然会呈现出"圣贤气象"，而"圣贤气象"将孔颜内在的心灵愉悦提升到本体的高度进行论证，道德修养的目标"仁"由先秦儒家的伦理纲常规范成为一种最高的本体，此本体通过"道"的生生不已实现于人，它将一己的生命扩展于宇宙生命中，建立了不离感性而又超感性的仁者之乐，完成了生命意义和价值意义的统一。此时，人与人、人与物、物与物的对立在这种生生不已中已经完全消解，物我的对立消失，达到了"浑然与物同体"的境界。

二程的"圣贤气象"是在对先秦儒家之"仁"的重新解释基础上形成的，它的"生即仁"的观念从生命平等的意义上给予了自然与人以平等的地位，为人合理对待自然、保护自然提供了哲学依据，打破了人类中心主义的美梦。但程颢在人与自然的关系上，采取的是全然顺应自然，而不作任何人为的努力（如认为人的一切自然情感都是性之自然，因此人只须顺应自己的性情即可）这一点却是非常消极的。事实上，在人和自然的关系上，人只有在对自然进行了理智的认识后，才有可能在利用自然的同时却不对自然造成破坏，从而实现人与自然的和谐共处。另外，二程的"圣贤气象"作为一种人生的理想精神境界，在物质生活日益丰富的今天，对人们一味追求物欲享受所带来的精神空虚有很好的弥补作用。在全社会大力构建和谐社会的今天，只有个体身心和谐才有社会和谐的实现，而个体身心的和谐离不开"圣贤气象"的精神境界的塑造，"圣贤气象"为市场经济条件下人们精神信仰的丧失提供了一剂良药，它不但是人们心灵快乐的源泉，同时也是构建和谐、有序的市场竞争环境的前提和保障。

最后，二程的理学美学是以其理气论为基础建构起来的，审美主体的心性修养是二程学以至道的根本方法，"道"的本体地位的维护离不开心性的自觉。通过心性的涵养，就可以实现通达天理的目的和人生的乐趣。程颢认为"性"是理与气结合的产物，气的参与使得"性"呈现为善与不善。对于人而言，性无不善，只有过与不及，性之过与不及即表现为情，性情不相离，情乃性之自然而发，人只要顺受其性，通过心性的涵养，进入"勿忘勿助"的状态，自然能够与"天理"相通，实现"浑然与物同体"的"和乐"境界。程颐的性情论也是以理气论为基础建构起来的，"性"即"道"即"理"，但"性"只有转化成现实的"情"才能成为人们的认识对象，情由性生，性以情显，性者皆善，而作为性之发动的情由于有了气的参与则兼有善恶，只有禀气之清，才能由情返性，通过"性其情"来实现个体性情的和谐。这种经由禀气之清的性情和谐的审美人格的成就需要借助于格物致知、进学涵养，去知去欲，身心闲适，平静安乐的审美心境来保证。这种美学修养探讨的理路是中国美学对审美主体研究深入化和精致化的表现，体现了中国古典美学到二程开始走向理论体系自觉建构的意向。二程的理学美学思想，从"天理"本体的角度为中国历史上的感悟式美学提供了新的视角，对先秦儒家零散化、感性经验为基础的美学思想体系化、理学思维的严密性有着不可估量的意义，有助于中国古典美学体系的建立；其对审美主体、审美发生过程以及审美境界的研究也为中国美学体系的建立提供了可能。

　　总之，二程理学本身是一个丰富复杂的体系，本文对二程理学所做的美学方面的分析和探索只是一种尝试，所选取的关于二程理学美学思想的几个部分还存在不少有待商榷之处，在具体的分析和阐发过程中有些观点也有进一步探讨的必要，但是，这种探讨和分析对于梳理理学美学的源流、丰富中国美学史的线索有着不容忽视的意义。

参考文献

一

程颢、程颐:《二程集》,中华书局,2004 年版。

周敦颐:《太极图说》,上海古籍出版社,1992 年版。

周敦颐:《通书》,上海古籍出版社,1992 年版。

朱熹:《大学集注》,上海古籍出版社,1987 年版。

朱熹:《中庸集注》,上海古籍出版社,1987 年版。

朱熹:《论语集注》,上海古籍出版社,1987 年版。

朱熹:《孟子集注》,上海古籍出版社,1987 年版。

朱熹、吕祖谦编订:《近思录》,江苏古籍出版社,2001 年版。

朱熹:《朱子全书》(共二十七册),朱傑人、嚴佐之、刘永翔主编,上海古籍出版社,安徽教育出版社,2002 年版。

《黄庭坚全集》(二),刘琳、李勇先、王蓉贵校点,四川大学出版社,2001 年版。

《陆九渊集》，钟哲点校，中华书局，1980年版。

《张载集》，中华书局，1978年版。

邵雍：《皇极经世书》，卫绍生校注，中州古籍出版社，2007年版。

黄宗羲：《宋元学案》（全四册），全祖望补修，陈金生、梁运华点校，中华书局，1986年版。

黄宗羲：《明儒学案》（全二册），沈芝盈点校，中华书局，1985年版。

王夫之：《姜斋诗话》，舒芜校点，人民文学出版社，1961年版。

二

侯外庐主编：《中国思想通史》第四卷（上册），人民出版社，1959年版。

侯外庐、邱汉生、张岂之主编：《宋明理学史》，人民出版社，1997年版。

侯外庐主编：《中国思想史纲》，上海书店出版社，2004年版。

冯友兰：《中国哲学史新编》（下），人民出版社，1999年版。

冯友兰：《中国哲学简史》（插图珍藏版），新世界出版社，2004年版。

郭绍虞：《中国文学批评史》，上海古籍出版社，1979年版。

郭绍虞校释：《沧浪诗话校释》，人民文学出版社，1961年版。

郭绍虞主编：《中国历代文论选》（第三册），上海古籍出版社，1980年版。

张君劢：《新儒学思想史》，中国人民大学出版社，2006年版。

张君劢：《义理学十讲纲要》，中国人民大学出版社，2006年版。

张岱年：《中国哲学大纲》，江苏教育出版社，2005年版。

陈鼓应：《老子注译及评介》，中华书局，1984年版。

陈鼓应注译：《庄子今注今译》，中华书局，1983年版。

蔡尚思主编：《诸子百家精华》，湖南教育出版社，1992年版。

李泽厚：《中国思想史论》（上、中、下），安徽文艺出版社，1999年版。

李泽厚：《华夏美学》（修订彩图版），天津社会科学院出版社，2002年版。

李泽厚：《美学三书·美的历程》，天津社会科学院出版社，2003年版。

李泽厚：《论语今读》，北京三联书店，2004年版。

李泽厚：《实用理性与乐感文化》，北京三联书店，2005年版。

李泽厚、刘纲纪：《中国美学史》，安徽文艺出版社，1999年版。

陈来：《朱熹哲学研究》，中国社会科学出版社，1988年版。

陈来：《宋明理学》，辽宁教育出版社，1991年版。

陈来：《朱子哲学研究》，华东师范大学出版社，2000年版。

陈来：《中国近世思想史研究》，商务印书馆，2003年版。

陈来：《诠释与重建——王船山的哲学精神》，北京大学出版社，2004年版。

杨国荣：《杨国荣讲王阳明》，北京大学出版社，2005年版。

杨国荣：《王学通论》，上海三联书店，1990年版。

钱穆：《宋明理学概述》，（台湾）学生书局，1977年版。

徐复观：《中国艺术精神》，华东师范大学出版社，2001年版。

徐复观：《中国人性论史》，华东师范大学出版社，2005年版。

徐复观：《中国文学精神》，上海书店出版社，2004年版。

牟宗三：增订八版《历史哲学》，台湾学生书局，1984年版。

唐君毅：《中国哲学原论·原教篇》，中国社会科学出版社，2006年版。

唐君毅：《生命存在与心灵境界》，中国社会科学出版社，2006年版。

余英时：《宋明理学与政治文化》，广西师范大学出版社，2006年版。

周振甫：《文心雕龙注释》，人民文学出版社，1981 年版。

张立文主编：《道》，中国人民大学出版社，1989 年版。

张立文主编：《气》，中国人民大学出版社，1990 年版。

张立文主编：《理》，中国人民大学出版社，1991 年版。

张立文主编：《心》，中国人民大学出版社，1993 年版。

张立文主编：《性》，中国人民大学出版社，1996 年版。

张立文：《宋明理学研究》，中国人民大学出版社，1985 年版。

张立文：《朱熹思想研究》，中国社会科学出版社，1981 年版。

张立文：《走向心学之路——陆象山思想的足迹》，中华书局，1992 年版。

张立文：《正学与开新——王船山哲学思想》，人民出版社，2001 年版。

张立文：《朱熹评传》，南京大学出版社，1998 年版。

张立文、祁润兴：《中国学术通史》（宋元明卷），人民出版社，2004 年版。

蔡镇楚：《中国文学批评史》，中华书局，2005 年版。

郭齐勇编著：《中国哲学史》，高等教育出版社，2006 年版。

郭齐勇主编：《宋明儒学与长江文化》，湖北教育出版社，2004 年版。

叶朗总主编：《中国历代美学文库》，高等教育出版社，2003 年版。

叶朗：《中国美学史大纲》，上海人民出版社，1985 年版。

蔡方鹿：《程颢程颐与中国文化》，贵州人民出版社，1996 年版。

崔大华：《儒学引论》，人民出版社，2001 年版。

崔大华：《南宋陆学》，中国社会科学出版社，1984 年版。

查正贤：《论语讲读》，华东师范大学出版社，2006 年版。

陈德礼：《人生境界与生命美学——中国古代审美心理论纲》，长春出版社，1998 年版。

陈澔注：《礼记集说》，上海古籍出版社，1987年版。

陈俊民：《张载哲学思想及关学学派》，人民出版社，1986年版。

陈良运主编：《中国历代诗学论著选》，百花洲文艺出版社，1998年版。

陈少峰：《宋明理学与道家哲学》，上海文化出版社，2001年版。

陈成国点校：《四书五经》（上、下），岳麓书社，1991年版。

陈望衡：《中国古典美学史》，湖南教育出版社，1998年版。

陈望衡：《审美伦理学引论》，武汉大学出版社，2007年版。

陈炎主编：《中国审美文化史》，山东画报出版社，2000年版。

陈延傑注：《诗品注》，人民文学出版社，1961年版。

陈迎年：《感应与心物——牟宗三哲学批判》，上海三联书店，2005年版。

陈正夫、何植靖：《朱熹评传》，江西人民出版社，1984年版。

陈钟凡：《两宋思想述评》，东方出版社，1996年版。

成复旺、黄保真、蔡钟翔：《中国文学理论史》，北京出版社，1987年版。

丁为祥：《虚气相即——张载哲学体系及其定位》，人民出版社，2000年版。

范寿康：《朱子及其哲学》，中华书局，1983年版。

方旭东：《尊德性与道问学——吴澄哲学思想研究》，人民出版社，2005年版。

冯达文：《宋明新儒学略论》，广东人民出版社，1997年版。

傅佩荣：《解读庄子》，上海三联书店，2007年版。

复旦大学中文系古典文学教研组：《中国文学批评史》（中册），上海古籍出版社，1981年版。

傅小凡：《宋明道学新论——本体论建构与主体性转向》，社会科学文献出版社，2005年版。

　　关长龙：《两宋道学命运的历史考察》，学林出版社，2001年版。

　　郭勉愈、巩璠编著：《人之为仁——走进儒家的＜论语＞》，北京师范大学出版社2007年版。

　　郭晓冬：《识仁与定性——工夫论视域下的程明道哲学研究》，复旦大学出版社，2006年版。

　　郭预衡：《中国散文史》（中），上海古籍出版社，2000年版。

　　韩经太：《理学文化与文学思潮》，中华书局，1997年版。

　　韩林合：《虚己以游世——〈庄子〉哲学研究》，北京大学出版社，2006年版。

　　韩望喜：《善与美的人性》，人民出版社，2001年版。

　　何炳松：《浙东学派溯源》，广西师范大学出版社，2004年版。

　　何俊：《南宋儒学建构》，上海人民出版社2004年版。

　　何文焕辑：《历代诗话》（全二册），中华书局，1981年版。

　　洪军：《朱熹与栗谷哲学比较研究》，中国社会科学出版社，2003年版。

　　霍然：《宋代美学思潮》，长春出版社，1997年版。

　　季国平：《宋明理学与戏曲》，中国戏剧出版社，2003年版。

　　季蒙：《主思的理学——王夫之的四书学思想》，广东高等教育出版社，2005年版。

　　姜国柱：《张载的哲学思想》，辽宁人民出版社，1982年版。

　　蒋济永：《过程诗学》，中国社会科学出版社，2002年版。

　　孔令宏：《宋代理学与道家、道教》（上、下册），中华书局，2006年版。

　　李春青：《宋学与宋代文学观念》，北京师范大学出版社，2001年版。

　　李道湘：《现代新儒学与宋明理学》，辽宁大学出版社，1998年版。

　　李祥俊：《道通于一——北宋哲学思潮研究》，北京师范大学出版社，

2006 年版。

李晓春：《宋代性二元论研究》，中国社会科学出版社，2006 年版。

李有兵：《道德与情感——朱熹中和问题研究》，中国传媒大学出版社，2006 年版。

李之鉴：《陆九渊哲学思想研究》，河南人民出版社，1985 年版。

黎靖德编：《朱子语类》，王星贤点校，中华书局，1986 年版。

刘大杰：《中国文学发展史》，百花文艺出版社，1999 年版。

刘方：《中国美学的基本精神及其现代意义》，巴蜀书社，2003 年版。

刘方：《宋型文化与宋代美学精神》，四川出版集团巴蜀书社，2004 年版。

刘象彬：《二程理学基本范畴研究》，河南大学出版社，1987 年版。

梁绍辉主编：《濂溪学研究》，湖南大学出版社，2005 年版。

梁绍辉主编：《濂溪学研究》（第二辑），湖南人民出版社，2006 年版。

梁一儒、户晓辉、宫承波：《中国人审美心理研究》，山东人民出版社，2002 年版。

卢广森、卢连章主编：《洛学及其中州后学》，河南大学出版社，1999 年版。

卢国光：《宋儒微言》，华夏出版社，2001 年版。

卢连章：《二程学谱》，中州古籍出版社，1988 年版。

卢连章：《程颢程颐评传》，南京大学出版社，2001 年版。

卢子震：《理学基本理论概说》，河北教育出版社，2005 年版。

罗根泽：《中国文学批评史》（三），上海古籍出版社，1984 年版。

罗立刚：《宋元之际的哲学与文学》，复旦大学出版社，2007 年版。

罗月霞主编：《宋濂全集》（第三册），浙江古籍出版社，1999 年版。

蒙培元：《理学的演变》，福建人民出版社，1984 年版。

蒙培元：《理学范畴系统》，人民出版社，1989年版。

蒙培元：《心灵超越与境界》，人民出版社，1998年版。

蒙培元：《情感与理性》，中国社会科学出版社，2002年版。

蒙培元：《蒙培元讲孔子》，北京大学出版社，2005年版。

莫砺锋、黄天骥主编：《中国文学史》（第三卷），高等教育出版社，1999年版。

潘富恩、徐余庆：《程颢程颐理学思想研究》，复旦大学出版社，1988年版。

潘立勇：《朱子理学美学》，东方出版社，1999年版。

潘运告：《美的神游——从老子到王国维》，湖南美术出版社，2004年版。

庞万里：《二程哲学体系》，北京航空航天大学出版社，1992年版。

彭永捷：《朱陆之辩——朱熹陆九渊哲学比较研究》，人民出版社，2002年版。

沈善洪、王凤贤：《王阳明哲学研究》，浙江人民出版社，1981年版。

石训、姚瀛庭等：《中国宋代哲学》，河南人民出版社，1992年版。

束景南：《朱子大传》，商务印书馆，2003年版。

田浩：《朱熹的思维世界》，陕西师范大学出版社，2002年版。

滕咸惠校注：《人间词话新注》，齐鲁书社，1994年版。

王国猛、徐华：《朱熹理学与陆九渊心学》，西南交通大学出版社，2006年版。

王建疆：《修养·境界·审美——儒道释修养美学解读》，中国社会科学出版社，2003年版。

王育济：《天理与人欲——理学理欲观演变的逻辑进程》，齐鲁书社，1992年版。

王元化：《文心雕龙创作论》，上海古籍出版社，1979 年版。

王运熙、顾易生主编：《中国文学批评通史》，上海古籍出版社，1996 年版。

王振复：《中国美学的文脉历程》，四川人民出版社，2002 年版。

魏庆之编：《诗人玉屑》（全二册），上海古籍出版社，1978 年版。

温伟耀：《成圣之道——北宋二程修养工夫论之研究》，河南大学出版社，2004 年版。

吴光主编：《当代新儒学探索》，上海古籍出版社，2003 年版。

吴海庆：《船山美学思想研究》，河南人民出版社，2004 年版。

吴中杰主编：《中国古代审美文化论》，上海古籍出版社，2003 年版。

夏之放：《论块垒——文学理论元问题研究》，人民出版社，2007 年版。

向世陵：《善恶之上——胡宏·性学·理学》，中国广播电视出版社，2000 年版。

萧华荣：《中国古典诗学理论史》，华东师范大学出版社，2005 年版。

谢榛：《四溟诗话》，宛平校点，人民文学出版社，1961 年版。

徐洪兴：《思想的转型——理学发生过程研究》，上海人民出版社，1996 年版。

徐洪兴：《旷世大儒——二程》，河北人民出版社，2000 年版。

徐儒宗：《中庸论》，浙江古籍出版社，2004 年版。

徐仪明：《性理与岐黄》，中国社会科学出版社，1997 年版。

徐远和：《洛学源流》，齐鲁书社，1987 年版。

许总：《宋明理学与中国文学》，百花洲文艺出版社，1999 年版。

许总主编：《理学文艺史纲》，江苏教育出版社，2001 年版。

杨天石：《朱熹及其哲学》，中华书局，1982 年版。

杨晓塘主编：《程朱思想新论》，人民出版社，1999 年版。

杨向奎：《中国古代社会与古代思想研究》（下册），上海人民出版社，1964 年版。

杨柱才：《道学宗主——周敦颐哲学思想研究》，人民出版社，2004 年版。

叶燮：《原诗》，霍松林校注，人民文学出版社，1979 年版。

仪平策：《中国美学文化阐释》，首都师范大学出版社，2003 年版。

俞宣孟：《本体论研究》，上海人民出版社，1999 年版。

余潇枫、张彦：《人格之境——类伦理学引论》，浙江大学出版社，2006 年版。

袁济喜：《传统美育与当代人格》，人民文学出版社，2002 年版。

曾永成：《感应与生成——感应论审美观》，成都科技大学出版社，1991 年版。

张德麟：《程明道思想研究》，台湾学生书局，1986 年版。

张法：《中国美学史》，上海人民出版社，2000 年版。

张法：《中西美学与文化精神》，北京大学出版社，1994 年版。

张加才：《诠释与建构——陈淳与朱子学》，人民出版社，2004 年版。

张节末：《禅宗美学》，北京大学出版社，2006 年版。

张梦新主编：《中国散文发展史》，杭州大学出版社，1996 年版。

张青兰：《人格的现代转型与塑造》，广东人民出版社，2005 年版。

张少康、刘三富：《中国文学理论批评发展史》，北京大学出版社，2000 年版。

张世英：《天人之际——中西哲学的困惑与选择》，人民出版社，1995 年版。

张世英：《哲学导论》，北京大学出版社，2002 年版。

张文利：《理禅融会与宋诗研究》，中国社会科学出版社，2004 年版。

张学智:《明代哲学史》,北京大学出版社,2000 年版。

张锡勤、霍方雷:《陆王心学初探》,黑龙江人民出版社,1982 年版。

张毅:《儒家文艺美学——从原始儒家到现代新儒家》,南开大学出版社,2004 年版。

张永俊:《二程学管见》,东大图书股份有限公司,1988 年版。

章柳泉:《南宋事功学派及其教育思想》,教育科学出版社,1984 年版。

赵峰:《朱熹的终极关怀》,华东师范大学出版社,2004 年版。

赵士林:《心学与美学》,中国社会科学出版社,1992 年版。

赵金昭主编:《二程洛学与实学研究》,学苑出版社,2005 年版。

周梦江:《叶适与永嘉学派》,浙江古籍出版社,1992 年版。

邹其昌:《朱熹诗经诠释学美学研究》,商务印书馆,2004 年版。

邹永贤主编:《朱子学研究》,厦门大学出版社,1989 年版。

邹永贤主编:《朱熹思想丛论》,厦门大学出版社,1993 年版。

朱汉民:《中国学术史》(宋元卷,上、下),江西教育出版社,2001 年版。

朱汉民:《宋明理学通论——一种文化学的诠释》,湖南教育出版社,2000 年版。

朱子学刊编辑部:《朱子学刊》,黄山书社,2005 年版。

中国哲学史学会、浙江省社会科学研究所编:《论宋明理学》,浙江人民出版社,1983 年版。

[英] 葛瑞汉:《中国的两位哲学家:二程兄弟的新儒学》,程德祥等译,大象出版社,2000 年版。

[英] 葛瑞汉:《论道者——中国古代哲学论辩》,张海晏译,中国社会科学出版社,2003 年版。

[日] 弘法大师原撰:《文镜秘府论校注》,王利器校注,中国社会科

学出版社，1983 年版。

三

冯友兰：《程颢、程颐（续）》，《哲学研究》，1980 年第 11 期。

安京：《试论程颐的心学理论》，《中州学刊》，1984 年第 3 期。

蔡方鹿：《1949 年以来程颢、程颐研究述评》，《社会科学研究》，1994 年第 2 期。

崔华前：《试析二程的德育方法》，《南京林业大学学报》（人文社会科学版），2005 年第 2 期。

成中英著，杨柱才译：《二程本体哲学的根源与架构》，《南昌大学学报》（人文社会科学版），2003 年第 1 期。

董国军：《道学形成及道学对儒学影响论略》，《江苏大学学报》（社会科学版），2006 年第 1 期。

方向：《"有我之境"与"无我之境"辨》，《安徽文学》，2007 年第 11 期。

冯憬远：《二程是怎样把"理"吹上天去的——二程理学唯心主义思维路径辨析》，《中州学刊》，1985 年第 5 期。

冯憬远：《二程的心性修养论》，《郑州大学学报》（哲学社会科学版），1988 年第 6 期。

高建立：《论程颢程颐宇宙观之差异》，《黄海学刊》，1989 年第 4 期。

高建立：《二程哲学与佛学之关系》，《齐鲁学刊》，2004 年第 2 期。

郭立珍：《试论二程"诚"思想及其现代启示》，《洛阳师范学院学报》，2005 年第 3 期。

胡自逢：《伊川论易之感通》，《中华易学》（台），1986 年七卷七期。

姜广辉：《二程"天理论"的建立》，《南京大学学报》（哲学·人文·社会科学版），1991 年第 2 期。

姜海军：《二程文道观及其时代性分析》，《北京大学研究生学志》，2006 年第 86 期。

金仁权、崔昌海：《二程与朱熹的主敬思想》，《东疆学刊》，2000 年第 1 期。

李馥明：《二程洛学与君主专制主义论》，《洛阳大学学报》，2002 年第 1 期。

李煌明、李红专：《宋明理学"孔颜之乐"理论的发展线索》，《哲学动态》，2006 年第 4 期。

李景林：《二程心性论之异同与儒学精神》，《中州学刊》，1991 年第 3 期。

李霞：《道家思维模式与程朱理学体系的形成与完善》，《黄山学院学报》，2004 年第 4 期。

李之鉴：《程颢程颐哲学异同论》，《河南师范大学学报》（哲学社会科学版），1989 年第 2 期。

李钟麟：《论二程"诚"的哲学思想及其现代价值》，《零陵学院学报》，2004 年第 4 期。

卢连章：《程颢程颐哲学思想异同论》，《中州学刊》，1982 年第 2 期。

卢连章：《二程理学与佛学思想》，《中州学刊》，2004 年第 1 期。

刘宗贤：《试论二程哲学的不同风格》，《文史哲》，1989 年第 5 期。

刘象彬：《程颢程颐的天理观试析》，《中州学刊》，1981 年第 3 期。

刘玉敏：《敬与静——二程"主敬"思想对先秦儒家之"敬"及佛道"静"的思想整合》，《江汉大学学报》（人文科学版），2006 年第 1 期。

刘保亮：《河洛理学与河洛文学》，《河南科技大学学报》（社会科学版），

2006 年第 3 期。

马茂军、谢资娅：《北宋五子的散文创作》，《求实》，2006 年第 1 期。

马全智：《略论程颢程颐建立理学体系的逻辑方法》，《河南大学学报》（哲学社会科学版），1987 年第 3 期。

潘富恩、徐余庆：《论二程的变革理论和对熙宁新政的态度》，《学术月刊》，1986 年第 3 期。

潘富恩、徐余庆：《论二程的刑治与教化思想》，《复旦学报》（社会科学版），1987 年第 1 期。

潘富恩、徐余庆：《略论二程的教育思想》，《中州学刊》，1985 年第 4 期。

沈平：《二程德育心理学思想略论》，《常熟高专学报》，2000 年第 3 期。

陶清：《试论二程建构"天理"范畴的思维构架及其哲学意义》，《阜阳师范学院学报》（社会科学版），1988 年第 3 期。

王利民：《二程的诗歌创作轨迹与交际领域》，《南通师范学院学报》（哲学社会科学版），2004 年第 1 期。

吴河清：《论理学家程颢程颐的诗歌创作》，《商丘师范学院学报》，2002 年第 6 期。

吴静、苏洁：《二程礼论与理一分殊探析》，《四川职业技术学院学报》，2003 年第 1 期。

吴功正：《说"涵泳"》，《福建论坛·人文社会科学版》，2006 年第 6 期。

魏崇周：《20 世纪二程文论与文学研究述评》，《洛阳师范学院学报》，2004 年第 1 期。

魏宗禹：《简论二程洛学的思想特征、创新精神及现代价值》，《江南大学学报》（人文社会科学版），2003 年第 1 期。

向世陵：《"生之谓性"与二程的"复性"之路》，《中州学刊》，2005

年第 1 期。

徐远和:《二程理气观辨析》,《中国哲学史研究》,1981 年第 9 期。

徐远和:《二程"天理论"的建立》,《南京大学学报》(哲学·人文·社会科学版),1991 年第 2 期。

徐远和:《略论二程的人性论思想》,《中州学刊》,1985 年第 1 期。

徐仪明:《理学家程颢及其诗》,《河南大学学报》(社会科学版),1992 年第 5 期。

薛富兴:《唐宋美学概观》,《吉首大学学报》(社会科学版),2006 年第 2 期。

杨庆杰:《宋明理学美学引论》,复旦大学,2005 年。

杨仁忠:《二程天理论的佛学渊源及其文化学意义》,《河南师范大学学报》(哲学社会科学版),2003 年第 1 期。

杨仁忠:《试论二程新儒学产生的文化学背景及其对洛学理论特色的影响》,《河南师范大学学报》(哲学社会科学版),2000 年第 6 期。

殷光熹:《简谈程颐的文道观与宋代学派之间的分歧》,《昆明师范学院学报》(哲学社会科学版),1979 年第 1 期。

叶玉殿:《二程的"德性之知"与"闻见之知"》,《中州学刊》,1986 年第 2 期。

岳友熙:《"有我之境":中国美学的刚美意韵》,青海社会科学 2007 年第 1 期。

朱永新:《二程心理思想研究》,《心理学报》,1982 年第 4 期。

朱忠明:《二程"天命之性"论试析》,《中州学刊》,1988 年第 1 期。

张恒寿:《也谈二程思想的异同》,《中州学刊》,1988 年第 5 期。

张节末:《比兴、物感与刹那直观》,《社会科学战线》,2002 年第 4 期。

邹其昌:《论朱熹的"感物道情"与"交感"说——朱熹诗经诠释学

美学审美创作旨趣研究》,《江汉论坛》,2004 年第 1 期。

邹其昌:《论朱熹诗经诠释学美学诠释方式》,《湖南师范大学社会科学学报》,2004 年第 1 期。

邓莹辉:《两宋理学美学之形成初探——兼论理学家的文学创作与批评》,福建师范大学,2006 年博士论文。

后　记

　　本书是由我的博士论文修订而成，我想通过对二程理学美学思想的梳理，"还原"二程思想的全貌。以往对二程理学的研究成果丰富，涉及的视角多样，但二程理学家的身份使其美学思想长久以来处于被"遮蔽"的状态。二程作为理学家的奠基者身份和其二人思想的广博性，在儒学史上具有重要的地位，其理学美学思想融哲学、伦理学，教育学以及文艺思想等于一体，在中国传统美学中具有特殊性，体现了理学美学的基本特征，需要深读文本，潜心为之。

　　这本书的题目是在我的导师杨存昌教授的启发下选定，从文章题目的选择到提纲的拟定，以及写作过程中的每一个环节，离不开我的导师杨存昌教授的辛苦指导。说实话，最初面对这个题目，心中十分忐忑：一是自己的学术积累不深；二是已有研究成果丰富，愈是了解，愈感觉仰之弥高，求之弥深，自己一直忧虑重重文章是否能够顺利完成，正是杨老师的鼓励使我有了坚持下去的信心和毅力。

　　随着对二程思想了解的深入，我越来越发现二程在中国传统哲学美学中地位的特殊性。二程作为理学的奠基者，不仅创立了理学体系，还进行了大量的文学创作和经学阐释，二程理学美学不仅体现在其创作中，也蕴含在其哲学体系里，研究二程理学美学不仅可能而且必要。文章的写作尽管举步维艰，但在杨老师的鼓励和严格把关下得以完成。杨老师把每一次我送去的稿子逐字逐句地进行批注、修改，还经常带领师弟师妹们一起对我的论文展开讨论，每次讨论都至少持续到凌晨，正是杨老师付出的大量心血和宝贵时间，才使我的论文顺利完成。学生愚钝，承蒙杨老师不弃，我从 1999 年始拜于杨老师门下，前后跟随杨老师学习二十余年，我的研究兴趣、思维和性格等都得益于杨老师的悉心指导和熏陶，杨老师无论在学业上还是思想上都给予我悉心的指导和孜孜不倦的教诲。杨老师身兼教学科研和行政多项工作，但并没有因为自身时间紧张忽略了对学生的指导，入学伊始，杨老师经常组织我们开读书研讨会，创造机会让我们跟师哥师姐学习讨论，讨论的场合或在办公室，或在千佛山，或让我们游于植物园等景点处，在一种轻松愉悦的氛围中让我们畅所欲言，跟随杨老师学习的场合和方式向来是不拘一格，让学生感到自由而放松。杨老师温文尔雅、博学多通、正直善良、思辨出众，杨老师以其深厚的学识和人格魅力指引着我，并时刻关注我的学业、生活以及工作等，使我在各方面受益匪浅，终生铭记。师母隋老师也经常询问我的生活和工作，对我关怀备至，让我有了坚持的斗志和激情。

本书出版之际，首先要感谢我的导师杨存昌教授多年来对我的教育和培养。感谢山东师范大学文艺学学科组全体导师暨李衍柱教授、夏之放教授、周均平教授、杨守森教授、周波教授、赵奎英教授的指导，尤其是夏之放教授和杨守森教授多次对我论文的修改提出了许多宝贵的意见和建议，使得我论文的修改得以顺利进行。夏之放教授还在本书出版之际为本书写序。

感谢论文写作期间，我的诸位同学孟宪浦、张曙光、刘艳芬、张珺华、刘海丽、宋华伟等给予了我精神上极大的支持与鼓励。我的同门刘兆斌、于永森、闫翠静在资料和意见等方面为我的论文修改提供了极大的帮助，论文的完成也有他们的一份功劳，当然更忘不了闫翠静在寒冷冬夜里送来的暖意，以及在我苦闷时给予我的默默支持。论文写作过程中收获的不只是学术能力的训练提高，还有与同学间宝贵的相处时光。

感谢青岛科技大学传媒学院在本书出版时给予的支持和资助。感谢人民出版社编审侯俊智先生的辛勤劳动，本书的主书名就是侯编审所加，提升了本书的品质。

事实上，我在书中对二程理学美学思想的尝试研究没有预想的深刻全面，自觉充满遗憾，但遗憾和不足正是我今后学术之路上前进的不竭动力。

王鹏英

2024 年 9 月于青岛